심령치료의 기적

지자경 • 편저

제3권

영혼은 존재한다

 현대는 남을 믿지 못하고, 진실을 발견할 수 없으며 남을 생각하려 들지 않으며, 윤리와 도덕은 이미 땅에 떨어진 지 오래된 불신풍조만이 똘똘뭉친 세상이 되고 말았다. 인간이 인간성을 상실해 버린 것이 가장 안타까운 일이다.
 우리 인간은 누구나 건강하고 풍요로움을 갖고 세상을 살아가고저 원한다. 그러나 그같은 원이 뜻대로 되질 않는다. 남들은 돈도 쉽게 벌고, 온 가정이 화목하고, 모두가 아픈 사람없이 건강하게 살아가는가 하면 가장 정직하고 성실히 살아가는 또 다른 사람은 가운이 쇠퇴하고 하는 일마다 비비꼬이고, 알 수 없는 병에 걸려 가산까지 탕진해 버리고 끝내는 목숨까지 잃고마는 사람도 있다.
 인간에게 병은 왜 걸리는가?
 그 원인은 한마디로 기(氣)를 너무나 소모하고, 그 균형을 깨뜨리고, 또한 자기 분수에 맞지 않는 오만과 탐욕, 그리고 시기와 질투, 증오 등 좋지 않은 마음을 갖기 때문이다.
 모든 병은 마음에서 시작되며 그 치료도 결국은 자기의 마음인 것이다. 결국 마음이 질병을 부르는 것이며, 마음이 또한 병을 고치는 것이다.

 병 중에서 가장 괴롭고 고통스러운 병이 원인을 모르는 병이다. 병원에 가도 병명이 나오지 않는 병, 뚜렷한 증상이나 신체적 이상이나 원인이 없는 데도 분명히 병은 병인 것이다.

 현대의학에서는 이같은 애매모호한 병을 일컬어 정신·신경성 ○○○라고 진단을 내린다. 참으로 쉽고 편리한 현대의학 용어다.

 어느 병치고 정신·신경성이 아닌 것이 또 어디 있는가? 모든 병들은 신경과 정신에서 연유되고 있음은 자명한 일이다.

 이처럼 병원에서 진단결과 알 수 없는 병으로 판명된 이른바 정신·신경성 병들은 거의가 다 빙의(憑依)에 의한 것으로 볼 수 있다. 이같이 빙의에 의한 병은 초기에는 아무 증상을 보이지 않는다. 단지 성격적으로나 정신적인 변화처럼 보일 뿐이다.

 빙의에 의한 병의 증상들을 보면 첫째 정신 집중이 안되고, 뒷골이 아프며, 둘째로 심한 우울증이나 불면증, 노이로제, 대인공포증, 셋째로 병원에 가도 병명이 나오지 않고 이약 저약을 다 써보아도 효험이 나타나지 않아 포기해 버리는 병, 넷째로 조상으로부터 물려받은 병 등 이루 헤아릴 수 없다. 그러나 이같은 원인모를 병들도 그 원인을 발견해 내면 쉽게 고칠 수 있는 것이다.

그것이 바로 여기에 소개하는 심령치료(정령술)인 것이다.

심령과학 연구는 미국과 소련을 비롯하여 많은 선진국들이 앞을 다투어 연구하고 있다. 현재 심령현상과 텔레파시, 초능력을 과학적으로 연구한 결과 영혼이 실재한다는 새로운 연구 결과가 속속 나오고 있다.

뇌외과의 세계적인 권위자 펜필드 박사는 '인간은 죽더라도 마음은 남는다고 생각하는 편이 과학적이다. 영혼의 존재는 이제 과학의 입장에서 실증될 단계에 왔다'고 주장하고 있다.

이제 멀지 않아 우리는 영혼의 실재를 컴퓨터의 키를 두드리면 자신의 영혼을 화면을 통해 볼 수 있을 날도 멀지 않은 것 같다.

본서의 저자 구마모토 아끼라(隈本雄)씨는 일본에서 수십만명의 난치병 환자를 치료한 세계적인 심령능력자이다. 평소 본인도 일본에서 활약을 하면서 그분의 심령연구에 큰 관심을 갖고 있었다.

이 책은 난치병으로 고생하는 당신에게 영혼을 이용한 기적의 심령치료를 보여줄 것으로 생각되며, 이미 본인이 저술한 《업》을 이해하고 나아가 심령학에 관심을 갖고 있는 분들에게 도움이 되리라 믿어 《업》 씨리즈로 펴내는 바입니다.

편저자

머 리 말

　사람에게 행운을 가져 오는 신의 존재를 부정하며 믿지 않는다. 사람에게 아픔과 괴로움, 불행을 가져 오는 악령의 존재를 부정하며 믿지 않는다.
　세상에는 이런 사람들이 어째서 이렇듯 많이 있는 것일까 하여 나는 언제나 이상하게 생각하고 있습니다.
　눈에 보이는, 귀에 들리는, 손으로 만질 수가 있는 등등의 오감(五感) 지각으로 아는 일 외에는 절대로 믿지 않는 사람들 ―.
　얼마나 완고하고 편협하며, 마음과 정신세계가 닫혀진 가엾은 사람들일까요?
　현대의 많은 사람들이 그렇듯 영(靈)의 세계에 대해 마음을 닫아버린 이유는 역사가 시작된 이래 신이나 영, 종교에 얽힌 구름과도 같은 헛된 미신이 너무도 많아 그것에 속든가 또 엄청난 손해를 입든가 해서인지도 모릅니다.
　그렇다고 해서 천지(天地) 구조의 진실을 이해하려 하지 않는 일은 인간으로써 참으로 올바른 자세가 아닙니다.
　무엇보다도 실재하는 신이나 악령의 존재를 부정하며 고집스럽게 알려 하지 않는 것은 우리들 인간에게 있어 너무도 큰 손실이고 불행한 일이라고 생각합니다.

　같은 인간이면서 다른 사람에 비교하여 자기는 어째서 몸의 여기 저기가 아프고 괴롭고 불행만 계속되는 것일까?

　현대의 최첨단 과학과 철학은 도대체 어떻게 되어 있는 것일까?

　이와 같은 의문을 조금이라도 가진 분은 이 책을 꼭 읽어 주십시오.

　당신을 괴롭히고 있었던 아픔이나 괴로움, 불행의 원인을 알고 당신은 한걸음에 차원을 달리하는 행복의 세계로 들어갈 수가 있습니다.

저 자

차 례

제1부 영(靈)과 당신과의 관계

- 과학시대에 과학을 초월하여 ──── 15
- 초신령 에네르기의 기적 ──── 21
- 영계와 현세의 혼연 일치 ──── 25
- '마음'의 인식은 심령세계로의 출발점 ──── 28
- 죽음의 순간은 영혼 탄생의 순간 ──── 31
- 천계와 지옥계를 돌고 돈다 ──── 33
- 여름밤의 괴기현상 ──── 44
- 영의 파장과 인간의 파장 ──── 49
- 유체 밀도가 짙은 영매체질자 ──── 54
- 고급 영매체질과 저급 영매체질 ──── 57
- 영능자(靈能者)도 천차만별이다 ──── 62
- 카르마의 극복법 ──── 66

제2부 병은 일상적인 영례통신

- 영계에 감응되기 쉬운 영매체질자 ──── 89
- 영계 통신은 몸의 아픔에서 나타난다 ──── 93
- 저급령의 U턴 현상과 병의 발생 ──── 98
- 영과 인간의 '상념의 다리'가 놓일때 ──── 104

차 례

급성 빙의현상 ——————————— 108
영의 변화와 여러 가지 빙의 ——————— 113

제3부 산 사람의 념(念)에 의한 발병

가공할 염에네르기의 정체 ——————— 121
타인에게 장해를 일으키는 '가념장해' ———— 124
보이지 않는 염력의 위험한 작용 —————— 128
되돌아오는 염장해 —————————— 132
자승자박의 자념장해 ————————— 138

제4부 심령치료와 그 기적들

현대의학과 영의학(靈醫學) ——————— 143
정령 능력과 초신령 에네르기의 위력 ———— 148
심령치료는 어떻게 하는가? ——————— 154
심령치료와 그 기적들 ————————— 157
초심령이 사져다 준 기적들 ——————— 160
병은 심령치료로 여기까지 낫는다 ————— 171
건강 관리의 기본은 일상생활에 —————— 194
악심 장해자와 약심장해자 ——————— 197

차 례

정신장해와 인간의 의식 —————————— 202
회복되는 정신장해와 되지 않는 장해 ————— 207
인생의 종점은 안락사 ————————————— 210

제5부 초신령 에네르기의 위력

에네르기가 만유의 세계를 지배 ——————— 219
초신령 에네르기요법 ————————————— 223

제6부 청소년의 비행과 영장

대영계를 꿰뚫는 대원칙 ——————————— 229

제7부 왜 자살을 하게 되는가?

영장에 의한 자살 ——————————————— 253
자살자들의 사후세계 ————————————— 287
살아서도 지옥, 죽어서도 지옥뿐인가? ———— 310

제 *1* 부

영(靈)과 당신과의 관계

과학시대에 과학을 초월하여

내가 주재하고 있는 심령학연구회와 도장에선 일주일에 5일씩 행해지고 있는 심령치료를 통해 현대의 상식을 가볍게 뒤엎는 일이 너무도 자주 일어나고 있다.

더욱이 몇 십년에 걸친 수십 군데나 되는 몸의 부조(不調), 예를들어 현기증·두통·어깨결림·요통·천식에 의한 호흡곤란 등이 단 두 번의 방문으로 완전히 나아버린다고 하면, 많은 사람들은 그것만으로서 아주 이상한 표정이 된다.

"에이, 설마!"
"그런 미신같은 일로 병이 나을 게 뭐야, 거짓말이 아닌가?"
"최면술 같은 거 아냐?"

라는 느낌으로, 대부분의 사람들이 비록 입밖에는 내지 않지만 마음 속으로 그와 같이 생각할 것이다. 그러나 실제 우리 연구회나 도장에 오신 일이 있는 사람이라면 누가 뭐라고 하건 다음과 같은 확신을 가질 수가 있다.

"과연! 세상엔 상식으로선 생각할 수 없는 이상한 일도 있구나."

그렇다. 이 세상엔 이상한 일이 참으로 많이 있다. 그러나 실제 내가 행하는 즉효성의 심령치료나 기타, 이 세상에서 일어나고 있는 불가사의한 현상의 대부분은 사실인즉 그렇게 이상한 것이 아니다.

현대에 사는 우리들 인간은 과학의 테두리 안에서만 사물을 관찰하려는 습관에 길들여져 있으므로, 그런 테두리를 벗어난 현상과 만나면 그것이 기기묘묘한 신비라고 느끼고 있는데 지나지 않는 것이다.

다시 말해서 많은 현대인은 과학이라는 것에 꽁꽁 묶여 있어 과학 만능의 맹목적 신뢰에 빠져 있는 것이다. 자기의 머리로서 이해할 수 있는 과학의 테두리로부터 벗어난 것은 모두 '눈속임'으로써 배격하고 부정한다는 것이 현상(現狀)이다.

그리하여 그와 같은 사람들은 영이니 어컬트적[신비학적]이야기라면 완전히 돌아버린 인간이거나 지능 정도가 낮은 인간이 광신하는 도무지 교양과는 거리가 먼, 어딘지 사기성이 짙은 세계라고 굳게 믿고 있는 것이다.

그런데도 심령치료로서 온몸의 곳곳에 생긴 폴립[종양]이나 암까지 치유되고 있다.

이렇게 단언할 때 나는 문득 유명한 갈리레오 갈릴레이의 이야기를 떠올리는 일이 있다.

근대 자연과학의 시조라 일컬어지는 갈릴레이(1566~1642)는 코페르니쿠스의 지동설을 인정했기 때문에 이단으로써 종교 재판에 회부되었다. 그리하여 이단심문소에서 억지로 지동설의 포기를 맹세하게 된 것이지만, 그때 갈릴레이는'그래도 지구는 돌고 있다'고 마지막으로 중얼거렸다는 이야기이다.

이와같이 과학의 상식에만 꽁꽁 얽매인 사람들의 폭력이라는 것도 엄청난 것이라는 것을 짐작할 수 있을 것이다.

하지만 진실이 인정되는 날은 언제고 찾아오는 법이다. 오늘날 지동설에 반대하는 사람이 있다면 그야말로 돈 사람이라고 해야 하듯이 이윽고 심령세계의 진실역시 인정되는 날이 오리라고 믿는다.

나는 그런 날이 하루라도 빨리 오는 것을 바라면서 매일 드높은 심령과 교류하고 초신령의 에네르기를 인간 세계에 가져오는 것을 사명으로 삼고 있는 것이다.

그런데 몇차례의 심령치료에 의해 암이나 폴립이 상당히 개선되는 사실을 이해하기 위해서는 실제로 그것을 체험하든가 눈으로 직접 보든가 아니면 과학을 초월한 우주의 진리에 관해 깊이 이해하는 일이 필요하겠다.

나는 이전에 신문인가 잡지인가에 게재된 의학 기사 중에서, 암이라는 것도 발병자 100사람 중 2~3명의 비율로서 자연히 나아 버리는 사람이 있다는 기사를 읽은 일이 있다.

이런 케이스로서 환자에게 전혀 의학적 처치를 하지 않았는데도 불구하고 나아버렸는지 혹은 의학적 처치는 했지만 통상 그 효과로써 생각되는 치유율 보다 훨씬 높은 치유율을 나타내어 완치되었다는 것인지는 분명하지 않다.

다만 나로서는 이 이야기 중에서 한가지 확실히 알고 있는 일이 있다.

그것은 암이 자연스레 나아 버린 그런 행운의 분들이란, 요컨대 인간이 본래 누구나 다 갖고 있는 육체의 자연 치유력이 현대 과학으로서 아직 설명할 수 없는 무언가의 요인, 예를 들어 강한 의지력이든가 신앙 등에 의해 아주 강한 건강 상태를 가질 수 있는 사람이었다고 하는 점이다.

그리하여 나는 여기에도 초신령 에네르기가 영향을 준다고 확신하고 있다.

이런 사례에서 어떠한 이유로 신비의 에네르기가 작용되었는지를 나로선 아직 모르지만, 현대 과학을 초월한 어떤 우주적 에네르기의 존재를 말해 주는 임상예(臨床例)는 될 것이다.

이웃나라 일본의 심령치료계에서 권위있는 영능자로 유명한 구마모토 아끼라(隈本 確)씨는, 다음과 같이 자기 경험을 말하고 있다.

"나는 암이나 그밖의 난치병을 다년간 다루고 수만명의 사람들을 치유시킨 내 자신의 심령활동 체험에 비추어 그것을 똑똑히 알 수가 있는 것이다.

현재 내가 하고 있는 심령치료는 나의 의지력으로 우주적 에네르기에 작용하여, 예를 들어 암이라면 주로 환부(患部)의 유전자 조직을 바꾸고 암세포를 정상화 시키는 과정에 의해 암으로 침범된 부위를 치유 또는 호전시키는 방향으로 나아가게 하고 있다."

이런 미지의 에네르기 존재에 관해 지난날의 나는 대체로 '영'이라는 말을 써 왔다.

그 까닭은 심령치료[정령]능력자로서의 내가 영시(靈視:영의 모습을 본다), 영청(靈聽:영의 소리를 듣는다), 영언(靈言:

영의 말을 내 입을 통해 말한다)과 같은 이른바 영능력, 초능력을 구사하는 세계로부터 출발한 일과 관계가 깊다.

실제로 15년 쯤 전까지의 나는 병치료 의뢰인의 병을 고치는데 있어 의뢰자의 질환 부위 또는 온몸 가득히 붙은 영과 대결하고 있었던 것이다.

병의 50% 내지 70% 까지는 영장(靈障:영의 들러붙음)에 의해 생기는 장해라고 하는 지론을 갖고 있는 나는 빙의령, 즉 인간에 들러붙어 병의 원인을 만들고 있는 영에 대해 어떤 때는 부드럽게 타이르고 또 어떤 때는 엄하게 다스리든가 하고 있었던 것이다.

당시 나의 '영시'로 의뢰자의 위암 환부에 달라붙은 전사(戰士)모습의 원념령(怨念靈:영계에서 원한을 품고 있는 영)이 뚜렷하게 보이든가 전신 류우머티즘의 의뢰인 몸의 여기 저기서 정령을 위한 구자(句子:호신법의 일종으로서 영계와 교류하기 위한 손가락 동작)를 그을 적마다 깨알만한 크기의 영이 몇 십개나 분리되고 휙 휙 영계의 높은 곳으로 올라가는 광경이 보였다.

그런 깨알 크기의 영 역시 승려 모습이나 전사 모습 혹은 장사꾼이나 걸인 같은 것도 있고 참으로 다양했다.

한마디로 말해서 영이란 죽은 인간 상념(想念)의 덩어리이고 인간의 육체 멸망후 아직도 잔존하는 상념의 에네르기이다.

즉효성의 치료능력이 훨씬 높아진 현재로선, 나의 정령은 몇 백, 몇 천의 영을 10분 안팎으로 단숨에 구제하는 방법을 쓰고 있기 때문에 마치 필름의 빠른 영사와 같은 상태이다. 따라서 하나하나의 영에 관해 상세하게 영시하든가 대화를 나누는 일은 거의 없다.

그러나 현재도 전신 류우머티즘의 의뢰인의 팔꿈치나 무릎을 점령한 채 달라붙어 있던 깨알 크기의 영이 몇 개인지 모르게 무서운 속도로 정화되어 휙 휙 상승하는 광경이 보이는 일이 있다.

올라갈 때에는 이미 정화되어 있으므로 많은 경우 반짝반짝 번뜩이는 영체(靈體)가 되어 있다.

영체라는 것이 때와 경우에 따라 커지든가 작아지든가 자유자재로 모습을 바꾼다는 점에 대해서는 나중에 자세히 말하겠지만, 다음으로 영의 불가사의에 대한 실화를 소개하겠다.

제1부 영(靈)과 당신과의 관계 21

초신령 에네르기의 기적

    수년 전의 일이다. 나는 때때로 나의 도장에 오는 어떤 분으로부터 흥미깊은 이야기를 들었다.
  이 분은 A씨로서 최고의 학문을 닦고 카나다에서 어떤 요직에도 임용되어 있는 의학자이며 과학자이기도 했다.
  그런 A씨가 언젠가 자택에서 조그마한 실수로 펄펄 끓는 물을 뒤집어 쓰고 엄청난 화상을 입고 말았다고 한다. 다음은 그때의 A씨 이야기이다.

  "그것은 정말이지 아주 심한 화상이였지요. 하지만 저의 경우는 언제나 선생으로부터 정령을 받고 에네르기를 충전하고 있었던 덕분으로 매우 가볍게 끝났던 겁니다. 그 열탕을 뒤집어 쓴 부분의 신경 세포는 완전히 소멸되고 있었습니다. 피지선(皮脂腺)소멸, 유전자가 손상되고 있었던 셈입니다. 의사도 손쓸 여지가 없이 체념의 상태였고, 바르는 약 등도 써주지 않았습니다. 그런데 얼마동안 그런 화상의 경과를 보고 있었던 의사는 수상쩍다는 듯이 말했습니다.

"모르겠다. 이상하다. A씨, 당신은 무엇을 썼지요?"

경과가 너무나도 양호했던 것입니다. 의사는 약도 아무것도 발라주지 않은 채로 있고, 그리하여 '무엇을 썼는가'하며 젊은 의사들을 모아 화상을 들여다보며 모두들 이상히 여기고 있는 거예요. 화상 부분의 손상된 유전자가 재생되기 시작하고 있었던 것입니다. 보통이라면 나은 뒤 으레 켈로이드가 되는데 마침내 그것도 되지 않고 나아버렸던 거예요. 실은 내 자신, 이런 화상의 상태에 영장(靈障)을 열심히 끌어들여 망가진 것을 본래의 상태로 복원하고자 하는 상념의 노력을 했던 것입니다. 말하자면 기도였습니다. 밤에 자리에 들어 기도하고 있을 때였습니다. 꿈결이라고 할까요. 의식은 반쯤 잠자고 있는 상태였습니다. 문득 깨닫고 보니, 세균과 싸우는 작은 난장이 같은 것이 많이 나타나고 화상의 환부를 갖가지로 분담하여 치료하고 있음을 느꼈던 것입니다.

손에 창과 같은 것을 갖고 있는 난장이, 간호부의 모습을 한 난장이……마치 동화와도 같은 상태인데, 나는 이때 이런 난장이들로부터 화상을 치료받고 있다는 확실하고도 기쁜 감각을 맛보았습니다.

나는 《갈리버 여행기》의 난장이 나라에 간 갈리버와 같은 기분이기도 했지만, 이른바 꿈이라는 것과는 달랐습니다. 그리하여 난장이가 세균과 싸우고 있을 때, 나로선 그런 세균의 이름마저 똑똑히 알았습니다. 그래서 대체 이 난장이와 같은 것은 어디서 오는 것일까 하고 어느날 밤 주의해서 살펴보았더니 방에 놓아 둔 선생님의 저서 속에서 나온다는 것을 알았던 것입니다. 치료를 끝내고 돌아가는 장소도 역시 그 책 속이었습니다. 처음에 나올 때에는 작은 구체(球體)입니다. 책 속에서 획하고 제대로 둥근 모습으로 나타나고 그것이 점차로 갖가지 모양의 난장이로 바뀌어 갑니다. 돌아갈 때에는 다시 구체로 되돌아가 열을 지어 책 속으로 들어갑니다. 이런 상태가 닷새 가량 계속되었습니다. 그리하여 날로 화상이 완쾌되어 간 셈입니다."

 이상이 A씨의 이야기인데 권위있는 최고의 과학자이고 의학자인 분이 실제로 이같은 체험을 하셨다는 점이 재미있다고 생각한다.
 또한 A씨는 자신이 보행 중, 앞을 걷고 있는 사람의 등뼈 몇 번째가 빠져 있어 아픔을 주고 있다든가 지하철에서 앞좌석에 앉아 있는 사람의 내장 어느 부위가 암으로 침범되고 있는가 등을 아는 강한 투시 능력이며 그밖의 신비한 능력을 갖고 있다.
 A씨는 과학자, 의학자일 뿐 아니라 이를테면 인간의 테두리를 넘은 초능력자이기도 한 셈으로서 UFO와 교신도 하고 있는 듯한 분이기도 했다.
 앞에서의 화상 건으로 이야기를 되돌린다면, 그와 같은 일은 일반 사람이 생각할 때 참으로 불가사의한 혹은 넌센스라고 생각될지도 모른다.
 그렇지만 A씨는 최신의 과학을 속속들이 알고 있는 과학자이고, 그리하여 과학의 한계를 뛰어넘은 초현실적 사실을 A씨의 특수한 안테나에 의해 경험한 것이라고 생각한다.

　여기서 한가지 설명을 덧붙인다면 화상은 본래 부상이나 타박과 마찬가지로 치료〔정령〕의 대상은 되어 있지 않았다. 그런데 그것이 치유되었다― 이 사실은 어느 정도 나의 심령 연구에 더한층 에네르기 연구의 필요성을 강렬히 일깨워 주는 것이 되었다.

　우주의 수호신이 가진 엄청난 창조적 에네르기가 이같은 중세에서도 효능을 발휘한 이유에는 뭣보다도 A씨와 나와의 영적인 공감대 형성이 원활했기 때문이라고 생각된다.

　최근 몇 년의 실적으로서 지난날의 나로선 도저히 고치지 못했던 타박상이나 부상에 의한 아픔조차도 간단히 낫고마는 케이스가 속출하고 있는 것이다.

영계와 현세의 혼연 일치

영계(靈界)와 현세(現世), 즉 이승과 저승은 꼭 동전의 앞과 뒷면의 관계라고 표현한 것은, 지금부터 300년 전 옛날에 활약한 심령능력자이고, 과학자·정치가이기도 했던 엠마뉴엘 스웨덴보그(Emanuel Swedenborg:1688~1772)였다.

이 스웨덴보그의 표현은 영계와 현세가 참으로 불가분의 관계임을 잘 설명하고 있다고 생각한다.

하지만 이런 스웨덴보그의 말을 인용할 것도 없이 우리들이 자기 몸의 둘레에 관해 조금 주의깊게 생각해 보면, 이 현세만이 지상의 전부는 아니라는 것을 이해할 수 있을 것이다.

이를테면 하늘이 있다면 땅이 있다. 남자도 있거니와 여자도 있다. 육체가 있는가 하면 정신[마음]도 있다. 분자에는 양이온이 있고, 음이온이 있다. 원자엔 양자가 있고 전자가 있다.

그리하여 현세가 있으면 당연히 영계라는 것도 있는 게 아닐까?

물론 일반 사람들의 5관[눈·귀·코·혀·피부]과는 차원을 달리 하는 영계의 양상을 쉽게 상상할 수는 없을 것이다.

여기서 좀더 나아가 우리들의 몸 둘레에 관해 생각해 보자.

현재 우리들은 전세계의 어디에 있든 숲속에 있건 집안에 있건 쉴새없이 전파를 받고 있다.

국내 방송용의 장파, 중파, 해외 방송용의 단파, 초단파, 극초단파……등 갖가지가 있지만, 우리들이 수신기를 갖고 있지 않는한 그런 전파의 존재를 눈이나 귀로 확인할 수가 없다.

세상엔 흔히 '내 눈으로 확인하지 않는 한 믿을 수 없다'고 하는 사람이 있다. 그런 사람들은 자기의 눈에 보이지 않는 것은 실재하지 않는다, 귀에 들리지 않는 것은 실재하지 않는다고 믿고 있으므로 조금이라도 영적인 이야기를 듣게 되면 '설마'하며 일소에 붙이고 만다.

하지만 그런 사람들도 매일 아무런 의심도 않고 텔레비전을 보고 있고, 라디오를 듣고 있다. 이는 참으로 우습다고 하지 않을 수 없다.

인간의 눈에는 직접 보이지 않더라도 확실히 존재하고 있는 전파라는 것에 관해 잘 생각해 주기 바란다.

그 점을 이해할 수가 있다면 전파와 마찬가지로 전세계에 존재하는 영파(靈波)의 존재에 관해서도 훨씬 이해하기 쉬워지리라.

요컨대 영계와 현세는 표리일체라 하기보다도 혼연일체가 된 세계인 것이다. 지금 당신이 이 책을 읽고 있는 이 시간에, 이 장소에, 동시에 영계도 존재하고 있다.

당신이 있는 그 방에는 몇 십개의 영이 들끓고 있을지도 모른다.

그것은 이 세계가 시작된 이래 태어났다가는 죽어간 사람들의 수란 그야말로 엄청나기 때문이다. 그런 점에서 생각해도 살아있는 인간의 수보다 영의 수가 훨씬 많다는 것도 납득이 가리라 생각한다.

어쩌면 당신은 지금, 당신의 배후(背後)에 있는 영과 함께 이 책을 읽고 있을지도 모른다. 뿐더러 당신은 그런 영들의 이끌어줌에 의해 이 책을 읽는 찬스가 주어졌는지도 모른다.

재미있는 일로서 보통 인간계[현세]로 부터는 영계가 보이지 않지만, 영계로 부터는 인간계가 꽤나 잘 보이는 법이다.

따라서 자기로선 깨닫지 못하더라도 당신의 배후에 있으면서 당신의 생활과 관련을 갖는 숱한 영들은 당신의 행동을 지그시 지켜보고 있으며, 때로는 힘을 빌려주어 행운의 찬스를 주거나 재난으로부터 피하게끔 이끌어 주거나 하는 것이다.

또한 거꾸로 이른바 악령이나 원념령의 활동때문에 일마다 방해를 받거나 행운의 찬스를 놓치든가 병에 걸리든가 뜻밖의 사고를 당하는 일도 당연히 있을 수 있는 것이다.

이렇듯 우리들 인간의 생활에 큰 영향을 미치고 나날의 생활 속에서 우리들과 직접 관련을 갖는 영을 '배후령(背後靈)'이라고 부른다.

'마음'의 인식은 심령세계로의 출발점

　세상엔 사후세계의 존재를 믿는 사람과 믿지 않는 사람이 너무나 많다.
　사후세계를 믿지 않는 사람이란, 대체로 사물을 이론적으로만 생각하고 눈에 보이는 일, 귀에 들리는 것 이외는 절대로 믿으려 하지 않는 유물론자이다. 이런 사람들 중에는 '영(靈)'이니 하는 말만 들어도 코웃음을 치는 사람마저 있다.
　한편 사후세계를 믿는 사람이란 눈과 귀로선 포착할 수 없는 마음, 정신이란 것을 아주 중시하는 이른바 유신론자이다. 그리하여 이 유신론자 중에는 영의 존재를 분명히 긍정하는 사람들도 수많이 있다.
　나는 전부터 인간의 구성 요소는 다음의 세가지라는 생각을 갖고 있다. 그러니까 육체·두뇌·마음의 세가지이다.
　이런 요소 중에서 육안으로선 포착하기가 불가능한 영이란 것을 감수할 수 있는 것은 오로지 '마음'〔인간의 상념〕이므로 유신론자가 흔히 영의 존재를 이해하는 것은 당연하다고 하겠다.

이런 인간의 마음이야말로 심령세계에의 출발점이라 하여도 지나친 말은 아니다. 육체와 두뇌는 죽음이라는 것에 의해 멸망하지만, 마음이나 인간의 상념이란 것은 사후에도 내내 남아 있다. 그것이 영혼이고, 영혼은 또 상념의 덩어리라고 하여도 무방하다.

당신은 사랑때문에 가슴이 아팠던 경험은 없는가, 친한 사람의 죽음을 접하고 가슴이 찢어질 것만 같은 생각을 한 적은 없는가, 또 가슴이 뒤집혀지는 듯한 분한 기분을 느낀 적은 없는가?

이런 감정은 모두가 두뇌〔지식의 세계〕로부터 생긴 것은 아니고 마음〔상념의 세계〕으로부터 비롯된 것이다.

물론 당신에게도 갖가지의 상황에 즈음하여 가슴이 쿡쿡 쑤시듯이 아프든가 찢어질 것만 같은 느낌이 든 적이 있을 것이다.

여기서 다시 한번 그때의 일을 떠올려 당신 자신의 마음이라는 것을 잘 인식해 주기 바란다.

대부분의 사람들은 자기를 지배하고 있는 것은 자기 자신의 두뇌라고 믿고 있지만, 정말로 인간의 육체, 그리하여 두뇌마저도 지배하고 있는 것은 실인즉 마음〔영혼〕이라는 것이다.

이런 마음이라는 것은 인간이 살아있는 동안은 몸 안에 있는데, 이를 '생령'(生靈)이라고 한다. 인간이 죽으면 육체는 소멸한다.

물론 지혜나 지식도 소멸한다. 그렇지만 이런 마음이나 생령만은 남는다. 그리하여 육체나 지혜가 소멸한 뒤의 마음은 이미 생령이라 하지 않고 단지 영이라고 한다. 그러므로 사후의 인간은 마음만의 존재, 영혼만의 존재라고 하겠다.

　이런 마음이나 영혼에 관해 현대의 사람들에겐 오히려 에네르기라고 하는 편이 알기 쉬울지도 모른다.

　최근, 특히 해외에선 일류의 뇌과학자 중에서 마음은 뇌하고 별개의 비물질적 실재이고, 뇌와 마음은 상호간에 서로 관련되고 있다는 의견을 발표하는 사람들이 나타나고 있다고 한다.

　그리하여 그런 학자들 중에는, 마음은 뇌와는 별개인 무엇인가 에네르기를 계속 가질 수가 있고, 육체의 사후에도 존속할 수 있다는 사람도 있다는 것이다.

　과학자에 의한 이같은 뇌와 마음의 연구는 심령능력자로서의 나에게 있어서도 매우 흥미로운 일이다.

　그런 점에서도 다른 선진국에 비하여 마음의 과학에 관한 우리나라의 연구가 몹시 뒤떨어져 있는 것은 유감이다.

죽음의 순간은 영혼 탄생의 순간

　심령을 다루는 인간의 세계에서 '육체란 것은 마치 의복과 같은 것이다'라는 비유가 흔히 사용된다.
　즉 우리들 인간의 육체는 마음〔영혼〕이란 것을 싸주기 위한 옷, 양복이라는 것이다. 그리하여 수명이 끝났을 때 인간은 육체라는 낡은 옷을 벗어버리고 그 마음만이 영계로 길을 떠나게 된다. 그것은 바로 겨울이 끝나면 헌 외투를 벗는 것과 같은 일이다.
　요컨대 생전에 육체와 지혜를 배양체(培養體)로 하여 훈련되고 비옥해진 영혼은 미래에 기다리고 있는 영계에서의 생활에 필요한 요소를 충분히 흡수하면, 이미 그 이상은 부담이 되는 육체와 지혜를 버리고 영계로 들어가는 것이다.
　그것은 또 인간의 아기가 어머니의 태내에서 약 10개월을 보내고 그 이상은 어머니의 태내에 있을 필요가 없어져, 출산이라는 형태로 이 세상에 출현하는 것과 아주 같은 일이기도 하다. 그러니까 죽음은 생명의 종착역을 의미하는 게 아니고 새로운 영혼의 탄생이라는 것이 된다.

인간세계에서 보내는 50년이니 100년이니 하는 세월은 태아가 어머니의 태내에서 열 달을 보내는 것과 참으로 똑같은 기간이라고 하겠다. 낡은 껍질을 버리고 마음이라 하는 것이 영계에 들어가고서 부터야말로 새로운 인간의 생활이 시작되는 것이다.

영계에서의 생활은 50년이니 100년이니 하는 잠깐 사이의 것이 아니다. 최저 3천 년의 나이를 유지하고 수만 년, 수십만 년이라는 오랜 동안에 걸쳐 뚜렷이 영으로써의 의식과 의지를 갖고 있다.

그러기에 우리들 인간은 현세에 있는 동안 마음이라는 것을 잘 이해하고 이를 바르게 육성하여 닦아나가지 않으면 안 되는 것이다.

인간에게 있어 현세에서의 삶, 영계에서의 삶 가운데 어느 삶이 진실이고 중요한가 하면, 이는 영계에서의 삶이라고 하겠다.

그러면 영혼이란 것은, 혼이 인간의 육체에서 생기지 않고 처음부터 영계의 속에서 탄생하면 좋을 듯싶지만 그럴 수는 없다.

왜냐하면 육체에 깃든 영혼은 거기서 50년, 100년을 보내는 동안 인간의 육체와 지혜를 통해서 밖에 배울 수 없는 일, 이룩할 수 없는 일을 해야 하기 때문이다.

인간의 육체를 통해 서서히 영혼 그 자체를 수양해 가는 일도 중요하지만, 여기에 육체 인간의 중요성 또는 현세 생활을 얼마나 소중하게 살아나가지 않으면 안 된다는 문제가 떠오르게 된다.

천계와 지옥계를 돌고 돈다

먼저 다음 페이지의 그림을 보자.

이 그림은 영계의 단계와 그리고 영계와 인간의 관계에 관해 도식화 한 것이다.

먼저 크게 나누어 인간계〔현세〕와 넓은 의미로서의 영계〔저승〕로 나누워진다. 인간계와 영계를 나누는 것은 '죽음의 벽'이라 일컬어지는 것이다. 즉 인간은 죽음에 의해 육체를 버리고 그 마음(넋)만이 영계로 옮겨 가는 것이다.

이른바 심령능력자란 살아있으면서 이 죽음의 벽을 넘고 마음으로서 영계와 교류하는 능력이 있는 사람이다.

그건 그렇고 인간이 죽게 되면 보통 3일부터 수개월 동안 뚜렷한 의지를 갖지 못하는 영혼의 혼수상태라고도 할 시기를 보내게 된다.

그리하여 그런 영혼이 비로소 눈뜨는 영계가 유계(幽界)라고 불리는 세계이다. 그러므로 망자(亡者)의 혼은 유계에서 잠이 깨어야 비로소 '영계인'이 되는 셈이다.

이런 갓 탄생한 영계인이 그 뒤 유계 이상의 영계에로 상승

영계(靈界)의 각 단계와 인간과의 관계

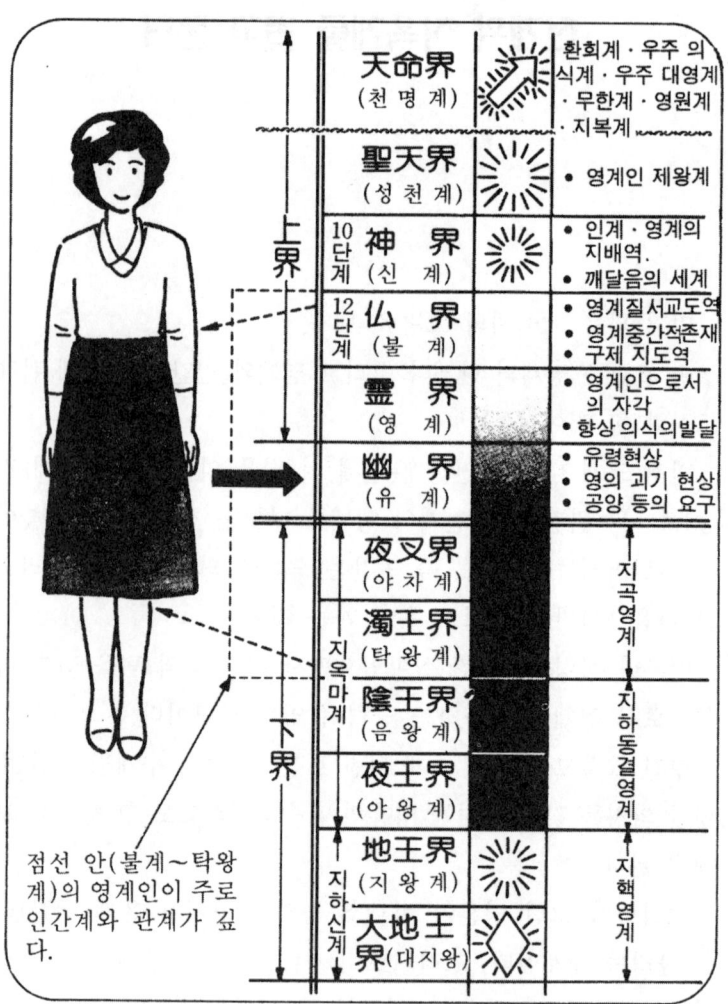

해가든가 혹은 유계 이하의 세계에로 하강해 가는 본인의 생전 활동과 상념계(想念界)의 자세에 의해 정해져 있다. 즉 본인이 생전에 어떻게 행동하고 어떻게 상념의 생활을 해왔는지 평가되는 셈이다.

그럼 여기서 각 영계에 관해 간단히 설명을 하겠다.

나는 언제나 영계에 관해 설명할 때에는 먼저 영계 전체에 대한 유계를 중심으로 상계(上界 : 영계·불계·신계·성천계·천명계)와 하계(下界 : 야차계·탁왕계·음왕계·야왕계·지왕계·대지왕계)로 구별하고 있다.

그래서 여기서도 유계를 중심으로 하여 차례로 상계, 하계의 설명을 하겠다.

◇ 유계(幽界)

유계란 죽은 자가 현세에서의 생활양식, 생각, 상념을 버리고서 전혀 이질적인 영원한 영계에 들어가기 위한 준비 기간의 세계이다. 그러므로 인간계와 영계의 중간에 있는 이 유계는 갈팡질팡 헤매는 세계라고도 할 수 있는데 죽은 뒤 유계에 사흘쯤 밖에 머물지 않는 영도 있는가 하면 백년, 천년 여기서 헤매고 몸부림을 치는 영도 있다.

유계령 중에는 매일처럼 잠자며 몇 십년, 몇 백년을 꿈결의 상태로 보내는게 있는가 하면 자기가 어떠한 입장에 있는지 전혀 이해하지 못하고 유계내를 방황하는 것도 있다. 그런가 하면 꼼짝도 않고서 무언가를 필사적으로 모색하는 것도 있다.

어떻게든지 인간계에 돌아가고 싶다는 마음으로 이따금 '유령'이 되어 현세인의 앞에 모습을 나타내는 것도 있다.

　여름밤의 '전설의 고향'에 곧잘 등장하는 이른바 유령이란 것, 또한 망자가 꿈에 보인다는 현상은 대체로 유계로 부터의 미정화(未淨化)된 영의 활동이라고 보아도 된다.

　이런 영은 자기가 아직 죽었다고 하는 자각이 없고 인간계에 있을 때와 똑같은 상념을 갖고 있으므로 갖가지의 공양(供養)을 요구하거나 현세 인간의 오감(五感)에 작용하므로서 자기의 존재를 알리려 하는 것이다.

◇ 영계(靈界)

　유계의 바로 윗단계인 영계는, '자기는 이제 인간계의 존재가 아니다'라는 영계인으로서의 자각을 가진 영들이 찾아가는 세계이다.

　그러니까 자기는 이미 육체를 소멸시킨 넋만의 존재라는 것을 깨닫고서, 스스로 인간계에 있었을 때의 온갖 상념을 버리고 영계인으로써의 향상의 길을 걷기 시작한 영들의 생활 터전이라는 것이 된다.

　따라서 이런 영계에까지 나아간 영은 이미 인간계에 함부로 개입해 오는 일이 없고, 당연히 인간에게 빙의(憑依)하는 일도 없게 된다.

◇ 불계(佛界)

　영계에서 현계로부터 가져 간 인간계 상념을 완전히 씻어버리고 그 위에 영계에서의 자세를 착실하게 배운 영들이 다음에 찾아가는 세계가 불계이다.

다만 심령의 세계는 본래 말이나 문자에 의한 가르침의 세계를 초월한 깨달음의 세계인데 비하여 불계는 가르침과 교조(教條)의 세계라고 할 수 있다. 그런 의미에 있어 불계란 영계인으로써 참으로 깨달음을 얻기까지의 프로세스로서 중요한 기간이다.

또한 불계의 영인(靈人)들은, 때로는 영계나 유계의 영인들을 지도하거나 가르키는 경우가 있다.

◇ 신계(神界)

불계가 가르침의 세계였다면 신계는 혼자서 깨닫고 승화되는 깨달음의 세계이다. 이 단계에 이르러 영계인은 한낱 영으로서의 존재로부터 '심령'으로서의 존재가 된다.

따라서 신계에 사는 영인들은 넓은 의미로서의 영계 지배자로써 심령만의 술법이며 활동을 구사할 수도 있게 된다.

◇ 성천계(聖天界)

신계에 사는 영인의 넋이 더욱 더 닦이고 심령으로서의 격이 더욱 오르면 드디어 성천계에로 가게 된다.

이곳은 영계인 제왕계라고도 불리는 세계로서 심령으로써의 술법과 활동, 힘에는 엄청난 것이 있다.

그렇지만 심령으로써의 정화(淨化) 정도가 인간계와는 훨씬 떨어진 높은 존재이기 때문에 성천계에 사는 심령이 직접 인간계에 내려와 지도나 구제를 하는 일은 거의 없다.

◇ 천명계(天命界)

　천명계는 영계로서의 가장 윗단계이고 성천계까지 향상된 심령이라 할지라도 좀처럼 들어갈 수 없는 세계이다. 성천계와 천명계의 사이에는 '불의 벽'이라 일컫는 난관이 엄연하게 존재하고, 이런 불의 벽을 통과할 수 있는 것은 심령 중에서도 극히 소수의 자에게 국한되어 있는 것이다.

　천명계에 사는 심령이야말로 보통 신령을 뛰어넘는 초신령이라 불러야 할 존재이다.

　독자 여러분은 조금 놀랄지도 모르지만 이런 천명계에 존재하는 초신령의 대부분은 지구 이외의 다른 우주 천체에서 발생되고 있다.

　더욱이 발생년은 5억년 전, 10억년 전, 20억년 전과 같은 식으로서 우리들 지구 인류의 지혜나 상식으로서는 생각도 하지 못할 만큼 초고대(超古代)이다.

　유능한 영능자들은 다년간에 걸친 극심한 영계 탐방의 노력이 열매를 맺어 이런 천명계에도 갈 수가 있는 것이다.

　물론 천명계에 간다고 해도 육체가 가는 것은 아니다. 자기 자신의 의지의 힘으로 영혼의 이탈 상태를 만들어 내고 영혼만이 영계에로 유영(遊泳)해 가는 것이다. 영능자의 영계 탐방이란 그와 같은 것이다.

　그리하여 천명계에 갈 수가 있게 되면 그 최상 위에 '명생계(命生界)'와 '명소계(命消界)'라는 두개의 전혀 대조적인 세계가 있음을 알게 된다.

　명생계는 대영계의 신령을 포함해서 모든 생명을 살리는 작용을 하는 영류(靈流)를 방사하는 세계이고, 명소계는 대영계의 신령을 포함해서 모든 생명을 소멸시키는 작용을 가진 영류도 방사하는 세계이다.

여기서 나는 '영류'라는 말을 썼지만, 만일 그것이 알기 힘들다면 에네르기라는 말로 바꾸어도 좋다고 생각한다.

그럼 다음에는 유계 이하의 하계(下界)에 관해 설명하기로 하자.

◇ 야차계(夜叉界)

지옥의 제1단계인 야차계에는 참으로 이상한 모습의 영인들이 우글거린다. 그 모습이란 공포 영화도 무색한 그야말로 귀신, 도깨비와도 같은 영도 많이 있다.

예를 들어 눈알이 전혀 없고, 그 부분이 뻥 뚫려 있는 것이라든가 머리털이 거의 빠져버린 것, 혹은 위눈꺼풀이 뒤집혀 빨간 살만이 노출되어 있는 것, 그런가 하면 코가 전연 없고 콧구멍만이 두개 휑하게 정면부터 보인 상태의 것, 이빨은 빠지고 잇몸만의 것, 입술이 으스스하게 축 늘어져 있는 것, 나아가선 얼굴 반쪽이 문드러져 있는 것, 귀가 개나 여우처럼 발딱 세워져 있는 것이라든가 반인반수(半人半獸)의 영…등등.

어느 것이든 생전의 추악한 상념이 영계에서 영인의 모습으로써 현상화 되고 있는 것이다.

그리하여 이들 야차계에 사는 영인들은 현세에 사는 인간과 어떤 계기로 조금이라도 파장(波長:주파수)이 맞게 되면 맹렬히 빙의하여[달라붙어] 지옥에서의 자기 괴로움을 인간에게 떠 넘기려고 한다.

일찍이 나는 원인 불명의 이상 탈모를 두려워 하는 여성을 심령치료로 치유시킨 일이 있지만, 그 예사롭지 않은 탈모는 여성에게 들러붙은 야차계의 영의 짓이었다.

나의 영시(靈視)엔, 얼굴은 여우이고 몸은 인간이라는 괴상한 요괴(妖怪)한테 머리채를 잡혀 끌려다니고 있는 그 여성의 모습이 보였던 것이다.

◇ 탁왕계(濁王界)

지옥의 제2단계인 탁왕계는 지하 몇백 미터인지 모를 땅속 동굴의 더욱 안쪽에 펼쳐진 세계이다. 그곳엔 고약한 냄새가 떠도는 시궁창과도 같은 시꺼먼 못이 있고, 그야말로 탁왕계에 걸맞는 지옥계이다.

그런 콜타르에 진흙을 섞은 듯한 푹푹 빠지는 더러운 늪에서 살고 있는 것은, 아마존의 반어인(半漁人)을 연상시키는 괴수이다. 그것이 탁왕계의 영인이다.

그들 탁왕계의 영인들은 전혀 말이 없고 이렇다 할 표정도 없다. 이미 야차계에서 7,8백년이라는 비참한 세월을 보낸 그들로서 눈물도 목소리도 이미 말라붙고 감정마저 없어졌을지 모른다.

동작은 둔하고 일체의 사고력을 잃었으며, 모든 나쁜 상념마저도 뽑히고만 것처럼 보인다.

◇ 음왕계(陰王界)

칠흑의 어둠을 꿰뚫는 으스스한 정적. 그야말로 암흑의 지옥이라고 부를 세계가 이 음왕계이다.

이곳에 사는 영인들은 모두가 마치 화석처럼 일정한 장소에서 꼼짝도 하지 않고 웃는 것도 아니며 우는 것도 아닌, 도무지 표정이 없다. 그들에겐 아무런 의지도 감정도 없는 것이다.

또한 이 음왕계는 현세 및 표면 지옥계와는 전혀 이질적 파장을 가진 세계이기 때문에 거기에 사는 영인의 파동(波動)이 현세에 어떤 영향을 미친다는 일은 없다.

◇ 야왕계(夜王界)

지옥의 최하층인 야왕계에선 무한히 펼쳐져 있는 거뭇거뭇한 어둠 여기저기에 인왕(仁王)이나 부동명왕(不動明王)과도 같은 신상(神像)을 볼 수가 있다.

그것은 혼자서 서 있는 것, 앉아 있는 것, 혹은 몇이서 떼져 있듯 갖가지이지만 흡사 죽음의 세계에 방치된 낡은 조각들처럼 보이는 신상(神像)들이야말로 야왕계의 영인이다.

그렇지만 깊은 지하에 얼어붙은 영계인 야왕계에 사는 영인들은 이미 아무런 의지도 파동도 발산하지 못하고 있다.

야왕계는 우리들이 사는 인간계와는 전혀 동떨어진 음침하면서도 허무적인 지옥계라고 하겠다.

◇ 지왕계(地王界)

암흑의 지옥계를 더 나아가 그 전방에 찬란한 지하 신계(神

界)가 펼쳐져 있다고 하면, 깜짝 놀라는 독자가 있을지도 모른다. 하지만 그것은 유능한 영능자가 알 수 있다.

지왕계와 다시 그 아래에 있는 대지왕계(大地王界)가 그것이다.

만물에는 음과 양이 있듯이 역시 신의 세계에서도 음과 양은 있는 것이다. 상계의 아득하게 먼 곳에 빛이 넘치는 신의 세계가 있는가 하면, 그것에 호응하듯이 지하 몇 천척을 훨씬 넘은 저편 하계에는 조용한 신들이 사는 세계가 있는 셈이다.

먼저 지왕계인데 이곳은 상계의 성천계와도 필적하는 문자 그대로 신령스런 미(美)와 정(靜)의 파동을 가진 지핵계(地核界)에 존재하는 신계이다.

몇억년이라는 지옥계에서의 괴로움을 견뎌내고 도태되어 다다른 신들이 사는 이 지왕계— 그것이 빚어내는 분위기를 말로서 나타낸다고 하면 '정적' '투명'이라는 두개의 낱말밖에 없다.

그리하여 이곳에서 생활하는 영인들은 백색의 석상(石像) 그대로 단정한 것이 늠름하며 빼어난 얼굴 생김이다.

◇ 대지왕계(大地王界)

지핵영계(地核靈界)의 가장 깊은 곳인 대지왕계는 지금부터 거슬러 올라가서 10억년의 옛날에 발생한 신령이 사는 영계이다.

이 지구의 연령이 약 45억년, 원시 인류가 출현한 것은 약 50만년 전이라고 하지만 그렇다면 10억년 전의 지구란 어떠한 것이었을까?

어쨌든 대우주 속에 있는 지구계에 10억년 전에 발생한 초신령의 존재가 엄연히 관여하고 있는 사실에는 변함이 없다. 그렇다고 하면 지구계의 시조가 되는 초신령은 지구 이외의 천체로부터 관여해 온 존재라는 것이 된다.

그런데 이 대지왕계 역시 정적이 감도는 미의 세계이다. 여기엔 산도 강도 초목도 있지만 그런 풍물 전부가 단단한 수정과 같은 물질로 이루어지고, 그것이 투명한 빛을 받아 반짝거리고 있는 것이다.

여기서 생활하는 신령들 또한 투명한 수정의 광채를 가졌으며, 모습으로 말한다면 성스런 관음상과 비슷하다.

그리하여 그들 신령들은 신령끼리의 대화나 몇억 킬로미터라는 거리의 이동도 모두 상념계(想念界)의 조작만으로 하고 있는 것이다.

여름밤의 괴기현상

　여름 밤만이 아니고 예를 들어 학생시절 클럽 활동으로 합숙을 하든가 몇 명의 벗과 여행 따위를 했을 때 저녁식사가 끝난 뒤 기분도 가볍게 풀렸을 무렵, 대개 누군가 영적 체험담이란 것을 이야기하기 시작하는 법이다.
　그것을 듣고 있노라면 역시 자기에게도 그런 체험이 있다든가 부모에게 들은 일이 있다든가 하여 저도 모르게 괴기담을 털어놓기 시작한다…….
　당신에게도 그런 경험이 있으리라.
　더욱이 여행 등을 했을 경우는 왕왕 영적인 이야기가 나올 뿐 아니라 실제로 여관이나 호텔, 혹은 산장, 한밤중의 시골길, 깊은 산속 등에서 몸소리가 처지는 영적 괴기 현상을 만나는 일도 있으므로 방심할 수가 없다.

　언젠가 나는 중학교의 체조 선생인 B씨라는 중년 남성에게서 아래와 같은 이야기를 들었다.
　"그것은 대학을 갓 나온 여름의 일이지만, 친구와 셋이서 여행을 했다. 해안이었다. 모두 옛날부터의 놀이 친구로서 곧잘 바다나 산으로 함께 가곤 했었다.

그날 낮에는 셋이서 경쟁하며 헤엄치고 또 헤엄을 쳤다. 나를 포함해서 체력에 자신이 있는 친구들이었으나 밤이 되자 어지간한 우리도 피로가 돌연 몰려 와서 셋 모두 일찌감치 자리에 들어 쉬었던 것이다.

그곳은 바닷가의 작은 여관이었다. 꽤나 오래 된 건물이라고 생각되었지만 특별히 색다른 것은 없는 여관이었다. 나는 드러눕자 곧 잠이 들었던 모양이다. 그런데 이상하게 깊은 잠에 빠지려고 할때 귓가에서 무언가 찰각 하며 소리가 났다.

섬칫하여 잠이 깨자 아무 일도 없었고 나는 또 꾸벅꾸벅 졸았다. 그러자 또 귓가에서 찰각 하며 커다란 소리가 났다.

귀찮게끔, 그렇게 생각하면서 돌아누웠더니 그때 나의 얼굴 위로 공기를 뒤흔들면서 무엇인가 휙 지나가는 느낌이 들었다. 무엇일까? 나는 얼굴을 쓰다듬어 보았지만 알 수가 없었다.

작은 전구가 하나 켜져 있는 방은 옆에서 자고 있는 친구들 얼굴이 흐릿하게 보일 정도의 밝음이었다. 둘 다 잘 자고 있는 듯 싶었고 주위를 둘러보아도 별로 이상한 일은 없었다.

마음 탓이겠지, 나는 그렇게 생각하고 잠을 자기로 했다. 그런데 자려고 하면 이번에는 찰각, 찰각 하는 소리가 연거푸 났고 그것이 끝났다 싶더니 별안간 인간의 신음소리 비슷한 것이 들렸다. 처음엔 나직하고 땅속에서 들려오는 것만 같았던 신음이 차츰 뚜렷한 것으로 바뀌었다.

나왔구나! 나는 그렇게 생각하자 온몸이 오싹 소름이 끼치는 것을 느꼈다.
 야, 일어나, 일어낫! 나는 친구들을 마구 흔들어 깨웠다. 친구들은 무언가 툴툴거리며 요 위에 일어나 앉았지만, 다음 순간 한 친구의 잠에 취한 눈이 갑자기 경련되는 것으로 바뀌는 것을 어스름 속에서도 똑똑히 알았다.
 나는 동료에게 안도감에서 말했다.
 "이봐, 들려? 역시 너에게도 들리지?"
 그런데 친구의 말은 뜻밖이었다.
 "뭐, 뭐라구? 너에게 뭣이 들린다는 거야?"
 "아니, 들리지 않는다구? 이 목소리가, 저 고통스런 신음 소리가!"
 "허허, 신음소리가 들리다니? 그런 것은 들리지 않는다. 하지만, 하지만……있어, 있어."
 "대체 무엇이 어디에?"
 "봐, 저기에. 머리가 젖어 있고 물에 퉁퉁 불은듯한 얼굴에서 피를 흘리는 젊은 사내가……너에겐 보이지 않니?"
 친구가 무섭다는 듯이 손가락질 하는 그곳에는 아무것도 없었다. 나로선 친구가 말하는 듯한 것은 도무지 보이지 않았던 것이다.
 앞서 친구가 갑자기 경련되는 표정을 지은 것은 내가 듣고 있었던 고통스런 신음 소리가 아니고 어스름한 방안에 희미하게 떠오른 익사자와 같은 사내 모습에 놀랐기 때문이었다.
 그런데 우리들 둘이 참으로 정신이 나간 상태로 '들린다'느니 '보인다'느니 하며 호들갑을 떠는 것을 곁에서 보고 있었던 또 하나의 친구는 약간 김이 샜다는 듯이 말했던 것이다.
 "너희들, 대체 어쨌다는 거지? 무엇이 들리는지 보이는지 모르지만 모처럼 자고 있는 사람을 깨우고서……. 뭐, 귀신이라구? 어디에 그런 게 있지? 이 방엔 그런 게 있지 않아, 신음소리가 들리지도 안찮아! 이봐, 둘다 어떻게 된 게 아니야?"
 그러나 나하고 또 하나의 친구가 하는 말은 절대로 거짓말이 아닌 것이다. 지금도 셋이서 만나면 때때로 그때의 이야기가 나오는데, 기묘한 일도 있지요."
 B씨는 그렇게 말하더니 자못 스포츠맨답게 햇빛에 그을리고 윤이 흐르는 얼굴로 흰 잇몸을 드러내며 싱긋 웃었다.
 그런 B씨와 영의 이야기는 전혀 결부가 되지 않는 것처럼 생각되지만, 그는 이런 말도 했다.
 "그리고 보니 무언가의 소리가 들린다 하는 체험은 학생 시절부터 때때로 있었습니다. 대개 무언가 스포츠에 열중하고 있을 때입니다. 체력의 한계에 도달했구나 할 때에 한해서 극히 짧은 말로, 그가 하고 있는 운동이나 시합에 대한 지시같은 것이 들려오는 일이 있었지요.
 하지만 그것은 마음 탓이었는지도 모르겠어요. 자기의 마음의 소리였는지도 모릅니다. 그런 목소리의 지시에 따라 움직이면 대개 좋은 결과를 얻었지만……"
 그러면 B씨의 바닷가 여관에서의 체험인데, 정말로 이런 일이 있는 것일까?
 같은 방에 있었던 세 사람 가운데 한 사람에겐 영의 목소리만이 들리고, 한 사람에겐 영의 모습만이 보였으며, 또 한 사람에겐 영의 목소리도 들리지 않고 모습도 보이지 않았던 것이 다.

이 점에 관해 결론을 먼저 말한다면 참으로 이치에 맞는다고 하여도 당연한 일이라고 하겠다. 이런 현상은 영이 갖는 파장과 그것을 받는 측의 사람 자신이 갖는 파장의 문제이다.

그 위에 각자의 체질과 심성(心性)에 의해 영 현상은 온갖 변화를 가져 오기도 한다.

다음의 항목에선 영과 인간의 파장(波長)문제에 관해 이야기 하겠다.

두터운 것으로 눈을 가려도 초능력자는 투시로 볼 수 있다.

영의 파장과 인간의 파장

　물결에는 불과 몇 센티미터의 잔물결이 있는가 하면 수백미터가 넘게 물결치는 큰 파도도 있다.
　라디오 방송으로 말하면 국내 방송의 장파와 국제 통신의 단파가 있고, 이런 전파는 각각 전용의 수신 설비가 없다면 음성화 될 수가 없다.
　텔레비전만 하더라도 파장이 틀리는 VHF 방송과 UHF방송이 있다.
　그런데 우리들이 일상 무심코 귀로 듣고 눈으로 보고 있는 라디오나 텔레비전 전파 파장에도 갖가지의 것이 있듯이 우리들 자신에도 저마다의 파장이라는 게 있고 저도 모르는 사이에 갖가지의 파장을 내보내면서 생활한다.
　같은 인간끼리라도 몇 번이고 만나도 좋아질 수 없다, 말이 통하지 않는다, 혐오감마저 느낀다……하는 사람이 있는가 하면 첫눈에 상대편이 좋아지는, 2~3분의 대화로 10년을 사귄 지기와도 같은 친근감을 느낀다는 사람도 있다.
　이것은 인간이 갖는 지혜의 활동, 몸의 힘, 상념의 넓이 등

종합적 파장이 상대의 파장에 얼마만큼 맞는가 또는 맞지 않는 가 하는 것을 나타난다.

이런 일은 인간뿐 아니라 영에 대해서도 아주 똑같다고 말할 수 있다. 영이 갖는 힘의 강약, 상념의 깊고 얕음, 영격(靈格) 의 고저 등에 의해 각각 영이 내보내는 파장도 달라진다.

그리하여 여기서 더욱 중요한 일이 생긴다. 그것은 인간끼리 의 파장이 맞고 안맞음과 영 끼리의 파장이 맞고 안맞음 이외 에도 인간의 파장과 영의 파장이 맞고 안맞음도 있다는 점이 다.

그러면 인간의 파장과 영의 파장이 딱 들어맞는다면, 대체 어떠한 일이 일어날까? 여기에서도 완전한 빙의〔영의 달라붙 음〕현상이 발생하는 것이다.

대부분 병의 50%~70%가 영장〔영의 들러붙음에 의한 재 난〕때문인 것으로 알려져 있는데 영과 인간의 파장이 일치되 어 빙의 현상을 일으키고, 그것이 현상계에 나타나 육체상의 증상으로써 나타난 것이 병이다.

병이 무거워지는가 가볍게 끝나는가는 주로 그런 빙의 현상 의 심천(深淺)과 영의 달라붙음을 끌어내는 인간 자신의 마음 자세에 달려 있다.

또한 '귀신을 보았다'는 이른바 초현실 현상도 유계령과 인간 의 파장 일치 현상이다.

앞의 항목에서 이야기한 체조선생 B씨의 체험담도 이것이 다.

그런데 그런 B씨의 경우는 그를 포함하여 같은 장소에 있었던 셋 중 한 사람에겐 전혀 영의 모습도 보이지 않고 목소리도 들리지 않았던 것이다. 그것은 곧 이 사람과 그 영과는 파장이 맞지 않았기 때문이다.

그리고 이 경우 B씨에겐 영의 목소리만이 들리고 또 하나의 친구에겐 영의 모습만이 보였다고 한다.

이는 두 사람의 체질, 심성 차이에 의한 현상이라고 하겠다. B씨는 운동 중에 무언가의 목소리가 들려 온 체험을 갖고 있다고 하므로 천성적으로 영청 능력〔영의 소리를 듣는 능력〕에 가까운 것을 갖고 있었다고 생각한다.

영능자라 일컬어지고 영을 다루는 일을 직업으로 하는 사람들 중에는 특히 영시〔영의 모습을 본다〕에 뛰어나다든가 영청〔영의 소리를 듣다〕에 뛰어나다든가 혹은 영언〔영의 말을 자기 입으로 말한다〕이 뛰어나다는 식으로 각각 잘하는 분야가 정해져 있는 사람도 있다. 이를 개성이라 해도 틀림은 없을 것이다.

그밖에 영과 인간의 파장 일치에 의한 초현실적 현상으로서 다음과 같은 체험을 한 일이 있는 사람이 꽤나 많을 듯싶다.

밤에 잠자리에 들고서 자려고 하면 반드시 몸이 굳어지면서 오한이 생기고 호흡이 괴로워지거나 움직일 수 없게 된다. 한 밤중 아무도 없는데 자기의 침구 둘레를 빙빙 도는 인간의 발만이 보인다.

고색창연한 저택 앞을 지나노라면 사람 그림자와도 같은 희끄무레한 것이 보인다.

옛 싸움터에 가면 지금껏 싸우고 있는 피투성이의 모습이 보인다.
 사찰이나 사당 앞을 지나면 등골이 오싹해지며 토할 것만 같다.
 깊은 산의 고목 뿌리 옆에 누더기 옷을 걸친 영이 웅크리고 있는 게 보인다. 자동차 사고가 있었던 장소를 지날적마다 영의 모습이 보인다……등등 이런 현상은 모두 그곳에 존재하는 영의 파장과 인간의 파장 관계에 의해 일어나는 것이다.
 따라서 이와같은 괴기 현상은 그곳에 존재하는 영의 파장과 맞지 않는 인간에게는 결코 일어나지 않는다.
 그러므로 비록 같은 방에서 지냈다고 하여도 그러한 영과 파장이 맞지 않는 사람에겐 아무리 파장 일치에 의한 영 현상에 대해 이야기해도 여우에 홀린듯한 표정을 짓는 게 고작이다. 바로 앞서의 B씨의 실례와 같은 일이 되고마는 것이다.
 같은 인간이라도 낮은 영계의 영과 파장이 맞는 일 없이 평생을 두고서 거의 병을 모르고 지내는 사람, 또 줄곧 유계령 또는 마계(魔界)의 영과 파장이 맞고 육체적으로나 정신적으로나 괴로워하며 자주 으스스한 초현실적 현상과 마주치는 사람이 있다.
 이렇게 쓰고 보면, 영과 파장이 맞으면 나쁜 일만 생기는 것처럼 생각될지 모르지만 반드시 그렇지는 않다.
 때마침 파장이 맞는 영의 신격이 높고 강대한 힘을 가진 영이었을 경우에는 그런 인간을 돕고 한편이 되어 협조하는 일도 있다.
 이것이 일반적으로 일컬어지고 있는 수호신이나 배후령이라는 존재이다.
 요컨대 유계 이하의 저급령과 파장을 맞추지 않고 신계 이상의 고급신과 파장을 맞추면 되는 것이다. 그것을 할 수 있을 때 그 사람은 보통의 사람이 상상도 할 수 없는 신비로운 힘을 갖고 기적의 체험과 행복을 얻게 된다.
 그리고 나는 영과 파장이 맞기 쉬운 사람, 영에게 잡히기 쉬운 사람을 '영매 체질자'라고 하는데, 다음의 항목에선 영매 체질과 그 메카니즘에 대해 생각해 보자.
 〔참고로 말하면 영매(靈媒)라는 말의 본래의 뜻은 '신령이나 사자의 영과 의사를 소통할 수 있는 매개자'라는 것이고, 영매자는 영을 자기의 몸에 불러들이고 그 상념을 스스로의 몸으로 표현하는 힘을 가진 사람을 말한다.〕

유체 밀도가 짙은 영매체질자

세상에는 태어나면서 예지능력(豫知能力)이 있는 사람, 바라지도 않는데 자주 영시나 영청이 있는 사람과 전혀 그렇지 않은 보통의 사람(물론 이쪽이 훨씬 많다)이 있는 것이지만, 이것은 대체 무엇때문일까?

물론 자연 발생적으로 예지·영시·영청 등이 있는 사람은 본인의 의지와는 관계없이 저급령과 파장이 맞는 사람이라고 하겠지만, 그것이 어떤 이유냐 하는 점이다.

여기서 다음 페이지의 그림을 보자.

인간이 육체·두뇌·마음(넋)의 3요소로 이루어져 있다는 점에 관해서는 앞에서 말했고, 여기서 또 하나인 심령학적으로 아주 중요한 의미를 가진 요소가 덧붙여진다. 그것은 그림의 잿빛으로 표현되고 있는 인간의 육체 전면에 침투하고 있는 유체(幽體)라고 불리는 것이다.

유체는 인간 생명의 근원인 혼(넋)과 육체의 연결 매체임과 동시에 다른 영과의 매체역도 한다. 그러니까 갖가지의 영 파동을 포착하여 그것을 혼에게 전하는 것이 유체이다.

제1부 영(靈)과 당신과의 관계 55

유체(幽體)는 인간의 몸 전체에 침투

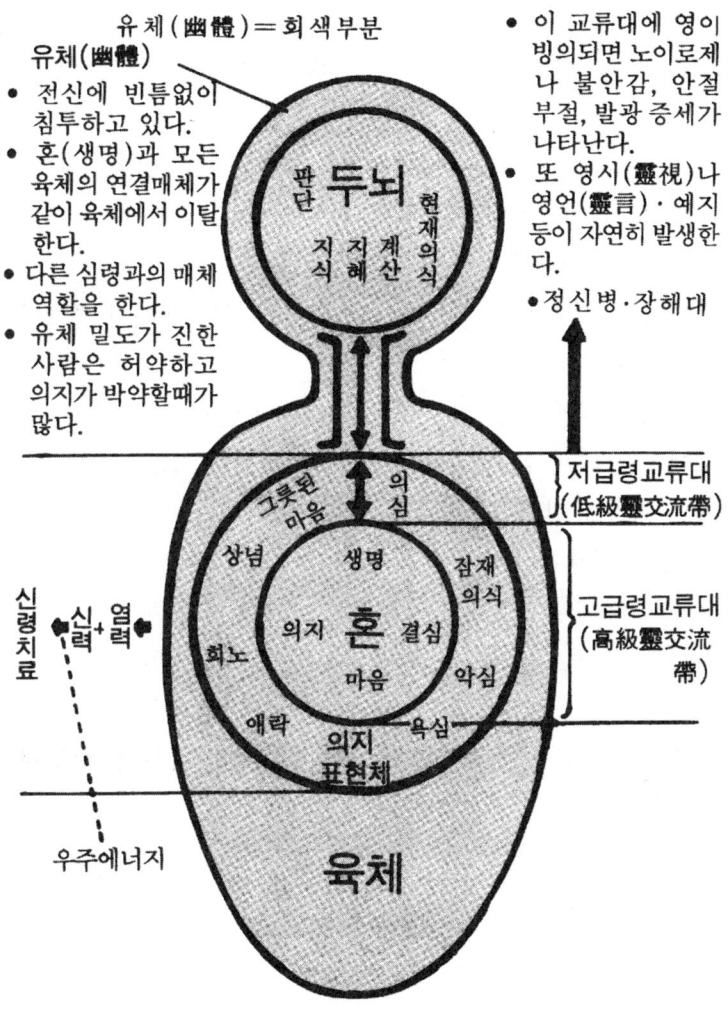

그리하여 죽음의 순간에는 유체와 혼이 하나가 되어 육체를 이탈하게 된다.

건강한 사람이란 혼과 육체, 두뇌가 알맞은 밸런스를 유지하면서 활동하고 있는 사람을 말하지만, 그러자면 유체 또한 알맞은 밸런스를 유지하면서 기능(機能)되고 있지 않으면 안된다.

이런 유체 밀도의 농도(濃度)에도 개인차가 있지만, 대체로 밀도가 짙은 사람일수록 영의 파동을 받기 쉬운 영매 체질이 된다.

왜냐하면 영의 유체와 인간의 유체가 각각 빙의의 중개자가 되어 있기 때문이다.

이러한 영매 체질자는 비록 본인이 깨닫고 있지 않아도, 현세에 있으면서 늘 영계와 접촉을 갖게 된다. 그 결과 저급 영계의 파동을 받아 늘 몸의 여기 저기가 아프든가 짜증스럽다든가 우울 상태가 되어버리든가 하기 쉬운 것이다.

특히 의지의 발현체인 영혼의 힘이 약하며 유체 밀도가 짙은 사람일 경우는 심신이 함께 불안정하며 의지 박약한 경우도 많다.

또한 달라붙은 빙의령이 종류에 따라서는 정신 장해에 빠지는 일도 있다.

고급 영매체질과 저급 영매체질

 앞에선 유체 밀도가 짙고 영과 파장이 맞기 쉬운 영매 체질자에 관해 여러 가지 부정적인 면을 썼다.
 그렇게 본다면 영매 체질자란 좋은 점이 전혀 없는 것처럼 생각된다. 만일 당신이 줄곧 예지(豫知)나 육감, 무언가의 사건에 앞선 가슴의 울렁거림 등을 예민하게 느끼는 타입의 사람이라고 한다면, 절망적이 되어버릴지도 모른다.
 그런데 사실은 그리 낙담할 것도 없는 것이다. 왜냐하면 한마디로 영매 체질자라 하여도 모든 영매 체질자가 저급 영계하고만 파장이 맞는 불행한 인간이 되는 것은 아니기 때문이다.
 같은 영매 체질에도 고급 영매 체질과 저급 영매 체질이 있는 것이다. 이 양자는 영의 파동을 심신(心身)에 받기 쉽다는 점에선 비슷한 면이 있지만, 그 내용에는 하늘과 땅의 차이가 있다.
 즉, 고급 영매 체질은 고급령과 파장이 맞기 쉽고 저급 영매 체질은 저급령과 파장이 맞기 쉬운 체질인 것이다.
 좀더 분명히 말하면 고급 영매 체질자는 자기 의지로 영에 파장을 맞출 수 있는데 저급 영매 체질자는 그럴 수가 없다. 저급 영매 체질자의 경우 자기의 의지가 있고 없음에 관계없이 일방적으로 영계 사이드의 활동에 의해 갖가지의 빙의 현상을 일으키고 마는 것이다.

그리하여 갖가지 병이나 영적 괴기현상에 괴로워하는 저급 영매 체질자의 경우, 몸에 덤벼 든 영이 정화되는 일없이 머물러 있게 됨으로서 육체면이나 정신면의 부조가 생겨난다. 달라붙은 영이 그 인간에게 영 자신의 괴로움을 떠넘기고 있는 것이다.

또한 영이 자기 구제의 소망으로 에네르기를 발산하고, 그것을 달라붙은 인간의 체내에서 호소함으로써 육체의 아픔과 괴로움이 생기는 일도 있다.

이것과는 달리 고급 영매 체질자의 의지에 의해 붙게 된 영은 고급 영매 체질자의 몸 안에서 즉각 정화되고 광체(光體)가 되어 영계의 높은 곳을 향해 나아가게 된다.

참고로 말한다면, 현재 우리 도장에서 행하고 있는 심령 치료[정령]도 근원적으로는 이 원리를 응용한 것이다.

확실히 상대 환자의 빙의령을 의지의 힘으로서 자기의 몸에 옮기는 활동은, 눈 앞에서 병을 고치는 심령 치료의 원점이기도 하다.

다음의 표는 고급 영매 체질과 저급 영매체질의 특질을 각각 뽑은 것이다. 이 표에 의해 양자의 차를 역력히 알 수 있으리라고 생각한다. 현재 저급 영매 체질로 괴로워하던 많은 분들이 정령을 받게 됨으로써 저급 영매 체질자에서 고급 영매 체

고급 영매 체질과 저급 영매 체질의 비교

고급영매체질	① 몸에 일어나는 영현상의 대부분에 관해 본인의 의지가 선행한다. ② 자기의 의지로서 몸에 자유로이 영을 옮겨오게 한다. ③ 타인의 병을 고칠수 있다. ④ 본인의 육체도 정신도 건강 ⑤ 행운 ⑥ 영능력자
공통점 ↕	• 신(神)·불(佛)·영(靈)과 소통할 수 있다(영계인과 대화가 가능하다) • 영계 및 영계인이 보인다. • 예지·예감이 있고 장래의 일이 보이든가 알든가 한다. • 영몽이 있고 독심술(讀心術)을 쓸 수 있다. • 타인이나 사회 전체의 운명을 안다.
저급영매체질	① 본인 의사와는 별 관계없이 영현상이 일어난다. ② 몸이나 마음에 멋대로 영이 달라붙는다.(저급령의 빙의) ③ 타인의 병을 받아 괴로워한다. ④ 본인의 육체와 정신도 건강하지 못하다. ⑤ 불운, 불우한 생활 ⑥ 괴짜, 기인 취급을 당한다.

질자에로의 승화된 길을 걷고 있다.

또 지금은 고급 영매 체질자로써 영계의 높은 신들과 자유자재로 교류하고 심령 치료를 하고 있는 나자신도 한때는 저급 영매 체질자였다.

나는 어릴 적부터 사람이 죽는 일이며 이웃에서 불이 나는 것을 미리 아는 이상한 능력을 갖고 있었다. 그 때문에 남은 물론이고 가족으로부터도 몹시 이상하게 여겨지고 구박도 받았지만, 요컨대 나는 천성적으로 영과 파장이 맞기 쉬운 영매 체질이었다고 생각된다.

덕분에 나는 남들로부터 기분나쁘게 여겨지는 한편 그런 예지 능력이 남의 승패 내기에 이용되는 등 별로 좋은 일은 아니었다.

하지만 자신이 저급 영매 체질로서 가장 괴로웠던 것은 뭐니뭐니 해도 심신의 부조와 괴로움이었다. 의사도 고개를 갸웃하는 정체모를 원인때문에 한때 젊음을 번민 속에서 보냈으나, 인도와 티베트, 대만, 일본 등에서 불교적 수행과 심령학에 심취하기에 이르렀다고 할 수 있다.

그동안 나는 영과의 결사적 고투의 연속 속에서 서서히 자기 자신을 저급영의 체질로부터 고급 영매 체질로 바꾸어 가는 데 성공했던 것이다.

육체가 아무리 아프고 괴롭다 할지라도 마음이 아무리 불안과 공포로 흔들릴지라도 사회적으로 아무리 절망의 구렁텅이에 떨어져도, 나는 높은 심령의 존재와 그 가호를 털끝만치도 의심하는 일은 없었다.

언젠가는, 언젠가는 반드시 무한계인 신의 세계로부터 영적 파워를 얻는다고 나는 그렇게 믿어 의심치 않았던 것이다.

'업 시리즈'의 첫권에서도 말한 것과 같이, 현대에 살고 있는 우리 인간들은 모름지기 영의 세계와 신의 세계를 고차원적으로 연구 이해하여야 될 인연속에 살고 있는 것이다.

이와같은 신인합일(神人合一)의 경지에서만이 현대 사회의 어려운 문제들이 쉽게 해결될 수 있기 때문이다.

불교의 세계, 영혼의 세계를 거쳐 영적 능력을 터득한 뒤, 나는 고통받는 중생들에게 '현세에서 위력을 발휘하고 있는 전생의 인연' 즉 영장(靈障) 인연의 원활한 해소를 통한 인생의 진로를 제시하기 위해 노력하고 있다.

우리가 '인연의 진리'를 모르고 산다는 것은 바로 자기의 혈육을 모르고 자기가 입고 있는 의복의 고마움을 모른다는 것과 같기 때문이다.

나는 신적 존재가 인간의 마음을 만드는 유아적(幼兒的)인 환상이라기 보다는 더 나아가서 우주적인 창조력, 즉 구체적으로 표현하면 창조적 에네르기라고 믿고 있다. 그러므로 나의 영적 능력도 이 창조적 에네르기라고 생각한다.

영능자(靈能者)도 천차만별이다

　일반적으로 '영능자'라고 하면, 예를 들어 보통의 인간으로선 보이지 않는 상자 속의 것을 알든가 보통의 인간으로선 들리지 않는 영의 속삭임이 들리든가 하는 낮은 단계에서의 영적 현상을 발휘하는 사람까지 포함되는 것 같다.
　또 가장 심한 경우에는 보려고도 하지 않는 영계의 광경이 보이든가 자기로선 말하려고도 하지 않았던 영의 말을 중얼중얼 '영언'해 버리는 유계 이하의 잡령, 저급령이 들러붙어 있는 사람들 조차도 영능자라고 하는 일이 있다.
　그러나 심령 능력의 '능력'은 '자기의 의지로 컨트롤 할 수 있는 능력'이라는 의미를 포함하고 있는 것으로서, 옳은 심령 능력이란 반드시 자기의 의지, 힘으로 컨트롤 할 수 있는 것이 아니면 안된다.
　따라서 부질없이 괴기 현상을 일으키든가 또 괴기 현상에 마주치는 사람을 가리켜 영능자라고 하지는 않는다. 그런 사람은 한낱 저급 영매 체질자라고 해야만 한다.
　요컨대 영능자란 자기의 의지로 죽음의 벽을 넘고 영계와 자유롭게 교류하는 능력을 가진 사람을 말한다.
 더욱이 여기서 주의할 것이 하나 더 있다.
 다음 페이지의 그림을 보자.
 영계에도 갖가지의 단계가 있음을 앞에서도 말했지만, 영능자로서는 그 중의 어느 단계에 자기 영혼의 파장을 맞출 수 있는가 하는 일이 문제로 떠오르게 된다.
 영능자로서의 힘도 질도 거기서 결정된다고 하여도 지나친 말은 아니다.
 그림을 보면 알 수 있듯이 영능자는 하나 하나 영계에 대한 감지와 교류 능력이 다르다.
 그리하여 영능자라고 일컬어지는 사람의 대부분은 A나 B, 그러니까 불계의 하위 단계까지의 감지와 교류 능력 밖에 갖고 있지 않다는 것이 실정인 것 같다.
 영의 모습이 아주 잘 보인다, 영의 목소리가 아주 잘 들린다 하여도 저급령의 모습이나 소리만을 캐치할 수 있다고 한다면 참다운 영능자라고 할 수 없다.
 뿐더러 그러한 영시나 영청을 믿는 일은 대단히 위험하다고 하지 않을 수 없다.
 인간의 세계에는 악당도 있거니와 또 악인은 아니지만 사려가 없는 사람도 많이 있다. 영의 세계만 하여도 실정은 이것과 상당히 비슷하다.
 영계의 낮은 단계에 사는 영의 말에는 거짓이나 현혹이 많고 믿을만한 것이 거의 없다고 해도 틀림은 없다.
 영능자라 일컬어지는 인간 중에서도 참으로 신령을 정화, 구

영능자(靈能者)의 단계와 능력

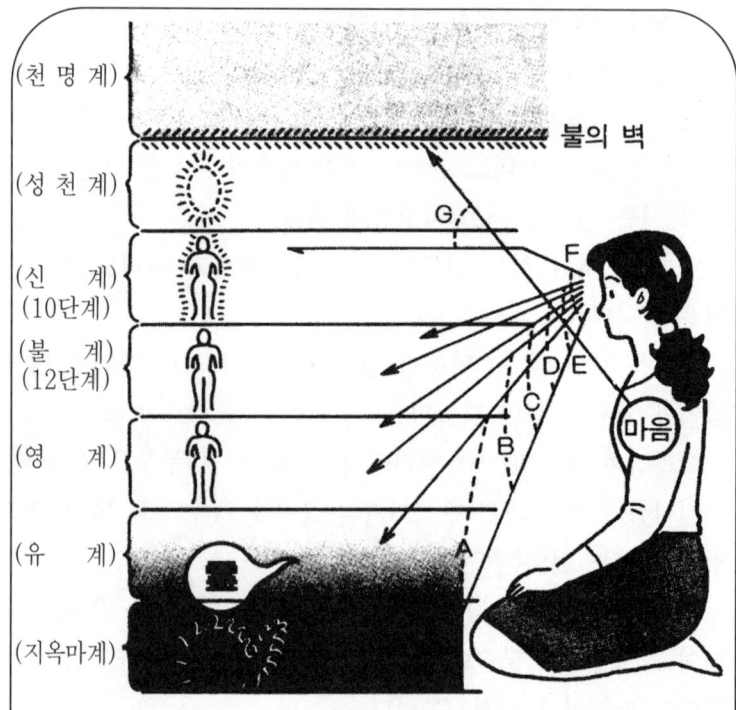

영능자란?
(영시·영청·영언·영감·예지의 힘을 갖고 있다)
- 영능자는 위 그림과 같이 각자의 감지력이 다르다.
- 많은 영능자들은 A나 B의 감지능력자이다. 예를 들어 F의 능력이 있어도 신령의 구제(심령치료)가 어렵다.

심령치료 능력자란?
- G의 능력자이다. G이하의 능력은 별로 필요하지 않고 오히려 G의 능력을 약화할 때가 많다.
- 범·여우·너구리·고양이 등의 감응자는 영능자가 아니고 상념자이다.

제하는 힘을 가진 심령 치료 능력자가 되면, 최소한 그림의 G 이상 단계의 능력이 필요하다.

예를 들어 F까지의 능력을 갖고 있어도 심령의 구제는 어려운 것이다.

또 G이상의 능력이란 F까지의 능력과는 전혀 별개의 것으로서 자기의 마음, 넋 그 자체가 높은 영계와 직결하고 있지 않으면 안된다.

성천계 이상의 세계라 함은, 말하자면 이미 광채 뿐으로서 형태가 없는 세계이다. 그러므로 심령치료 능력자 중에는 G이하의 영 능력[영시・영청・영언 등]을 전혀 갖지 않은 사람도 실제로는 있다.

심령 치료 능력자에게 있어선 G이하의 능력이 지나치게 많으면 오히려 좋지 않은 경우가 많다.

내가 심령 치료 능력자를 양성할 경우, 특히 낮은 단계에서의 영시・영청・영동(靈動:영의 힘으로 몸이 멋대로 움직이는 현상)등의 영능력, 잡령현상을 경계하고 있는 것은 그런 이유에서인 것이다.

카르마의 극복법

카르마의 극복이 중요과제

　인간은 누구라도 영(靈)의 영향을 받고 있다. 선령(善靈)이든 악령이든지는 별개로 치고 영의 영향을 받지 않는 사람은 한 사람도 없다.
　수호령(守護靈) 따위의 선령의 영향을 강하게 받고 있는 사람은 점점 행복해지고 재앙의 영 따위 악령의 영향을 강하게 받고 있는 사람은 오로지 불행해진다. 따라서 가능한한 악령에 들리지 않도록 노력하지 않으면 안되고, 이미 악령에 들린 사람은 제령을 받든가 혹은 스스로 제령하는 등의 노력을 해야 한다. 이상이 여기까지의 결론이다.
　본서의 제목처럼 지금까지 기술한 내용으로 충분하다고 생각하나 어쩐지 쓰지 않고는 견딜 수 없는 것이 있다.
　바로 카르마를 어떻게 해소하느냐 하는 그것이다. 그 방법을 알고 완전히 해소하지 않으면 참 의미로의 행복은 차지할 수 없는 것이다.

"제령을 받으면 모든 문제는 해결된다."

세상에는 이와 같이 생각하는 사람이 많이 있다. 그러나 엄밀히 말하면 결코 그렇지는 않다. 확실히 제령을 받으면 영장 등의 일부 문제는 해결되지만 인생의 문제 모두가 해결되는 것은 아니다.

앞에서는 조금 기술하였으나 악령이 드는 데에는 반드시 어떤 이유가 있다. 아무런 이유도 없이 우연히, 당돌하게 악령이 드는 일은 절대로 있을 수 없다.

무슨 까닭인가. 먼저 들 수 있는 것은 지금까지 기술해 온 가전(家傳)의 인연이다.

지난날 선조가 타인을 괴롭힌 일이 있으면 자손이 그 응보를 받지 않으면 안된다는 것이 집에 엉켜붙은 인연, 가전의 인연이며 영이 들게 되는 직접적인 원인이기도 하다.

그러나 이것과는 달리 근원적인 원인이 있다는 것을 잊어서는 안된다. 개인이 짊어지는 숙업(宿業)이 그것이다. 즉 한 사람 한 사람이 전세에서 현세로 갖고 온 인연이다.

전세에서 색정문제를 일으키고 있으면 현세에도 색정의 인연이 깊은 집에 태어나서 그 보상을 시키고 있는 것이다. 이것이 개인의 카르마와 집의 카르마의 상관관계인 것이다.

즉, 들어 있는 영은 어디까지나 표면적 원인에 지나지 않고 집의 카르마=수업과 개개인이 품고 있는 카르마=숙업이 모든 불행이나 불운의 원인이 되어 있으며 참 행복을 얻으려면 이 두가지 카르마를 해소해 나가지 않으면 안된다.

그런데 이것만은 제령을 해도 해소되지 않는다. 영은 잡을 수 있어도 숙업은 잡을 수 없다. 아니 전적으로 잡을 수 없는 것이 아니다.

1회의 제령 효과는 근소하여 수회 반복해서 표면에 나와 있는 영장은 완전히 깨끗해지는 일이 많다.

그 후는 성격이나 성향 깊이 내재하고 있는 영장〔조령(祖靈)이 많다〕이 남은 것이다. 이것을 잡으려면 본인이 변하여 시간이 걸려 자기 안에 살고 예로 부터의 나쁜 자신을 덕공(德功)・덕화(德化)・덕명(德明)에 의해 자연히 추방할 수 밖에 없다. 카르마를 없앤다는 것은 본래 태어날 때 정해져 있는 하늘의 구명을 고쳐나가는 수도 있다.

수명도, 운명도, 성격도 바른 천진과 천리에 따르는 노력에 의해 개선되는 수가 있다. 그리고 이것은 지금 기술한 심전(沈殿), 고정화영장군(固定化靈將群)이 자연히 추출되어 프로세스와 마찬가지라고 생각해도 된다. 이것들은 관련하고 연동하여 상관하고 있기 때문이다.

그런데 만약 제령을 받은 것으로 집과 개인의 카르마 모두를 용서 받는다면 어떨까. 예를 들면 숱한 기도로 성의를 표하는 것으로 선조가 범한 죄, 그리고 자기 자신이 전세에서 현세에 걸쳐 범한 죄가 모두 용서 된다면, '신은 불평등한 존재이다'고 하지 않을 수 없다.

만약 돈으로 모두가 해결된다면 살아있는 동안에 마음껏 놀고 죽는 순간에 아르바이트라도 고용하여 '이 돈으로 공양을 부탁한다'하고 유언하는 편이 낫다는 이야기가 된다.

그러나 신은 그처럼 불평등하고 무분별한 것도 아니며 또 얼간이가 아니다. 천지자연도 마찬가지다. 우주의 대법칙인 선인선과(善因善果), 악인악과(惡因惡果)의 규정에 의해 만인이 평등한 입장에 서도록 되어 있다.

그러므로 자신이 뿌린 씨는 자신이 거두어들이게 되어 있다. 자기의 카르마는 가령 제령을 받아도 그것만큼은 근본적으로 해결되지 않는 것이다.

제령은 카르마 탈각인연해설, 역경은 벌떡 뒤집어 인격개선, 악운호전, 행운배증의 계기이며, 중대한 터닝포인트가 되는 신연(神緣)의 계기라고 여겨질 것이다. 그로부터 나날의 일과가 중요하다.

그럼 도대체 어떻게 하면 되는가? 그 방법에 대해서는 이미 상세히 기술하였으므로 여기서는 각도를 바꾸어 기술하고자 한다.

고통의 5단계 활용

일반적으로 인연을 해소하는 데에는 두 가지 방법이 있다.

그 하나는 '그것에 필적할 만한 덕분(德分)을 쌓는 것'이며, 또 하나는 '스스로 고통스러움에 의해 그것을 속죄하는 것'이다. 소위 전자는 적극적 해소법이고, 후자는 소극적 해소법이다.

즉, '업'이란 괴롭히고 번뇌케 한 총량을 지칭하는 것이므로 '업'을 해소하려면 그 몫만큼 사람을 기쁘게 하여 행복하게 하든가 혹은 스스로 고민하는 수 밖에 없는 일이다.

물론 정성이나 노력이나 정진을 하지 않은채 다가온 재난, 즉 스스로 태만에 의해 온 고민은 카르마라고는 하지 않는다.

카르마 이전의 것이며, 금생의 천지자연의 법칙에 의해 자기가 심판 받고 있음에 지나지 않는다. 당연한 응보라고 할 수 있겠다. 그러면 먼저 스스로 고민하며 '업'을 해소하는 방법부터 기술해 본다.

한마디로 인생의 고민이라 해도 사람에 따라서는 여러 가지 형이 있다. 돈이 없다, 좋은 연분을 맞지 못한다, 병이 끊이지 않는다, 성적이 향상되지 않는다……. 일일이 헤아릴 수가 없으나 고민의 레벨을 생각하면 크게 다음 5단계로 분류할 수가 있다.

1. 죽음의 고통
2. 가난의 고통
3. 병의 고통
4. 인간관계의 고통
5. 직업의 고통〔여성은 결혼의 고통〕

이 다섯 가지를 '고통의 5단계 활용'이라고 나는 부르고 있으나 다종다양하게 생각되는 고통도 잘 생각하면 현대는 이 다섯 가지 중의 어느 것에 반드시 포함되고 만다.

인간은 여기에 열거한 다섯 가지 고통을 맛보면서 스스로의 카르마와 집의 인연을 해소하고 있는 것이다. 그러나 보통 사람은 고통의 의미를 잘 모르고 있다.

대개 고통을 단순한 고민으로 받아들여 '왜 나만이 불행한가……' '우리집은 왜 운이 없는가……'라고 한탄한다. 너무나

허무하다. 모처럼 인연 해소의 찬스가 왔음에도 그것을 감지하고 감사하기는 커녕 오히려 상념을 흐리게 할 뿐으로 끝난다. 무리가 아닌지는 몰라도…….

그래서 고통의 의미를 상세히 설명하기로 한다.

가장 민첩한 죽음의 고통

가족이 차례 차례로 죽어가는 집이 있다. 마치 사신에 들린 듯이 태어나는 어린이가 차례로 죽는 집이 있다.

독자의 주위에도 그러한 집이 있으리라고 생각되는데 당사자로서는 견딜 수 없을 만큼의 고통임에 틀림없다.

사랑하는 남편과의 사별, 눈에 집어넣어도 아프지 않을 만큼 귀여운 어린아이의 사별, 형제와의 사별……사랑하는 사람과의 이별은 '애별이고(愛別離苦)'라 하여 불교에서는 사고팔고(四苦八苦)의 하나로 여길 만큼 가장 쓰라린 고통인 것이다.

만약 죽음에 임박한 가족이 있다면 여러분은 어떻게 생각할 것인가. '일찍 죽어버리는 편이 낫겠다'든가 '재산이 내것이 되니까 기쁘다', 이렇게 생각할 것인가. 개중에는 그런 사람도 있을지 모르나 정상적인 감각의 소유자라면 슬픔의 눈물을 흘릴 것이다.

"아무리 돈이 들어도 상관 없습니다. 어떻게든 최신의 의학으로 아버지의 목숨을 구해 주십시오."

"하느님, 지금까지의 불효를 용서해 주십시오. 앞으로는 정성껏 효도를 하겠으니 아버지의 목숨을 구해주십시오."

라는 것이 인간다운 감각이며, 가족의 죽음에 직면하여 마음의 동요를 하지 못한다는 것은 어딘가 이상이 있다고 할 수 밖에 없다.

그만큼 가족의 죽음은 큰 고통을 초래하는 것이다. 돈이나 지위나 명예도 소용없는 것이 죽음이다.

이것은 반대로 생각하면 죽음은 가장 민첩한 업의 말소법인 것이다. 아버지가 일찍 죽는다는 것은, 즉 집이 속죄를 하고 있다는 것이며, 어린이 전부가 죽음에 그친다는 것은 업이 그 때부터 자손에까지 계승되지 않기 위한 유일한 방법인 것이다.

가족이 자꾸만 죽어가는 집안은 그 만큼 업이 깊다는 것이며, 하늘이 그 깊은 가전(家傳)의 업을 속죄시킬 때에는 적극적으로 죽는다는 비상수단을 행사하는 수밖에 없기 때문이다.

오해하지 않기 바란다.

"그때, 집안 대대의 깊은 업을 속죄하려면 죽음이 제일인가. 그럼 전부터 죽고 싶다, 죽고 싶다고 생각하고 있다. 마침 그 때, 세상을 위해, 사람을 위해, 선조를 위해, 나아가서는 자손들을 위해 지성을 기울여 자살해 버릴까. 아냐, 일가심중(一家心中)으로 하는 편이 더 좋고 업이 잡힐까."

라고 생각하면 곤란하다.

자살이나 일가심중은 사람으로서 온갖 노력과 정진의 결과, 그래도 닥쳐오는 고통은 아니므로 결코 카르마의 말소는 되어 있지 않다. 그 뿐만 아니라 본래 하늘에서 내려 준 능력이나 수명을 충분히 연마하여 활용하지 않았다는, 천진죄(天津罪)라는 죄를 물어, 영계에서는 자살죄를 문책 받아 주위 1미터 이외는 전적으로 캄캄한 데서 단말마의 고통이 영구히 계속된다는 자살자 영계에 빠지는 것이 된다.
 하늘의 법칙으로 말하면 아(我)와 만심과 증장(增長) 등, 지나침에 의한 죄의 3배 이상이나 무거운 죄가 다름 아닌 '태만의 죄'인 것이다. 왜냐하면 과도의 죄는 반성하여 개심하면 그 때의 경험이나 지식이 남지만 패만의 죄는 아무리 반성해도 아무 것도 혼에 남지 않기 때문이다.
 그러니까 여기서 말하는 죽음의 속죄란 인위적으로는 도저히 피할 수가 없었던 불려의 사고라든가, 정성들인 치료와 간호의 보람도 없이 19세의 젊은 나이에 목숨을 잃은 장남이라든가 태어나면서부터 허약하여 7세로 죽은 장녀의 경우 등을 가르키는 것이다. 아무쪼록 오해가 없도록.

돈의 고통은 인연해소의 한 수단이다

 죽음 다음에 고통스러운 것은 돈의 고통이다.
 빈곤한 생활, 빚쟁이의 독촉에 시달이는 생활……세상에는 돈으로 고생하고 있는 사람이 너무나도 많이 있다. 그들은 매일 매일, 죽음과 같은 고통을 맛보고 있으며 차라리 죽어버리는 편이 편하겠다는 기분으로 매일을 보내고 있다.
 사실, 돈 때문에 자살하는 일은 흔히 볼 수 있는 일이며, 최악의 경우는 일가심중에 미치는 일마저 있다.
 그만큼 돈의 고통은 인간의 마음을 심히 아프게 하는 것인데, 그럼 왜 돈 때문에 고통을 당하는가 하면 상응의 인연이 있으니까 어쩔 수가 없다. '선조가 돈으로 사람을 괴롭혔다', '돈을 모으려고 과욕을 부렸다.'혹은 자기 자신이 전세에 있어서 같은 일을 했다', 그러니까 그 속죄를 현세에서 하고 있는 것이다.

그러나 그 고통이 결과로서 집의 인연이나 자기 자신의 카르마를 해소하고 있는 것이다.

물론 이것도 첫번째와 마찬가지로 타인의 몇 배 노력을 해도 돈으로 고통을 받는 경우이다. 가령, 남편의 빚을 아내가 떠맞는다든가, 자식이 큰 돈이 드는 불치의 병에 걸려 평생 그 돈을 장만해야 하는 경우 등이다.

병의 고통도 인연해소의 한 수단이다

세번째의 고통은 병이다.

태어나면서 몸의 부자유한 사람, 선천적인 병을 갖고 있는 사람, 오랜 동안 투병생활을 하는 사람, 끊임없이 어딘지 몸의 부조(不調)에 시달리는 사람……

이러한 사람의 고통도 인연의 해소를 위한 것이다. 자신의 불섭생(不攝生)에서 오는 병에 관해서는 이 뿐만이 아니다.

감기나 골절 등의 일과성인 것이면 별로 고민할 일은 아니지만 불치의 병이라면 본인은 물론 가족 전원이 지옥의 고통을 맛보게 된다. 때로는 고통을 견디지 못하여 스스로 생명을 끊는 일마저 있다.

따라서 이 병의 고통은 그 수준에 따라서는 두번째인 돈의 고통과 순위가 뒤바뀌는 수도 많다.

　비교적 가벼운 병이라면 돈의 고통이 더 괴롭겠지만 무거운 병인 경우는 돈으로 고통받는 편이 훨씬 낫다고 하는 사람도 있다.

　어쨌든 죽음의 고통, 돈의 고통, 병의 고통, 세 가지가 인연의 깊이에 있어 워스트 3이며, 반대로 인연해소의 민첩하다는 점에서는 베스트 3이다.

인간관계에서 갈등하여 인연 해소

　네번째는 인간관계의 갈등으로 고통을 받는 일이다.

　앞서 말한 세 가지 고통을 반대로 하려면 '장수를 완수할 수 있고' '경제적으로 풍부' '건강의 은혜를 받다'라는 것이 된다. 이러한 인생을 우선 행복한 인생이라고 할 수 있을 것이다.

　그러나 그것만으로는 불충분하며 반드시 행복하다고는 단정지을 수 없다.

　가령, 직장의 상사에게 항상 학대를 받는다면 어떨까. 최악의 아내를 얻어 항상 고민하고 있다면 어떨까? 때린다, 바람을 핀다.

　남자로서는 인간으로서도 존경할 수 없는 귀신같은 남편과 살고 있다면 어떨까? 결코 행복하다고는 할 수 없을 것이다. 인간관계로 심한 갈등이 있는 경우도 사람은 심각하게 고통을 당하는 것이다.

　개중에도 특히, 부부관계에서의 갈등은 심각하다. 일은 하지 않고 술만 마신다든가 취해 있고 남편에게 고통을 받다가 이혼하여 재혼했더니 전 남편보다도 더 지독한 남편이었다. 아내는 바람만 피우고 있어 집 안은 캄캄하다……이런 가정도 적지 않다. 그 고통은 제3자가 상상하는 이상인 것이리라.

그것은 가정이나 부부관계를 고통으로 여겨 자살하는 사람이 적지 않음을 보아도 명확하다. 돈에도 건강에도 은총을 받고 있으나 시집 식구, 시누이, 부부관계에 고통을 받고 있으므로 스스로의 귀중한 생명을 끊는다. 그만큼 인간관계의 갈등에서 오는 고통도 또한 괴로운 것이다.

일에 덕이 없는 것도 인연의 해소

장수를 하고 건강이나 돈에도 궁색하지 않고 인간관계에도 복을 받고 있다. 이만하면 대단히 행복한 인생이다.

그래도 가끔은 고민하는 수가 있다. 어떤 때인가 하면 자기에게 맞지 않는 직업에 취업하고 있는 경우이다. 스스로의 능력이나 재능이나 꿈을 뜻대로 발휘할 수 없는 고통이라고 말해도 된다.

여성의 경우는 영구 취직인 혼담, 결혼 운의 양부일 것이다. 즉, 자신을 내세우기는 하지만 결코 자기의 이상에 맞는 남편이 아니라 또 자기의 능력을 가정이나 사회에서 충분히 발휘할 수 있도록 리드한다든가 이끌어 주는 일이 없는 남편 즉, 결코 인간관계로서는 나쁘지 않으나 일평생 울 수도 버릴 수도 없는 상대라는 것. 이것이 여성의 취직운일 것이다. 행복한 인생으로서는 부족함이 없는 생활이라고 되어 있다.

그런데 자기에게 맞지 않는 일, 싫은 거래라 해도 본인이 노력도 하지 않고 그렇게 생각하고 있는 경우는 별개이다.

이것은 본인이 나쁘다. 그러나 노력을 해도 아무래도 싫은 곳에 취직하지 않을 수 없는 경우라면 그것은 인연이 원인으로 되는 것이다.

"나는 하고 싶은 일이 있는데 가업을 계승해야 하기 때문에 싫으면서도 매일 매일 같은 일을 하고 있다."

이런 경우는 인연 해소를 위해 하고 있다고 생각해야 할 것이다.

그러나 고통을 당하는 것은 가장 가벼운 인연이며, 죽는 일이나 돈의 고통, 병의 고통, 인간관계의 갈등에서 비하면 그런대로 가벼운 일이라는 것은 말할 것도 없다. 그래서 큰일이다 큰일이다 라고 늘 생각하고 있는 분은 자기 업의 레벨을 5단계의 레벨에 견주어 보는 것이다. 반드시 그 레벨에 있을 것이다. 그래서 그것을 절실히 생각하면 업의 가벼움도 알고 스스로 감사의 정도 솟아온다고 할 수 있다.

흔히 '자신의 업을 깨달아라'라는 말을 하는데 자연 큰일이다, 큰일이다, 업이 깊다고 깨달음인 것이다. 반대로 '아직 나는 업이 가볍다'라고 깨달아서 선조나 신에 대하여 감사의 마음을 품고 적극적으로 밝고 활기차게 살아가는 것이 얼마나 멋지고 훌륭한 업의 깨달음인가 하고 확신한다.

영은 잡혀도 숙업은 잡히지 않는다

이미 기술한 바와 같이 업보의 말소로서 가장 지름길은 죽는 일이었다. 대흑주(大黑柱)가 젊어서 쓰러진다. 어린이들이 차례로 죽어 간다.

이것이 가장 날쌘 신(神)이 본 업보의 말소법이며, 그만큼 조사(早死)의 가계(家系), 가족이 차례로 죽는 기계라는 것은 인연이 깊은 셈이다.

그리고 가전의 인연에 상응하는 영혼의 주인공이 그 집에 태어나게 되는 것이다. '조사(早死)의 가계가 이곳에 있다. 당신에게 맞는 것은 이 집이므로……'와 같은 상태로, 다시 태어나는 셈이다. 이것을 상응(相應)의 리(理)라고 한다.

대대로 조사하는 가계에는 눈에 보이지 않는 숙업(宿業-宿世의 因業)이 있는 셈인데, 그것이 표면에 나타낼 때에는 영장과 불운이라는 형태를 취한다.

예를 들면, 조상에게 죽음을 당하여 자자손손을 원망하고 있는 령이 있으면, 그 재앙에 의하여 조사(早死)한다는 상태이다.

그러므로 이와같은 사람에 대하여 제령을 행하면, 조상의 가계가 개선되거나, 병이 즉석에서 낫는 경우도 있다. 그러나 가령 원념령(怨念靈)이 잡혔다고 해도, 어디까지나 숙업(宿業)이 진정한 원인인 한, 영장이 아닌 별개의 형태로 악운은 경향으로서 잔존(殘存)하여 나가게 된다.

즉, 제령을 하면 령은 제거되지만, 숙업은 제거되지 않는 것이다. 물론 적은 액수라도 신에게 정성을 바친 옥관(玉串)과 자각과 반성에 의해 바친 정성의 몫만은 반드시 신이 숙업을 경감하기 위한 공덕으로서 내려 주시고 있는 것은 틀림없다. 그러므로 제령을 계기로 인생이 호전되어 가는 사람이 많은 것이다.

그렇다면 숙업과 인연에 대하여 어떻게 맞서야 좋단 말인가?

괴로움을 당하면서 덕을 쌓는 것이 최선의 길

우리들은 죽음의 괴로움, 가난의 괴로움, 병의 괴로움, 인간 관계의 괴로움, 직업의 괴로움의 5단계의 괴로움을 거쳐서 조금씩 말소하는 셈이지만, 이것과는 별개로 숙업을 말소하는 방법이 또 하나 있다.

앞에서도 나왔던 덕을 쌓아나가는 방법이 그것이다.

숙업(宿業)이 깊은 사람, 인연이 깊은 집에 태어난 사람은 체시(體施), 물시(物施), 법시(法施)를 통하여 차차 덕을 쌓는 노력을 계속하여야 한다. 그렇게 하면, 조금씩 숙업을 상쇄(相殺)되는 형태로 되어 말소되어 나가는 것이다.

이렇게 말하면, '그렇다면 고민하는 것은 싫으므로, 덕을 쌓는 쪽으로 숙업을 말소받도록 한다'고 생각하는 사람도 있겠으나 그 생각은 너무 안이한 생각이다.

숙업이 있는 한, 괴로움을 피할 수는 없는 것이다. 아무리 덕을 쌓는 노력을 해도 업이 있는 한, 어떠한 형태로든 간에 괴로워하지 않으면 안된다.

  이 대원칙에 입각하여 덕을 쌓으므로써 얻어지는 신불의 가호와 천지의 계략이라는 것은, 대난(大難)을 소난으로 축소하여 주는 자비가 되고, 노년기보다 청년기에 그 난을 대체(代替)하여 주는 대비(大悲)가 되고, 괴로움을 느끼지 않을 정도의 체력·기력·달력·정신력을 제공하여 주는 것이 되어, 곤란을 진보와 발전, 성공을 위한 양식이 되게 인도하여 주는 훌륭한 스승과 친구 등과의 만남이 되는 것이다.

  그리하여, 가장 우수한 숙업의 해소법이란 어떤 것이냐 하면, 괴로워하면서 동시에 덕을 쌓아나가는 그런 방법이다.

  바꾸어 말하면 괴로움을 단순한 괴로움으로 끝내는 것이 아니라, 덕을 쌓기 위한 괴로움으로 바꾸는 것이다. 괴로움을 기쁨으로 받아들이며 그것을 기폭제로 하여 동시에 덕을 쌓는다.

  말하자면 카르마라는 생각에 절대로 지지 않고 오로지 덕 쌓기에 전심전력을 다해서 밀어붙이는 방법이다. 괴로움을 두려워하지 않고 스스로 그 괴로움의 불속으로 뛰어들면, 심두(心頭)는 스스로 멸각(滅却)되어 불도 서늘하여진다는 전향적인 생각으로 괴로움을 잊는 양책(良策)이다.

  사람으로 태어나서 그곳으로부터 도피하는 길이 없다면 아무리 온몸을 짓지기는 듯이 아프고 고통스럽고 눈물을 펑펑 흘리면서도 용맹과 과감하게 돌진해 나가는 것이다. 그래도 지옥계에서 괴로워하고 있을 때보다는 인연이 아무리 깊은 집에 태어난다 하여도, 아무리 카르마로 괴로워하고 있더라도, 몇 백배, 몇 천배나 편한 한 때, 한 때의 연속이어야 할 것이다.

육체를 가지고 업의 고통을 덜어버리려는 것은 지옥계에서는 지옥계에서 몇 백년을 지내는 사람들에게 있어서는, 진실로 부럽기 짝이 없는 경사라 할 수 있다. 육체의 옷이 있는 분량만큼 지옥계보다는 상당히 편하게 카르마의 고통을 떨쳐버릴 수 있기 때문이다.

특히 현대에서, 특히 일본이라는 나라에 태어난 사람들은 의·식·주는 어느 정도 채워졌고, 자유라는 것의 혜택도 받고 있다. 이것이 인도나 방그라데시의 하층민(下層民)이라면 어떨까.

팔레스티나 게릴라의 자식으로 태어났다면 어떻겠는가. 거의 지옥계의 양상과 변함이 없을 것이다. 이 일을 생각하면 우리들은 너무너무 행복하다.

괴로움이라 하여도 그건 너무도 편한 것으로 가령 괴로움이 있다 하여도 덕적(德積)을 하는 찬스를 주는 나라와 시대에 태어났으므로.

덕적(德積)의 찬스를 여는 제령

그러나 '말은 쉬우나 실천은 어렵다'는 것이 인간의 거짓없는 모습이다. 스스로를 연마하는 일부터 시작하여, 세상과 사람을 위해 정성껏 노력하려고 생각하여도, 어느새 타성으로 흘러서 덕적을 할 수 없게 되어 버리는 것이다.

어쩌면 본서를 읽어가는 가운데, 기억에 떠오르는 사람이 있을 것으로 생각했다. 왜 그런 일이 있는가 하면, 덕적의 찬스를 만나는 최초의 덕이 없기 때문이다. 그 덕을 가리고 있는 것이 다름 아닌 영장인 것이다.

영장이 있는 동안은 아무리 본인이 덕적을 하고 싶어도, 정성껏 노력을 하려 해도 악령이 방해를 하고 있으므로, 좀처럼 실천으로 옮기기 힘든 것이다.

가령 일념발기(一念發起)하려 해도 병에 걸리거나 가정이 시끄러워지거나, 그만 꿈이 깨져버린다. 그것을 이겨내려면 상당한 각오와 의지력을 필요로 하게 된다.

따라서 보통사람이 적극적으로 덕적을 하려고 생각한다면, 우선 최초에 그 영장을 제거할 필요가 있다. 그것이 다름아닌 제령인 것이다.

제령을 하면, 병과 같은 눈앞에 장애가 일거에 사라지는 경우가 많다. 가령 일거에 사라지지 않더라도 조금씩 해소된다. 그런 경우는 '제령은 곧 병의 치료와 같은 것'으로 생각할 수도 있다.

그러나 그렇다고 모든 사람의 운까지가 일거에 좋아지는 것은 아니다. 단순히 건상인(健常人)으로 되돌아 갈 뿐이며, 제령을 하였기 때문에 머리도 좋지 않은 시의원이 갑자기 국무총리가 된다거나 매상고가 최하위였던 맥주회사가 3개월 정도 업계의 톱을 기록할 정도로 천운이 따르는 것도 아니다.

당연한 일이다. 그러나 사람에 따라서는 신과 영계의 중개하에 대하여 이에 가까운 기대를 걸고 오는 사람도 많다.

예를 들면, '선생님, 제가 1억 5천만엔의 옥관(玉串=布施)을 내 놓을테니 농작물 배증의 비책으로서, 또 하나의 태양을 만들어 줄 수 없겠습니까. 제가 듣기엔 선생님께선 전지전능의 우주신으로부터 메시지나 초능력을 내려주신 것으로 듣고 있습니다.

전지전능하신 신과 통하실 수만 있다면 그 정도의 일은 가능하다고 봅니다만 여하간 병도 고칠 수 있으시다면, 어떻습니까. 태양을 하나 만들어 주십시오. 약간의 영능력과 초능력을 자랑삼아 거만한 태도로 사람을 접하는 못난 사람들이 있기 때문에, 심사가 고약한 사람은 이런 말을 하게 되는 것이다.

유사이래, 인간의 힘으로 좁은 바다를 절반으로 가르거나, 거대한 운석을 언덕 밑에서 위로 굴려올리거나 할 정도였지, 달을 5, 6개로 늘리거나 금성을 길쭉하게 만들거나 지구를 평행사변형으로 만들 수 있는 사람은 없었다.

우주창조의 주신(主神)같으면 몰라도 이와같이 인간이 중개하는 영능력과 초능력이라 해도 별 것이 아닌 것이다.

그러므로 우리들은 보다 겸허하게 천지의 법과 자연의 이치를 배우고, 사람들과 함께 조물주의 입장에 서는 전세가 중요한 것이다. 그리고 천지자연의 도에 전향적(轉向的)으로 순진하게 따르면서 노력하는 정성을 잊어서는 안된다.

그러므로 진정한 영능자나 초능력자가 되려면, 그 영능과 초능력은, 신이 나타나는 힘의 천조(千兆)분의 1에도 미치지 못하는 것임을 깊이 자각하여, 능력에 의지하지 말고, 능력을 자만하지 말고, 능력에 이끌리지 말고, 천지순응(天地順應)의 지성의 길로 달려야만 할 것이다.

그래야 비로소 그 극히 소량에 지나지 않는 인간의 능력이

선하게 작용한다. 신으로부터도 사람들로부터도 존경을 받아야 지상에 있어서 선행의 길이 완성되는 셈이다. 이것이야말로 우주창조의 주신, 전지전능의 신이 천여(天與)의 영적 자질을 지니고 있는 사람들에게 대하여 간절히 원하는 메시지인 것이다.

또 옆길로 빗나가 버렸다. 제령 이야기로 되돌아가자. 자, 제령을 하여 영은 깨끗이 되었다. 앞에서도 말한 바와 같이 숙업은 아직 남아 있으나, 그래도 병이 나으므로서 인생은 완전히 180도 바뀌어야 한다.

왜냐하면 덕적의 찬스가 크게 열리고, 운기(運氣)가 변하기 시작하기 때문이다. 좀더 엄밀히 말해서 운기가 바뀌기 위한 모든 환경이 갖추어지는 것이다.

이때까지는 세상과 사람에게 도움이 안된다고 마음속으로는 바라고 있어도 일 관계, 또는 대인관계 등에서 실현하지 못하였던 것이, 어느날 갑자기 그 같은 장해가 해소되고, 세상을 위해 일할 수 있는 찬스나 운명과 만나게 된다.

그 결과, 운기가 크게 변하기 시작하여 마치 구름이 걷히고 태양빛이 비치듯 마음이 환하게 맑아지고, 조상대대로의 숙업과 자기 자신의 인연이 사라져 가는 등산길의 입구가 보이게 되는 것이다.

즉, 세상과 사람을 위해 기원하는 일만으로는 부족하다. 그 소원을 실현하도록 제령을 계기로 환경을 정비하는 노력을 거듭하는 일이야말로 중요하며, 그곳에서 악운을 강운과 천운으로 바꾸는 찬스가 펼쳐져 나가는 것이다.

100년전 영국의 대과학자 윌리엄 쿠룩쿠스 교수가
찍은 물질화된 유령 모습

제2부
병은 일상적인 영계통신

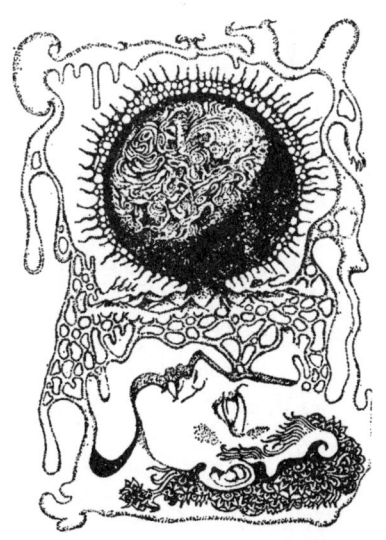

영계에 감응되기 쉬운 영매체질자

세상에는 장례식에 가면 반드시 기분이 나빠진다든가 장례식이 있는 집 앞을 지나기만 하더라도 기분이 나빠진다는 사람이 의외로 많은 법이다.

또 이런 사람은 가족이나 친한 사람이 죽고 난 몇일 뒤면 자주 심신의 고통을 맛보게 된다.

어떤 사람은 '나는 신경질적이고 소심하기 때문에 사람이 죽거나 장례식이 있음을 보기만 해도 기분이 우울해지고 컨디션이 나빠진다. 자기 마음먹기에 달린 것이라고는 알고 있지만……'하고 말하지만, 이는 반드시 본인의 마음먹기에만 달린 것은 아니다.

이런 사람들은 영과 파장이 맞기 쉬운 영매 체질이고, 실제 영계로부터의 파장에 감응하여 심신에 부조를 느끼고 있을 경우가 대부분이기 때문이다.

사람이 죽으면 유체와 혼이 일체가 되어 이탈한다는 것은 앞에서도 말했지만, 이 육체로부터 갓 이탈한 넋이라는 것은 유계에서 곧 잠이 깨었다 하더라도 아직은 충분히 자기의 죽음을 깨닫지 못하고, 그 심정은 현계를 향하고 있는 게 보통이다.

그와 같은 상태의 영이 어떻게든지 현계와 접촉을 갖고자 할 때 먼저 현계의 인간으로서 눈에 띄는 사람이라고 하면, 죽음의 벽〔영계와 현계를 나누는 눈에 보이지 않는 벽〕과 극히 가까운 곳에 있는 사람이라는 것이 된다.

유체 밀도가 짙은 영매 체질자는 현계에 있으면서 항상 죽음의 벽에 접근하고 있는 사람이므로, 겨우 죽음의 벽을 넘은 사후 얼마 되지 않은 영계인으로서는 매우 파장을 맞추기 쉬운 존재하고 볼 수 있다.

이것을 영계측의 영에게 말하라고 한다면,
"내가 왜 이 사람에게 들러 붙었느냐고? 그것은 이 사람이 희끄무레하니 번뜩여 보였기 때문이지요. 다른 사람은 전혀 보이지 않는데 이 사람만이 번뜩이듯이 보였다……"
라고 말할 것이다.

그러니까 유계령들의 눈으로 보면, 현계에 있으면서 영계의 파장을 가진 영매 체질자는 희끄무레하니 번뜩여 보이는 존재인 모양이다. 이 점에 관해선 많은 유계령들의 증언이 있다.

그래서 영매 체질자는 장례식에 가든가 가까운 친지 중에서 사망자가 생기든가 하면 영계로 부터의 파동을 정통으로 받아 자주 심신의 컨디션이 나빠지고 마는 것이다. 즉 빙의 현상이 일어나고 있다는 것이다.

내 자신 일찍이 강력한 영매 체질이라서 장례식에 가는 일이 무엇보다도 싫었다. 장례식에 참석하면 오한이나 구역질이 나서 안절부절하게 되는 것이다.

그런 까닭으로 본의 아니게 장례식에 참석하지 않았고 의리를 지키지 못한 일이 자주 있었다.

또 나는 조모의 죽음 예언 때도 온몸에 찍어 눌리는 중압감이나 가슴 답답함과 같은 것을 내 자신의 몸 이상에서 감지했다.

그리하여 조모가 돌아간 뒤로부터는 반년 뒤에 첫번째, 그리고 또 반년 뒤에 두번째라는 식으로 사이를 두고 두 번에 걸쳐 영계에서 괴로워하는 조모의 영으로부터의 격렬한 빙의를 받은 경험이 있었다.

그밖에 이른바 영매 체질자 중에는 병자의 병문안 가는 것이 무엇보다 고통스럽다는 사람이 있다. 왜냐하면 병자를 둘러싸고 병의 원인으로 되어 있던 그 빙의령이 병자를 떠나 병문안을 간 자기한테 옮겨 오기 때문이라는 것이다.

이럴 경우 병자는 당연히 영이 떠났기 때문에 질병은 치유되나 동시에 병문안을 간 쪽은 대신 병에 걸리고 만다.

정신의 감응, 즉 말이나 문자를 사용하지 않고 마음과 마음으로 통하는 현상을 텔레파시라고 하는데, 병이 옮겨지는 이런 현상은 정신의 감응에 대한 육체의 감응이라고 할 수 있는 것이다.

이와같이 육체상의 감응력이 강한 사람은, 예를 들어 병자 옆에 가면 상대편의 아픈 부위(部位)와 자기의 같은 부위가 아프기 시작하여 상대의 병이 옮겨 올 뿐 아니라 전화로 병자와 통화를 했을 경우에도 상대편 병이 옮겨 오는 일이 있다. 그럴 경우도 상대편 병이 거짓말처럼 낫아버리는 일이 많다.

그런데 세상에는 지독한 일도 있는 법이여서, 이러한 남의 병을 받기 쉬운 영매 체질임을 알게 되면 그것을 이용하는 사람이 나타난다.

행자[수도자]나 종교가 중에도 이같은 사람이 있어, 영매 체질자를 일부러 자기 신자로 만들고 병 치료의 기도때 환자와 이 영매 체질자를 동석시키는 것이다. 그러면 병자에 빙의하고 있는 병의 원인인 영은 영매 체질자 쪽에 옮겨 가므로 병자의 병은 치유된다.

기도사의 기도 힘으로 낫은 셈도 아닌데 일반의 사람들로선 흡사 그와 같이 보이게 되므로 무서운 일이다.

심령치료, 심령능력의 세계는 거의가 눈에 보이지 않는 것을 다루니 만큼 엉터리나 속임수도 통용된다고 하는 위험한 일면이 있다.

현실로 영매 체질이라고 하는 이런 특이한 체질을 악랄한 종교가에게 이용되고 10년~20년을 괴로워하고 있는 사람도 있는 것이다.

영계 통신은 몸의 아픔에서 나타난다

　영계 통신이라고 하면, 일반의 사람들은 아마도 이런 것이라고 생각할지도 모른다.
　예를 들어 영이 모습을 나타내어 인간으로선 알 수 없는 갖가지의 것을 보여 주든가 가르쳐 준다. 영의 소리가 들려오고 갖가지로 영계의 일을 이야기해 준다. 혹은 연필을 잡은 손이 자기의 의지와는 관계없이 자연히 움직이고 문자를 써가는 '자동필기현상', 내용을 읽어보면 예언이 씌어져 있었다는 등.
　물론 이와같은 영적 현상도 영계 통신임에는 틀림이 없다.
　그렇지만 우리들 인간에게 있어 가장 일상적인 영계 통신이라고 하면 영장[탈]에 의한 갖가지의 병을 포함해서 몸의 아픔이라는 것이다.
　영장에 의한 병의 대부분은 유계나 지옥계에서 헤매며 괴로워하고 있는 영계인이 구원되고 싶은 일념으로 현계인에게 달라붙는 현상이다. 그러니까 구출을 청하는 영계 통신이다.
　그 증거로서 심령치료에 의해 병자에 달라붙고 있는 영을 정화, 구제하면 그런 구제된 영들은 신속히 영계 통신[갖가지의 아픔, 괴로움]을 그만 두고 영계의 높은 데로 올라간다. 그런 결과 병자의 병은 완쾌되는 것이다.

그런데 여기에 또 하나의 재미있는 현상이 있다. 그것은 몸의 아픔이나 괴로움에 관한 것이지만, 때로는 그것이 현계인에 대한 영계인으로 부터의 고마움의 의지 표시이거나 현계인에 대해 주의를 재촉하기 위한 의지 표시인 것이다.

예를 들어 이런 일이 있었다.

10여년 전의 어떤 날 내가 주재하고 있는 모임의 회원인 L씨가 S라는 여성을 나의 도장에 데리고 왔다.

S양은 다년간에 걸친 편두통과 어깨결림이 심하고, 그래서 L씨가 그녀를 나한테 데리고 왔다.

의사도 손을 든 편두통과 완고한 어깨 결림이라 하면 심령치료의 독무대이다. 정령은 간단히 끝나고 본인 S양은 물론이고 데리고 온 L씨도 매우 기뻐했다.

그런데 문제는 그로 부터였다. 나와 L씨가 S양을 사이에 두고서 담소하고 있으려니까 갑자기 L씨가 으윽……하며 자기의 오른쪽 어깨를 눌렀다.

"어쩐 일이지요? 선생님, 이상해요. 나의 오른쪽 어깨가 별안간 찍어눌리듯 무거워요. 아프다는 것은 아닌데 무지무지하게 무거워요."

그래서 내가 L씨의 오른쪽 어깨를 지그시 영시하며 조사했더니 놀랍게도 그곳에는 방금 심령치료로 정화되었을 S양의 조상령 하나가 있었다.

당시의 나는 이미 영과의 대화에 의한 정령 활동에서 탈피하고 고급 신령의 영류(靈流)를 오로지 끌고가는 방법으로 바꾸고 있었는데, 이때는 그 위에 영청 능력을 활동시켜 S양의 조상령 말을 들어 보았다.

그녀의 조상령은 L씨의 어깨 언저리에서 꼼짝도 하지 않은 채 이런 말을 했다.

"오늘 당신께 이 도장까지 데려와 주셔서 정말로 감사합니다. 이것으로 저를 비롯하여 영계로부터 공양을 의뢰한 S씨 가문의 조상 전부가 구제 되었습니다. 깊이 깊이 감사드립니다."

이런 조상령의 소리를 들은 나는 곧 L씨에게 말했다.

"알았어요. L씨 어깨가 무거운 것은 S양의 조상령이 당신에게 감사를 하는 그런 의지 표시를 위한 영계 통신입니다. S양의 조상령이 당신에게 인사하고 있는 거지요. 그러니까 당신은 마음속으로 'S양의 조상님, 당신의 기쁨의 인사는 분명히 받았습니다. 저도 확실히 알았으니 부디 어깨에서 내려와 주십시요'라고 하세요.

그리고서 L씨는 눈을 감고 20초 가량 S양의 조상령과 마음속으로 말을 주고 받았던 모양인데, 별안간 눈을 크게 뜨더니 말했다.

"앗, 벗어났어요. 무거운 것이 스르르 없어졌어요."

안도하며 싱글벙글하는 L씨를 바라보며 깜짝 놀라고 있는 것은 S양이었다.

나의 도장에선 이런 일이 참으로 일상다반사이지만 처음으로 심령의 세계를 엿본 S양에게 있어서는 경이적 사건이었던 것 같다.

또 한가지 이런 일도 있었다.

언젠가 회원 K씨가 몹시 당황하는 얼굴로 도장에 나타났다.

"선생님, 어제부터 위장이 아파 견딜 수 없습니다. 아무래도 낫지를 않아요."

남의 병이라면 잇따라 고쳐줄 만큼의 정령 능력을 갖고 있는 K씨인데 자기의 위통(胃痛)은 아무리 하여도 고칠 수 없었으니 과연 난처한 표정을 짓는 것도 당연하다.

그래서 내가 K씨의 위통 원인을 심령 능력으로 탐지해 보았더니 그녀의 위 언저리에 강대한 영적 에네르기가 적용되고 있음을 알았다. 그 이유를 조사했더니 그것은 주의를 깨우치기 위한 영계 통신이었다.

"이는 높은 영계로 부터의 주의하라는 통신이지요. 허둥대지 말라, 침착히 하라고 말합니다. 당신은 요즘 하는 일로서 머리가 가득하여 신령의 힘을 빌리는 것도 잊고 초조하고 있었겠지요. 당장 마음속으로 당신을 수호하고 계신 신에게 빌도록 하세요. 그리고 지금부터 마음을 가라앉혀 가겠습니다. 주의해 주셔서 고맙습니다고 염하세요."

이런 나의 지도를 쫓아 10초 남짓 염하고 있었던 K씨는 후유하고 큰 숨을 내쉬더니 말했다.

"고맙습니다! 떨어졌어요. 낫았습니다. 이제는 상쾌합니다. 그렇군요, 그랬었군요. 나는 확실히 너무나 바빴기 때문에 영류를 끄는 일을 버려둔 채 조마조마, 초조하고 있었던 모양입니다. 지금부터는 단단히 영류를 끌고서 차분하게 해 나가겠습니다."

이상의 두가지 이야기처럼 몸의 아픔이나 중압감을 동반한 영계 통신으로서 심령으로 부터의 감사나 주의의 의지 표시일 경우도 있다.

이런 경우에는 단지 심령치료로선 그 아픔이나 중압감은 제지되지 않는 셈이므로, 심령을 다루는 일도 숙달되어 있지 않으면 여간 힘들지 않다.

하지만 어느 쪽이던 육체에 가해지는 아픔과 괴로움, 위화감이라고 하는 것은 무언가의 영계 통신일 경우가 많으므로 심령능력자라 할지라도 항상 자기의 몸을 잘 주의하여 관찰하는 일이 필요하다.

저급령의 U턴 현상과 병의 발생

　언제나 내가 말하고 있는 일이지만 인간은 육체와 두뇌·마음[혼]이라는 세가지 요소로서 구성되어 있다. 그리하여 우리들 인간은 살아있는 한 이런 3요소가 각각 균형있게 기능되고 있지 않는다면 종합적 의미로서의 건강인이라고 할 수 없으며, 이중 총 우두머리적 존재가 마음이다.
　마음[넋]이 건강하게 기능되고 있지 않을 때 육체와 두뇌의 건전한 활동은 있을 수 없다. 어디까지나 마음이 '주'이고 육체는 '종'이다. 좀더 분명히 말한다면 육체는 마음을 싸고 있는 '껍질'과 같은 것이다.
　그러므로 사람은 이세상에서 일정한 기간을 보내면 낡은 '껍질'을 벗고 혼만의 존재가 되어 영원한 영계에로 길을 떠나게 되는 것이다.
　죽음이란 육체와 두뇌의 멸망을 의미함과 동시에 영계에서의 혼 탄생을 알리는 것이기도 하다. 그렇게 생각하고 보면 죽음이란 그리 무서운 것도 아니다. 어쩌면 사후의 세계는 현계보다 훨씬 좋은 것일지도 모른다.

실제로 내가 나의 혼을 영계로 날아가게 하여 영계 탐방을 하노라면 나의 혼에 영계의 훌륭함을 연신 알려오는 영계인도 있다.

"이렇게 좋고 아름다운 영계에 당신도 빨리 오지 않겠습니까." 하고 부르는 영계인도 있다. 그런 영계인들에 의하면 '그렇듯 더럽혀진 현계에는 이제 돌아가고 싶지 않다'는 것이다.

그렇다고는 하지만, 물론 영계인의 전부가 이와 같은 행복한 영계 생활을 보내고 있는 것은 아니다. 그러므로 우리들은 영계라는 것에 대해 그리 낙천적으로만 볼 수는 없다.

뭐니뭐니 해도 영계를 찬미하고 그 생활에 만족하고 있는 영이란 이미 영계에서 어느 정도의 지위와 격(格)을 얻고 있는 존재이다. 말하자면 영계에서 구제되어 더욱 더 향상의 길을 찾아내고 있는 영인 것이다.

이런 영들은 이미 인간계 상념을 거의 갖지 않고 인간계에 대해 아무런 미련도 없을 것이므로, 현계인에 대해 빙의한다는 일은 있을 수 없다.

그렇게 생각할 때, 만일 망자의 혼이 영계에서 모두 구제되어 있다고 하면 인간계 측에 출몰하여 생자를 괴롭히는 악령과 저급령의 존재는 없을 것이라는 것도 알게 된다.

당연히 인간의 병도 지금의 반 이하로 줄 것이고, 돌발사고 역시 훨씬 줄어들며 영적 괴기 현상도 자취를 감출 것이다.

그렇지만 현실은 그렇지가 않다. 병으로 괴로워하는 사람은 따분할 만큼 많을뿐더러 나에게는 영적 괴기 현상에 관한 보고가 증가되고 있다.

여기서 다음 페이지의 그림을 보자.

이것은 망자의 혼이 현계와 영계를 나누는 '죽음의 벽'을 일단은 통과하여 영계로 들어가고, 그것이 다시 죽음의 벽을 거꾸로 뚫고서 현계에 나타나는 과정을 나타낸 것이다. 그러니까 현계로 돌아오는 저급령의 U턴 현상이다.

사람은 죽음을 맞게 되면 혼만이 육체를 떠나 영계로 옮겨 간다. 그리하여 그 망자의 혼이 영계의 어느 단계로 가는가 하는 것은, 본인이 육체 인간으로써 현계에서 보낸 마지막 날까지의 상념에 의해 자동적으로 결정된다. 즉 어떠한 모습으로 현계 생활을 보내고 있었는가 하는 것이 문제이다.

그래서 영계의 어떤 위치로 옮겨 간 혼은 영계인으로서의 자각을 갖고 이후 영계의 보다 높은 단계를 향해 올라 가게 된다.

그런데 영계라도 예를 들어 지옥이나 마계와 같은 저급 영계에 옮겨진 혼은 영계인으로서의 자각도 없고 스스로 향상의 길도 찾아내지도 못한다. 그 결과 괴로워하고 헤매고 있는 그러한 저급령들은,

"인간계에 있을 때에는 이와같은 괴로움은 없었다. 어떻게 해서라도 본래의 인간계에로 돌아가고 싶다."

고 하여 죽음의 벽을 거꾸로 뚫고 인간계에 나타나려고 하는 영계인으로써 사도(邪道)의 행위를 하는 것이다.

그것은 마치 브라질에 이민하여 그곳에서 신천지를 개척하고자 일단은 자립의 길을 목표했는데도 불구하고 성공하지 못한 사람의 상태와도 비슷하다.

제2부 병은 일상적인 영계통신 101

저급령이 현세에 U자형으로 선회하는 현상

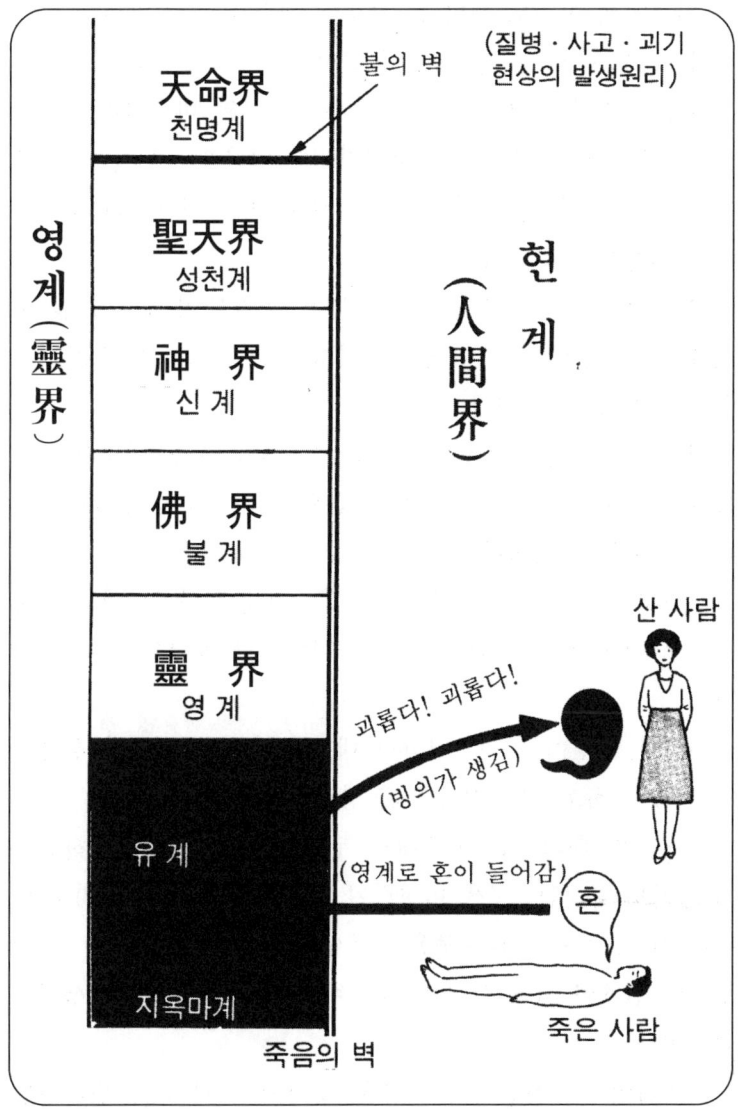

그럴 경우의 인간은 왕왕 옛 보금자리 고국에 있는 부모형제나 친척에게 이것도 해달라, 저것도 해달라, 마지막에는 다액의 돈을 보내달라는 등 하면서 고향의 사람들을 들볶는다.

  현계를 떠나 영계로 간 영만 하여도 이와 비슷하다. 일단, 영계로 들어간 영이 옛날의 보금자리인 인간계로 되돌아 올 때는 영장에 의한 병을 비롯하여 인간에 대한 저급령의 갖가지 빙의 현상이 나타난다.

  이와같이 이미 영계에 가 있으면서 완전한 영계인이 될 수 없었던 저급령 중에는 아직도 자기가 죽은 것조차 깨닫고 있지 못한 영이 많은 것이다.

  대체로 생전에 유물론적 사고의 소유자로 사후 세계의 존재를 부정하고 신·불·령을 믿지 않았던 자일수록 영계에서의 깨달음은 늦는 법이다.

  그리하여 죽음의 자각이 없는 만큼 현계에 나타나서는 살아있는 인간에게 여러 가지 말을 속삭이든가 장난을 치든가 한다.

  이른바 유령이나 괴기현상의 대부분은 이들 영계와 현계를 왔다 갔다 하고 있는 미정화된 영의 모습이다.

  현계인에 대해 자기마음대로 부질없는 공양을 요구하던가 하는 것도 영계인으로써 미정화된 저급령의 짓이다. 그리고 병이나 사고, 재난의 대부분은 지옥에서 몸부림치는 영이 그 괴로움을 현계에 사는 인간에 떠넘겨 해소하려는 데서 생기는 현상이다.

  이리하여 이 현상계에 특유한 갖가지의 괴로움, 말하자면 병, 사고, 돌발적인 재난 등이 발생하게 되는 것인데, 그것이 현계에 U턴해 온 저급령의 짓이라고 한다면, 병치레하는 사람일수록 영의 빙의를 많이 받고 있는 것이다.

 사고를 자주 만나는 사람일수록 보다 많이 저급령과 교류를 갖고 있다는 것이 된다.

 이미 말했던 것처럼 이와같이 헤매고 있는 저급령과 파장이 맞기쉬운 체질이 영매 체질인데, 다음의 항목에선 어떠한 때 영매 체질자가 특히 영의 빙의를 받기 쉬운지 그 점에 관해 알아보기로 하자.

영과 인간의 '상념의 다리'가 높일때

　이제까지의 설명으로서 병의 50%~70% 까지는 영장에 의한 것임을 알았으리라고 생각된다.
　그리하여 죽음의 벽을 통과하여 일단은 영계인이 되었는데도 불구하고 영계인으로서의 올바른 길을 밟지 않고, 현계로 U턴해 온 저급령이 현계인에게 달라붙는 데서 병이 발생한다는 것도 알았으리라고 생각된다.
　그렇지만 저급령이라 할지라도 현계인의 아무나 가릴 것 없이 자유로이 달라붙을 수 있다는 것은 아니다.
　영계인과 현계인은 아무리 거리적으로 접근하려 하여도 파장이 맞지 않는다면 결코 서로 만날 수가 없는 것이다. 그것은 마치 방사되고 있는 전파와 라디오 수신기의 관계 같은 것이다.
　영계인 측에서 보면, 유체 밀도가 짙고, 항상 죽음의 벽에 접근하고 있는 영매 체질자의 모습이 잘 보인다.
　또한 영매 체질의 현계인 측에서 보면 죽은지 얼마 되지 않고, 또 죽음의 벽에 가까운 정화되지 못한 영의 모습이 잘 보인다.

　여기서 파장의 일치가 이루어지고 빙의 현상이 발생하는 셈인데, 이 파장의 일치라는 것에 관해서는 또 하나의 중요한 요소가 있다.

　그것은 현계인 측과 영계인 측사이에 '상념(想念)의 다리'가 놓아져 있느냐 하는 것이다. 상념만의 세계인 영계의 주민에게는 상념만이 작용될 수 있는 것이다.

　이런 점은 물론 저급령에 대해서 뿐 아니라 고급 신령에 대해서도 같은 말을 할 수가 있다. 그러므로 심령에 대한 기도나 축수라는 것은 형식적 의식은 통용되지 않고 진심만이 통용된다고 하는 것이 옳다.

　다만 고급 심령이라 하는 것은 대부분 현계에 대해 관심이 희박한 존재이므로 우리가 무언가를 소원한다 하더라도 열성스런 진심으로서의 호소가 아니면 통하지 않는다.

　영계에서 정화가 진척된 고급 심령이 되면 될수록 현계인과의 교류는 어려워진다.

　이것에 반해 미정화의 저급령이라는 것은, 반대로 현계인과의 교류를 쉽게 될 수 있는 존재이다. 이들〔저급령〕은 현계에 미련이 많고 기회만 있다면 현계에 돌아가고 싶어 좀이 쑤시는 영들이기 때문이다.

　그런 까닭에 그들은 항상 파장이 맞는 현계인을 발견하고자 호시탐탐 노리고 있다.

　말하자면 저급령은 언제라도 현계인에 대해 상념의 다리를 놓으려고 대기 상태에 있는 것이다. 따라서 현계인이 조금이라도 자기〔저급령〕쪽에 상념을 보내기만 하면 그런 상념의 흐름을 타고 즉시 달라붙는다.

현계로부터 영계에로 상념의 다리가 놓여지는 것이다.

대체로 유계의 언저리에 있는 미정화의 영이라 하는 것은 현계인과 참으로 비슷한 마음의 움직임을 갖는 것이다. 타인이 관심을 보이면 기쁜 것이다. 그러므로 영적 괴기 현상에 흥미를 갖고 그런 일에만 마음을 향하고 있는 사람에겐 저급령이 기꺼이 감응하게 된다.

영시가 보여 오든가 영청이 들려왔을 경우, 현계인 측이 여기에 관심을 가지고 주의를 향하면 향할수록 빙의되고 있는 영은 계획적으로 더욱 더 갖가지의 잡령 현상을 일으키기 시작하는 것이다.

세상에는 흔히 경마나 복권 추첨의 당첨 번호를 영으로부터 가르침 받아 횡재를 하는 사람이 있다. 귓가에 붙은 영이 당첨 번호를 속삭이거나 영시로 당첨 번호를 보이거나 하고 있는 것이다.

그런데 저급령이란 으레 변덕스럽다. 자기의 마음이 내키지 않는다면 아무리 현계인이 미래의 일을 가르쳐 달라고 하여도 아무런 말을 해주지 않을 뿐더러 때로는 거짓말만 하여 현계인을 놀리는 일도 있다.

재미있는 일로서 경마나 복권, 그밖의 도박과 같은 당첨을 노리는 것에 힘을 발휘하는 영은 나중에 반드시 반격 작전을 기도하는 법이다.

처음에는 옳은 당첨 번호만을 가르쳐 주어 인간을 아주 기쁘게 해주고 얼마쯤 지나면 이번에는 일부러 거짓 번호만을 가르쳐 주어 인간을 골탕 먹이고, 자기는 영계에서 깔깔 웃고 있는 것이다.

현계인으로선 이와같은 질나쁜 저급령은 상대를 하지 않는 게 좋다. 아무리 귓가에서 달콤한 것을 속삭여도 무시하는 것이다.

말하자면 달라붙고 있는 영에 대해 상념의 다리를 놓는 일을 그만 두는 것이다.

이윽고 자기가 무슨 소리를 하건 흥미를 나타내지 않는 인간에 대해선 저급령 쪽에서 싫증을 느끼고 떠나 버린다.〔사실 이런 방법으로서 귓가에 달라붙어 하루 종일 소근대고 있던 잡령을 퇴치한 사람이 많이 있다.〕

저급령의 이런 심리 상태 역시 인간, 특히 지능범이나 사기꾼 등과 아주 닮아 있다고 생각되지 않는가?

영이라고 하면, 무엇이든지 심령이라고 생각하면 큰 잘못이다. 인간의 세계에도 선인, 악인, 사려 깊은 사람, 철없는 사람, 쓸모가 있는 사람, 쓰레기 같은 인간……의 갖가지가 있듯이 영의 세계에도 선령(善靈), 악령, 사려깊은 영, 철없는 영, 쓸모가 있는 영, 쓰레기같은 영……등이 있는 셈이다.

통털어 저급령의 예언은 아주 가까운 미래의 일이나 한낱 흥미 본위의 알아 맞추기식의 것이 많으므로 이런 예언을 빈번이 하는 영에 대해서는 나약한 태도를 가지면 안된다.

의연한 태도로 무시해 버리고 영에 대한 상념의 다리를 끊어 버려야 한다.

급성 빙의현상

　생전에 영계나 영의 존재에 대해 부정하거나 혹은 생각도 하지 않았던 사람은, 인간이란 살아 있는 동안만이 최고라는 식의 생활을 하고 많은 경우 일상생활 중에서의 자기 상념의 관리나 혼의 정화가 되어 있지 않았기 때문에 사후세계에선 지옥이나 마계에 간다고 하는 불행한 경과를 거치는 일이 많다.
　더욱이 이런 사람들의 영은 죽어 영계에 가도 아직 영계를 인정하지 못할 뿐 아니라 자기가 죽은 일조차 깨닫고 있지 못하는 케이스를 자주 보게 된다. 그래서,
　"여기는 대체 어딥니까? 왜 가족이나 친지가 한 사람도 없지요?"
하는 의문과 불안에 넘치는 상태에 빠지고 만다.
　그러므로 생전에 영계의 존재를 인정치 않고 혹은 생각도 해보지 않았던 이런 영들은 영계에서 궁지에 빠지면 빠질수록, 방황하면 방황할수록 또 공포심을 일으키면 일으킬수록 지옥, 마계라고 하는 절망적 세계로 서서히 내려갈 수 밖에 없다.
　이런 세계에선 눈에 보이지 않는 투명한 벽이 사방 팔방에서

좁혀 들어와 헤매고 있는 영인을 야금야금 죄어 나간다. 그것
에 따라 더욱 더 놀라고 방황하고 공포에 떠는 영인, 더욱이
주위로부터 좁혀 오는 소리도 형체도 없는 압박은 그런 영인의
상념 동요에 비례하여 자꾸만 증대되어 간다.

　게다가 주위는 차츰 어두워지고 깊은 우물 속으로 빨려 들어
가는 심정이 된다……. 그곳은 지하 몇 천 미터나 되는 좁고
좁은 우물 속을 연상시키는 한치도 움직일 수 없는 무언의 억
눌린 세계이다.

　아무리 두 눈을 크게 떠도 이런 암흑의 세계에서 눈에 띄는
것이란 무엇 하나 없고, 너무나 무섭고 외롭고 고통스러워 숨
이 넘어갈 만큼 울부짖어도 무언의 어둠은 아무런 응답도 들려
주지 않는다.

　온몸〔실은 실체가 없는 유체〕에 가해지는 중압과 칠흑의 어
둠속에서 영인의 상념계(想念界)에 가까스로 떠오르는 것은
생전에 고락을 함께 한 가족일까? 친했던 친구일까? 통곡하고
또 통곡하면서 필사적인 상념으로 가족의 이름과 친구의 이름
을 부르는 미친듯한 영인(靈人).

　급성 빙의 현상이 발생하는 것은 바로 이와 같은 때이다.

　급성 빙의란 유계에서 헤매고 있는 영이나 마계에서 괴로움
으로 몸부림 치고 있는 영이 그런 고통 때문에 갑자기 인간의
몸에 덤벼들고 한사코 몸안에 파고들어 빙의하는 현상이며, 영
인과 생가좌의 사이에 상념의 다리가 놓아진 순간에 발생하는
것이 일반적이다.

　즉 유계나 마계에서 헤매고 울부짖는 영인이 생전에 친했던

가족이나 친지에 도움을 청하는 상념과 한편 남겨진 생자가 지금은 영인이 된 가족이나 친지의 죽음을 애도하고 슬퍼하며 깊이 상념하는 이런 양자의 파장이 일치된 그때에 급성 빙의 상태가 일어나는 것이다.

다음 페이지의 그림을 보자. 이는 주로 급성 빙의에 의한 병의 발생을 나타낸 것이다.

사랑하던 가족이나 친지를 잃은 사람이 깊은 슬픔에 잠기는 것은 당연한 일이지만, 고인을 추모하는 깊은 상념이나 그 마음의 표시로서의 갖가지 공양이 때로는 급성 빙의로써 생자 측에 뜻하지 않은 영을 불러일으키는 것도 또한 사실이다.

그러므로 나는 흔히 이런 식으로 말한다.

"부부의 한쪽이 죽었을 경우, 생전에 서로 미워하던 부부라면 거의 염려 없다. 그러나 잉꼬 부부라고 일컬어지며 매우 의가 좋았던 부부라면 위험하다. 죽은 남편이나 부인으로부터 영계통신이 올 가능성이 크니까."

여기서 말하는 영계 통신이란 빙의 현상이고 생자 측에 있어선 몸의 아픔이나 괴로움, 즉 병이 되어 나타나는 일을 가리키고 있는 것이다.

생전에 깊은 사랑의 유대로 맺어져 있던 부부일수록 남편이나 아내의 어느 쪽인가 한쪽이 사망하고 영계에서 괴로워하고 있을 경우, 현계와 영계를 뛰어넘는 상념의 일치를 보고 빙의 현상이 일어나기 쉬운 것은 당연하다.

이런 급성 빙의 현상에 의해 생기는 병은 통상 급격한 아픔이나 괴로움이 따르는 것으로서 강력한 경우에는 단기간에 죽

급성 빙의에 의한 질병의 발생(영 빙의의 원리)

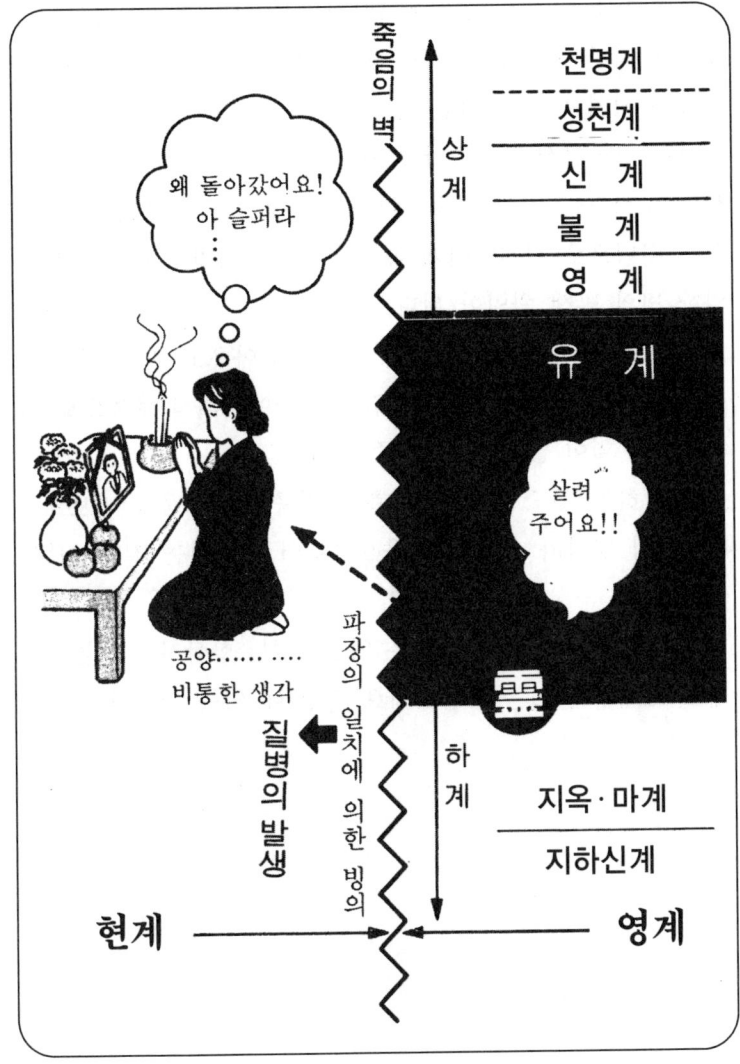

음에 이르는 일도 적지 않다.

그리고 급성 빙의 현상에 대해 만성 빙의 현상이라고 하는 것이 있지만, 이것은 급격한 발병 상태가 없고 비교적 완만한 경과를 거치는 병을 말한다.

그렇지만 급성 빙의, 만성 빙의는 모두 영계의 하위 단계에서 괴로워하는 영이 그런 괴로움으로부터 도망치고 구원되고 싶은 일념으로 현계인에게 매달리는 현상이며, 이것이 영장에 의한 병의 발생 원인이 된다.

이런 경우 빙의되어 병자인 현계인이 아프고 괴로워하는 것은 물론이지만, 빙의된 영도 결코 영계에서의 괴로움으로부터 해방되는 일이 없다는 점이 중요하다.

빙의 하는 측도 되는 측도 함께 지옥의 괴로움을 맛보게 된다. 그럼 양자가 이런 괴로움으로부터 벗어나는 길은 어디에 있을까?

그것은 생자 측에 달라붙은 영을 정화, 향상시키고 높은 영계로 보내주는 일, 즉 심령치료[정령]에 있는 것이다.

영의 변화와 여러 가지 빙의

현계는 형체가 있는, 우주까지도 포함된 유한(有限)의 존재인데 대해 영계는 형체가 없는 우주마저도 초월한 상념뿐의 무한(無限)의 존재이다.

또한 달리 표현을 하면 인간은 육체를 가진 유한의 존재인데 비해 영은 육체를 갖지 않은 무한의 존재라고도 할 수 있다.

영계와 현계는 항상 표리일체이면서 차원과 파장을 달리 하는 세계이다.

영계가 시공(時空)을 초월한 존재인 까닭에 영능자는 백 년 전에 지나간 옛날의 세계를 당시의 상태로 볼 수도 있다. 천 년, 만 년의 옛날 인간계의 광경을 마음의 눈으로 볼 수가 있다.

이렇듯 심령의 세계에선 과거의 몇 백년, 몇 천년의 세월을 거슬러 올라갈 수도 있거니와 거꾸로 몇 일, 몇 년이라고 하는 미래의 시간을 앞질러 그 상태를 알 수도 있다.

그렇지만 영계가 아무리 시공을 초월한 세계라고 하여도 이미 사라진 과거의 풍경이 보여 오거나 또 일어나고 있지 않은 미래의 사건 광경이 보이는 현상은 현계인에게 있어선 역시 불가사의한 일이라고 하겠다.

이와같은 현상은 대체 어째서 일어나는 것일까?

그것은 바로 영의 영인 까닭이다. 영이 갖는 어떤 특수한 속성에 의해 생길 수 있는 현상이다. 그리고 그거야말로 우리들 인간으로선 절대로 흉내도 내지 못하거니와 이해조차도 어려운 영계인의 활동이라 하겠다.

그러니까 고도의 힘과 재주를 가진 영계인은 영적 체질〔영매 체질〕인 사람에게 자기의 모습이나 나이를 갖가지로 바꾸어 둔갑한 모습을 보일 수가 있는 것이다.

영계인은 육체를 갖지 않는 까닭에 거리와 시간의 제한을 받지 않을 뿐아니라 모습에 이르기까지 거의 제약을 받지 않는다는 것이다.

나에 대해 어떤 영계인은,

'나는 47가지 둔갑법이 있다'고 한 일이 있다. 그 영계인은 47가지나 되는 갖가지의 얼굴 모습이나 신체 모습이 다른 영계인이 되어 나에게 보일 수가 있다는 것이다.

그렇다고 하면 여우의 모습을 한 인령, 너구리 모습의 인령이 있다 하여도 조금도 이상할 게 없다.

또한 고귀한 신의 모습을 하고서 엄숙하게 출현하는 영 중에는 자주 저급령이 그와 같이 둔갑하고 있는 경우가 있으므로 특히 주의가 필요하다.

영체가 변환자재(變幻自在)로 모습을 바꾸는, 이런 현상에 관해 나는 실제의 심령치료를 통해 뚜fut이 알고 있다.
 이와같이 영체가 갖가지의 술(術)을 사용하여 모습을 바꾸든가 먼 곳으로부터 염력(念力)을 발동시키든가 하는 일에 의해 인간에 대한 영의 빙의 방법 역시 갖가지로 다르게 된다.
 일반의 사람들은 병에 걸린 그 원인이 영장이라고 할 때, 하나의 영이 병의 환부에 달라붙고 그것이 아픔이나 괴로움 같은 여러 가지 증상을 불러일으킨다고 생각하기 쉽다. 물론 그와 같은 경우도 있다.
 그렇지만 영의 빙의라는 것은 그리 단순한 것만이 아니다.
 예를 들어 심령치료의 도장에 위통을 호소하는 의뢰자가 왔다고 하자. 이와 같은 경우에 의뢰자는 계속 위의 아픔을 호소하지만 내가 조사해 보면 그런 의뢰자의 환부에는 영이 달라붙어 있지 않는 경우가 많다.
 그러면 이런 의뢰자의 위통은 영장이 아닌가? 그렇지 않다. 역시 영장인 것이다.
 나는 지금 '의뢰자의 환부인 위에는 영이 달라붙어 있지 않는 경우가 많다'고 했는데, 엄밀히 말하면 '의뢰자의 환부인 위에는 영이 직접 달라붙어 있지 않는 일이 많다'고 써야만 했다.
 다시 말해서 위통으로 괴로워하는 의뢰인은 도쿄 도장에 있는 것인데, 그런 고통의 원인을 만들고 있는 정작 영체는 도쿄에 없는 것이다. 그것은 호까이도에 있든가 오끼나와에 있든가 때로는 외국에 있는 경우도 있다.
 뿐만 아니라 당신들의 질병 원인인 영은, 경우에 따라선 지

영파(靈波) 또는 염력(念力) 빙의의 실상

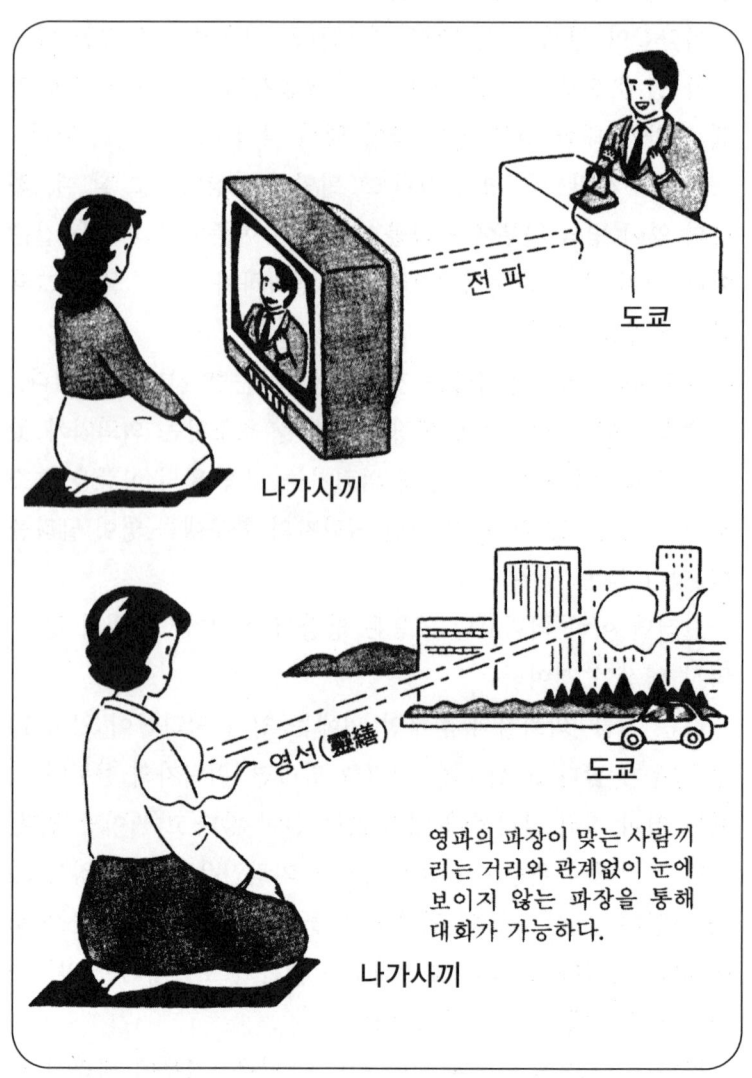

구 이외의 천체에 있을지도 모른다. 이렇게 본다면 여러분은 깜짝 놀랄 것이다. 하지만 영의 세계에선 현실로 그와 같은 일이 자주 있다.

이런 상태일 때 의뢰자의 환부와 그런 원인을 만들고 있는 영체(靈體)는 영선(靈線)이라고 하는 눈에 보이지 않는 선으로 이어져 있는 게 보통이다. 나는 이것을 '영선(靈線)빙의' 또는 '염력(念力)빙의'라고 부른다.

이 영선빙의라고 하는 것은 마치 텔레비전의 전파가 수신기만 있다면 몇 백 킬로미터의 공간을 넘어 먼 곳과 연결되는 것과 비슷하다.

예를 들어 도쿄의 어딘가에서 정치가가 연설을 하고 있다고 하자. 이럴 경우 정치가는 전파라는 것을 통해 나가사끼와 이어지거나 호까이도에 연결되는 것도 가능하다. 그것은 물론 나가사까나 호까이도에 텔레비전이나 라디오라고 하는 수신기가 있고서의 이야기인 것이다.

그런데 전파와 달리 영이 발산하는 영파라면 텔레비전이나 라디오는 불필요하다. 파장이 맞는 인간만 있다면 도쿄로부터 나가사끼든 하와이든 눈에 보이지 않는 영선을 통해 어디까지라도 연결이 가능하다.

〔앞 페이지의 그림은 이런 영선빙의 현상을 알기 쉽게 나타낸 것이다.〕

또 그런가 하면 추간판(椎間板)헤르니아, 요통 등의 심령치료에서는 그 아픈 부분으로부터 좁쌀만한 영체 10개, 20개가 차례차례 높은 영계로 올라가는 모습이 영시(靈視)로 보일 때가 있다.

　그 위에 현기증이나 현훈증[어지럼증과 함께 눈앞이 캄캄해지는 현상] 등의 의뢰자인 경우는 머리부분에 일체(一體)의 영이 빙의하고 있는 일이 비교적 많고, 전신의 경직(빳빳해짐), 오한 등의 전신 증상인 경우는 일체의 영이 그런 인간의 온몸을 흠뻑 빙의하는 전령빙의(全靈憑依)의 상태가 자주 나타난다.

제 3부
산 사람의 념에 의한 발병

기공할 염에네르기의 정체

　이를테면 누군가를 몹시 미워한다, 원망한다, 분노한다, 또는 사랑한다, 동정한다…… 이와같은 자기 이외의 인간에 대한 깊은 집념은 어떤 순간에 에네르기화 되어 상대편 또는 자기 자신에게 무언가의 작용을 미치는 일이 있다. 이것이 염(念)이다.
　염이라는 것은 심령의 존재와는 별도의 것으로서, 자기 혼백의 의지와 상념이 일체가 되어 발동하는 살아있는 우리 마음〔생령〕의 힘이라고도 하겠다.
　우리들은 평소 눈에는 보이지 않는 영계인들과 깊은 관련을 가지면서 생활하고 있는 셈이지만, 여기서 한가지 더 우리들의 일상생활 중에는 숱한 염의 교류가 있음을 알아두었으면 한다.
　인간의 병, 아픔, 괴로움이라 하는 것은 반드시 영의 빙의에 의해서만 생기는 것은 아니다.
　마음 속으로부터 남에게서 증오나 원망을 받으면 영에 빙의되었을 경우와 똑같은 현상이 일어나는 일이 있다. 즉 병에 걸리든가 사고나 재난에 맞닥뜨리든가 하는 일이 있는 것이다.

그러므로 내가 앞에서 말하고 있는 '병의 50~70% 까지가 영장에 의한 것이다'라는 말 속에는 망자의 영장과 동시에 생령에 의한 장해[즉 염에 의한 탈]도 있다는 뜻이 포함되어 있음을 알게 되리라고 생각한다.

가정생활에 있어서나 사회생활에 있어서도 우리 인간의 일인 생활에는 많은 영파(靈波)와 마찬가지로 많은 염(念)이 날뛰고 있다.

인간 하나 하나가 항상 자기도 모르는 사이에 갖가지의 악념(惡念)이나 착한 마음을 내뿜고 있다.

따라서 우리들 인간의 의욕과 상념의 힘에 의해 영장과 마찬가지로 타인에게도 자기에게도 갖가지의 고뇌나 병을 발생시키든가 재난을 만나게 하는 일이 있을 수 있다.

우리들의 일상생활 중에는 본인이 느끼거나 못느끼거나 그같은 일들이 수없이 일어나고 있는 것이다.

예를 들어 자기에 대해 심한 짓을 한 사람에 대해서, ―'그 인간 가만히 두지 않겠다'고 생각했었는데 그런 상대편이 갑자기 죽고 말았다든가, 자기가― '밉다, 밉다, 없어졌으면 좋겠는데' 하고 늘 생각하던 회사의 동료가 정말로 병에 걸리고 회사를 그만 둔다든가 이런 체험을 갖고 있는 사람은 상당히 많을 것이다.

그중에는 스스로 직접 손을 대지는 않지만, 너무나도 자주 원망하기 때문에 자기의 마음에 들지 않는 사람이 불행한 일을 당하든가 자기의 앞에서 홀연이 모습을 감추어 버리는 상황 등 이런 불가사의하고 기분 나쁜 경험을 누구에게도 말 못해 은근히 고민하는 사람도 있다.

한편, 살아있는 인간의 이런 염에네르기는 옛날부터 자주 악용되어 왔다.

일본에는 '축시(丑時)기도'와 '허수아비 저주'라는 것이 있는데, 축시(새벽 2시) 질투 많은 여자가 상대편의 불행을 위해 신에게 기도하거나, 원망하는 사람의 허수아비를 저주하는 민간 신앙이 있다. 이것도 인간의 염(念)에네르기를 악용한 한가지 주술(呪術)이라고 할 수 있다.

이런 저주를 하면 상대편의 사람은 아무것도 모르건만 실제로는 몹시 상태가 나빠지든가 점점 운기(運氣)가 쇠약해지고 심할 경우에는 병이나 사고 등으로 목숨이 끊기고 마는 것이다.

인간의 마음의 어둠을 들여다보게 하는 참으로 음울한 염의 세계이기도 하지만, 많은 기록에 이와 같은 사실이 실제로 남겨져 있을 뿐 아니라 가공할 일로서는 과학 만능이라 일컬어지는 현대에서 조차 정도가 낮은 이와 같은 주술은 은밀히 살아있고 일부의 사람들 사이에서 실제로 행해지고 있는 것이다.

그리고 이와 같은 흑마술적인 기도를 할 때에는 지옥·마계와 같은 저급 영계로부터 악령이 와서 가담하는 일이 자주 있다.

이렇게 되면 생자(生者)의 염에네르기와 망자(亡者)의 염에네르기가 합쳐져 작용하게 된다.

타인에게 장해를 일으키는 '가념장해'

　가념장해(加念障害)란 자기가 발산한 증오나 원한의 염에네르기가 상대편 인간에게 장해, 즉 병·사고·재난 등을 불러 일으키게 하거나 또는 상대편 염에네르기가 자기에게 장해를 주는 현상을 말한다.
　먼저 다음 페이지의 그림을 보아주기 바란다.
　이것은 A라는 인간으로부터 B라는 인간에게 발산된 염을 나타낸 것으로 가념현상을 그림으로 만든 것이다.
　이 경우 A의 마음에서 발산된 염은 그것이 원한이나 질투의 염이었다 해도 또는 병적인 맹목적인 사랑의 염이었다 하더라도 B의 마음에 압박으로 작용되고, 그 결과 B는 병이나 사고 등과 같은 온갖 악령현상으로 시달리게 된다. 그것이 가념장해이다.

　나는 심령치료중, 이런 염의 문제를 다루면서 몹시 무섭게 생각하는 일이 있다.
　그것은 표면상 자못 의좋게 살고 있는 부부라 해도 한꺼풀

제3부 산 사람의 념에 의한 질병 125

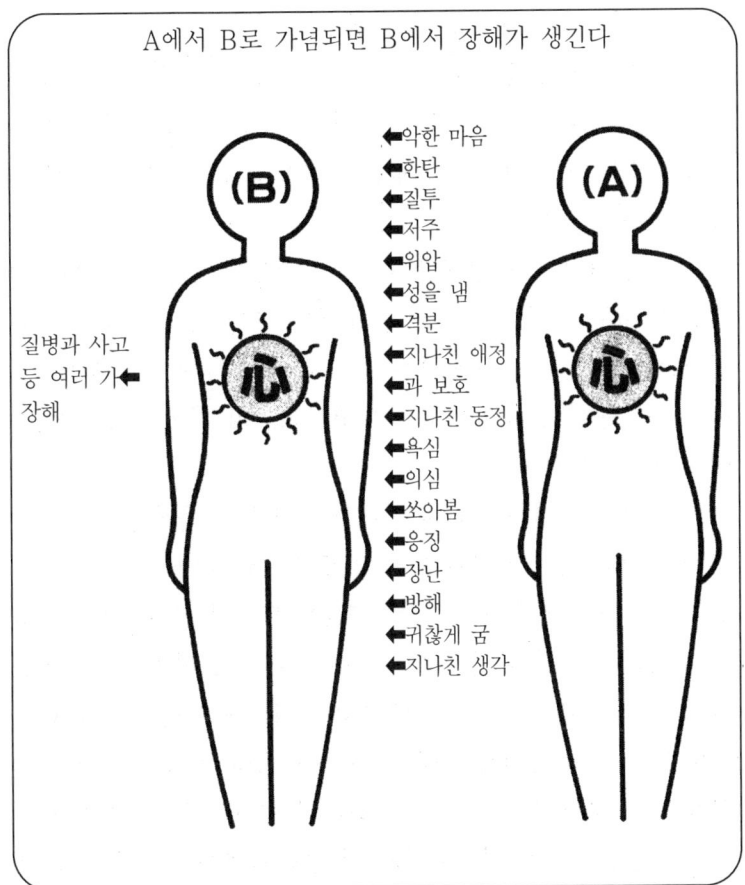

벗기면, 서로가 마음 속에서 지독한 증오감을 불태우며 맞부딪치고 있는 일이 드물지 않다는 것이다. 내가 보기에는 몇 십 퍼센트의 부부들이 의식, 무의식중에 상대를 미워하고 서로 반발하면서 생활하고 있으며, 경우에 따라서는 저주하고 그 위에

'죽었으면 좋아, 이런 배우자라면 하루라도 빨리 죽어버려라!' 하는 염(念)을 불태우고 있는 경우도 있다.

남이 보기에는 참으로 서로가 존경하고 신뢰하고 사랑하고 있는 것처럼 보이는 부부인데도 마음 속으로는 갈등에 더욱 갈등을 거듭하면서 엄청난 원념(怨念)과 집념의 갈등 속에서 헤매는 부부도 있다.

특히 남녀간에는 성애(性愛)라는 정념세계가 결부되어 그 근원을 이루고 있어 까다로운 문제가 생긴다. 서로의 존경과 신뢰를 잃은 남녀의 종착역은 결국 끝이 없는 육욕과 의심·질투·불안 등이 소용돌이치는 미망(迷妄)의 지옥을 경험할 수밖에 없는 것이다.

또 흔히 신문이나 주간지 등에서 '처절한 골육상쟁'이니 하면서 폭로되고 있는 기사가 가끔 발표되는데, 차마 눈뜨고 볼 수 없는 추악한 사건들이다. 그런 것들은 도저히 타인으로선 이해할 수 없고, 오히려 가까운 관계이기 때문에 어찌 할 수 없는 염의 교착(交錯), 얽힘이 원인이라고 할 수 있다.

비록 자기의 남편과 아내·자녀·형제라 할지라도 각각 인격을 갖춘 하나의 인간이다. 그리하여 인간은 한 사람 한 사람 모두 마음[혼]을 가졌으며 독자적 상념세계라는 것을 갖고 있다. 그런 점을 망각하면 사람은 서로의 '염'으로서 서로의 마음을 상처주게 되고 만다.

자칫하면 상대가 너무도 가까이 있기 때문에 상대편 마음의 존재를 잊어버리든가 상대편을 자기의 소유물처럼 생각하고서 그 마음을 전혀 경시(輕視)하든가 또는 상대편에 대한 응석 때문에 제멋대로의 행동으로 상대편 마음을 짓밟고 마는 일이 있다.

그런 결과 부자간이면서 타인 이상의 증오감을 서로 품든가 부부이면서 타인 이상의 혐오감을 서로 품든가 하면서 서로가 상대를.마음으로 괴롭히고 상처를 주고 나아가선 부모 살해, 자식 살인, 남편 살인, 아내 살인과 같은 최악의 상태로서 자기의 염에 마지막 결판을 짓는 경우도 있다.

그렇지만 참으로 염의 세계가 무섭다 하는 것은, 스스로는 아무런 손을 쓰는 일도 없이 상념의 힘만으로 상대를 병나게 하든가 불행의 구렁텅이에 빠뜨리든가 하는 현상이 현실로 일어날 수 있다는 점에 있다.

실제의 살인이라면 법의 심판에 맡길 수도 있겠지만, 강렬한 살의(殺意)를 품었더니 상대편이 그만 죽어버렸다고 한다면 법이 개입할 여지도 없다.

실제로는 눈에 보이지 않는 세계에서 무서운 염의 움직임이 있고, 그것이 가념장해로서 나타났는데도 불구하고 그런 일은 인간의 세계에선 증명할 도리가 도무지 없는 것이다.

보이지 않는 염력의 위험한 작용

　나 자신 젊었을 무렵부터 '염(念)'이 아주 강했고, 내가 맹렬히 화를 내든가 하면 그 상대방 사람이 이틀 사흘이나 몸져 눕는 일이 자주 있었다.
　그렇지만 처음에, 나는 그 사람이 왜 몸져 눕게 되었는지 전혀 영문을 알지 못했다.
　20세 쯤의 언젠가 나는 사소한 일로 어머니와 심한 말다툼을 하였다. 그리하여 나에게 어머니가 거의 꺾이고만 듯한 형태로 말다툼에 결말이 났다고 생각된 그 직후부터 3일동안 앓아 눕는 조그마한 '사건'이 있었다.
　이를 보다못한 아버지가 나에게 말했다.
　"어머니가 너로부터 싫은 소릴 듣고 벌써 3일간이나 몸이 저려서 제대로 일어서지도 못한다. 전연 밥맛도 없고 머리가 멍해져 있건만 잠도 잘 수 없다는 것이다. 이대로라면 어머니가 조금 위험할지도 모른다. 너의 노여움을 가라앉혀 주지 않겠니. 한마디라도 좋으니 어머니에게 '내가 지나쳤어요. 잘못 했다'고 말해주지 않겠니. 언제까지나 성을 내고 있다면 어머니는 정말로 위험하다."
 이런 아버지의 말을 듣고서 나는 어머니의 머리맡에 손을 짚고서 빌었다.
 그러자 어떤 연유에서인지 그때까지 3일 동안, 정말로 나른하고 괴로운 듯이 하고 있던 어머니가 몇 시간 후에는 여느 때의 원기 왕성한 어머니로 되돌아 가 분주히 움직이고 있는 것이었다.
 이는 대체 어찌 된 노릇일까! 내 노여움과 상념이 이렇게도 어머니의 마음에 치명타를 준 것일까? 정말로 이런 일이란 있는 것인가?
 이때 정작 본인인 나도 어머니가 일하는 모습을 보면서 내 눈을 의심할 정도였다.
 그렇지만 이때의 체험은, 뒷날 심령의 길을 내딛게 된 나의 마음 밑바닥에 하나의 복선(伏線)이 되어 맥맥히 이어지고 있었다.

 이렇듯 자기의 감정이 내맡기는 대로 발동한 염으로서 본의가 아니나마 남을 상처주는 듯한 '사건'을 몇 번인가 겪고서 그 뒤의 나는 염(念) 사용에 세심한 주의를 기울이게 되었다.
 심령능력자로서의 나는 이와같은 원형(原形)으로서의 염력을 사용하여 의뢰자의 병을 고쳐 주고 사건의 해결에 임한 일은 한번도 없다. 왜냐하면 나는 높은 신령의 영류[에네르기]만을 받드는 초신령능력자로서의 나 자신을 소중히 하고 있기 때문이다.

그런데 의뢰자 중에는 때때로 아주 겁나는 일을 말하는 사람도 있었다.

"선생님, 지금 저의 남편은 간장이 나빠 병원에 입원하고 있습니다. 그래서 제가 대신 선생님한테 왔지만……하지만 선생님, 남편은 나쁜 사람이지요. 남편에겐 아주 젊은 애인이 있는 거예요. 남편은 내가 그것을 모르는 줄로만 알고 있는 모양인데 저는 알고 있어요. 결혼 이래 15년 동안 난봉에 이은 난봉, 그리하여 더욱 나쁘게도 3년쯤 전부터는 지금의 애인과 바람도 아닌 어쩐지 깊은 사이가 되고 있는 것 같습니다. 남편의 병은 아내인 저를 괄시했기 때문에 천벌임에 틀림없어요. 저는 정말로 원통합니다. 선생님, 남편을 어떻게 해 주시지 않겠어요? 그렇듯 나쁜 남편이라면 차라리 없는 편이 나는 속 편할 정도예요. 선생님의 힘으로 '어떻게'……"

대체 이 의뢰자인 여성은 무슨 소리를 하는 것일까!

초신령 에네르기를 끌어 병을 고치는게 전문인 나에게 이 여성은 눈에 어두운 빛을 간직하며 전혀 반대인 것을 나에게 해달라고 하는 것이었다.

나는 시치미를 뗀 얼굴을 하면서 마음의 목소리로 이 여성의 영혼에 물었다.

"당신은 지금 남편을 '어떻게'해달라고 했지만, '어떻게'란 요컨대 남편을 매장해 달라는 것이겠군요."

그랬더니 그 여성의 상념 물결은 되돌아 와서 나의 영이(靈耳)에 똑똑히 들렸다.

"그렇습니다, 그대로입니다. 그렇듯 나를 괴롭히는 남편, 이제는 이대로 죽어버리면 좋을 거예요. 선생님의 염력으로 어떻게 남편을……주었으면 해요."

　정말이지 엄청난 일이다.

　이와같은 상식을 벗어난 제안이 있을 적마다 나는 의뢰인에 대해 올바른 영계의 기능과, 인간 마음의 자세 등을 자세히 일러주어야만 한다.

　그리하여 그와같은 악념을 불태우는 일이 얼마나 무서운 일인가를 단단히 이해하도록 해야만 한다.

　그렇기는 하지만 염에 얽힌 문제에는 남자와 여자의 관계가 따르기 마련이다.

　삶이나 죽음의 문제와 마찬가지로 이것 또한 아무래도 인류의 영원한 테마인 것 같다.

되돌아 오는 염장해

되돌아오는 염장해란 자기가 만든 악념이 그 상대편으로부터 퉁겨져 되돌아 오고, 거꾸로 자기 자신의 신상에 작용하는 현상을 말한다.

다른 표현으로 반념(返念)이라고도 하며, 특정 상대에게 발산한 증오의 염이 상대의 영혼으로부터 퉁겨나와 결국 자기가 되돌아 오는 자기의 염력을 받아 병이 나든가 사고를 당하는 것과 같은 일이다.

먼저 다음 페이지의 그림을 보자.

이는 A라는 인간으로부터 B라는 인간에 대해 품은 염과 그것이 B에서 퉁겨 A자신에게로 되돌아 가는 과정을 나타낸 것으로서 반념현상을 알기 쉽게 도해한 것이다.

이 경우 A의 마음에 품은 B에 대한 원한이나 미움, 또는 질병에 가까울 만큼의 과잉된 사랑의 염은 B의 마음에서 퉁겨나와 다시 A에 되돌아가므로, 그런 염은 A자신의 심신에 중압이 되어 작용한다. 그 결과 A는 자기 자신의 염에네르기에 의한 갖가지의 악현상을 걸머지게 된다는 것이다.

제3부 산 사람의 넋에 의한 질병 133

반송장해(返送障害)란……

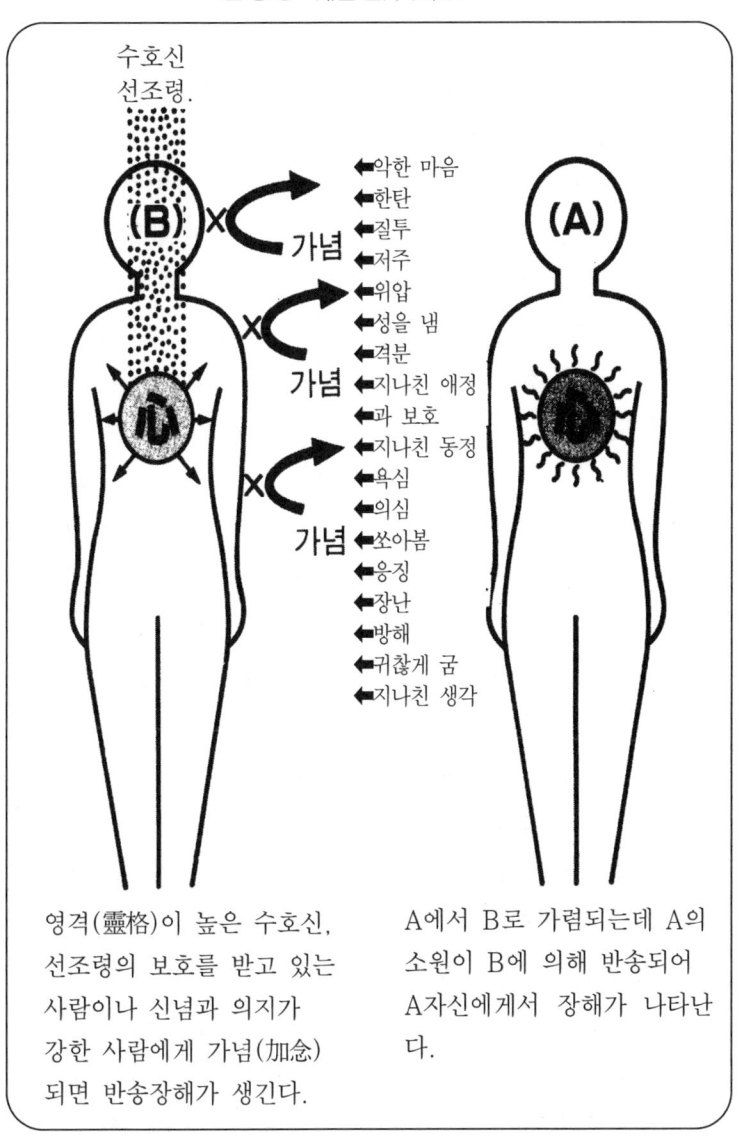

영격(靈格)이 높은 수호신, 선조령의 보호를 받고 있는 사람이나 신념과 의지가 강한 사람에게 가념(加念)되면 반송장해가 생긴다.

A에서 B로 가념되는데 A의 소원이 B에 의해 반송되어 A자신에게서 장해가 나타난다.

또한 이 반념장해는, 때로는 앞의 항목에서 설명한 상대를 쓰러뜨리는 가념장해와 함께 일어나는 일도 있다.

그러니까 전 페이지의 그림으로 설명을 계속하면, A가 B에 대해 발산한 악념은 B를 쓰러뜨리고 그리고 A자신에 되돌아와 A, B가 모두 염에 의한 장해를 받는다는 케이스이다.

그렇다면 이런 반념장해라 하는 자승자박(自繩自縛)의 이상한 염현상은 대체 어떠한 때에 일어나는 것일까?

한마디로 말하면 염을 보낸 본인보다 보내진 상대편의 염에네르기가 강한 경우에는 반념현상이 생기기 쉬운 것이다.

염이라는 것은 살아있는 인간의 마음〔혼〕의 에네르기이므로 마음, 의지가 강한 사람은 당연히 염도 강한 법이다. 그러므로 이와같은 삶에 대해 영혼의 힘이 별로 강하지 않은 사람이 증오나 원한의 염을 불태우면, 그 악념은 상대편 영혼에 튕겨져 오히려 자기 자신을 베는 칼날이 되고마는 것이다.

또 높은 심령의 염류를 끌 수 있는 힘을 가진 사람은 좀처럼 다른 사람으로 부터의 염을 받지 않는다.

따라서 이와같은 사람에게 가념(加念)했을 경우도 반념현상이 생기고 가념자가 스스로의 염에 고통받는 경우가 있다.

위와 같은 까닭이라, 여러분은 여기에 타인에게 악념을 가져서는 안되는 큰 이유의 하나가 있음을 깨달았을 것이다. 그것은 윤리나 도덕, 혹은 양심의 문제 등과는 일체 관련이 없는 좀더 현실에 근거한 자기의 행·불행의 문제인 셈이다.

예를 들어 당신이 질투하고 미워하고 죽이고 싶다고까지 생각하고 있는 상대는 어쩌면 무쇠와도 같은 의지의 소유자일지도 모른다.

또한 보기로서는 부드럽고 오히려 연약하다 싶은 인상을 주는 사람이라도 사실은 무시무시한 초심령의 에네르기를 끄는 힘을 가진 사람일지도 모른다.

만일 당신이 운 나쁘게도 이와 같은 사람에게 악념을 보내고 말았다고 하면 그야말로 큰 일이다.

당신이 발산한 악념은 열갑절, 스무갑절, 때로는 백 갑절쯤의 강한 힘이 되어 부메랑처럼 돌아와서 당신 자신에게 덤벼든다.

또 당신의 의지력이 상대와 똑같을 만큼 강하고 당신이 내뿜는 염의 힘으로서 상대를 쓰러뜨렸다 하여도 그 염에네르기는 거기서 소멸하는 일없이 다시 당신 자신에게 되돌아오는 일도 많은 것이다.

가념장해와 반념장해가 동시 다발적으로 발생하는 케이스가 되는 셈이다.

옛날부터 '남을 저주하면 구덩이가 둘'이라는 속담이 있지만, 이것을 인간의 염이 갖는 에네르기에 대해 생각했을 때 무서울 정도의 진리라고 하지 않을 수 없다.

여기서 말하는 구덩이는 무덤이다. 남을 저주하여 죽이려고 하면 자기도 그런 보답으로 살해되므로 장사지낼 구덩이는 두 개가 필요하다는 의미이다.

여기에 이르러 우리들은 무엇보다도 자기 자신을 지키기 위해서라도 항상 자기의 마음을 반성하고, 무의식 중에라도 타인에게 악념을 갖는 일이 없도록 조심하지 않으면 안될 이유를 알게 될 것이다.

　자기 자신이 소중하면 소중할수록 마음의 감시를 게을리 해서는 안된다는 것이기도 하다.

　이런 반념장해에 관해 내가 다룬 치료 의뢰자 중에 이런 케이스가 있었다.

　어느 때, 나의 도장에 남편과 다년간 심한 두통에 시달려 온 부인이 찾아 왔다.

　그 부인은 꽤나 미인이었지만 자못 연약한 것이 어딘지 믿음직하지 못한 풍정(風情)의 여성이었다. 한편 남편은 어떤가 하면 회사를 경영한다는 말 그대로 시원시원한 느낌의 이른바 수완가 타입의 남성으로 느껴졌다.

　그런 남편이 사뭇 깨지기 쉬운 소중한 것이라도 다루듯이 하며 아름다운 부인을 데리고 왔던 것이다.

　그런데 막상 내 앞에 앉은 부인을 영적으로 자세히 관찰했더니 이 부인의 두통 원인은 단순한 영장이 아님을 곧 알았다.

　그것은 놀랍게도 이 부인 자신이 발산하고 있는 증오의 염에 의한 반념장해였던 것이다.

　더욱이 깜짝 놀란 일로서는 부인이 증오의 염을 보내고 있는 그 상대의 인간이란 바로 남편 그 사람이었다.

　이 부인은 얼핏 보아 온순하고 고분고분하게 보이는 여성이었지만, 실은 마음이 의외로 고집스런 것이 불평불만이 많고 게다가 노여움이나 원한을 언제까지나 품는 성격의 사람이었다.

　그래서 수완가이고 야무진 남편이 일상생활의 일이며 아이들 교육 등 갖가지로 간섭하는 것이 마땅치 않아 언제나 입 밖으로는 내지 않고 마음속으로 그 일에 관해 반발하고 불평불만을 품으며, 남편에 대해 뚜렷한 원칙도 없이 나쁘게만 생각하고 있었던 것이다.

그런데 운 나쁘게도(?) 남편은 굉장히 영혼의 힘이 강한 사람이었다.

따라서 부인이 발동한 불평 불만의 악념은 남편의 영혼에 튕겨져 부인 자신에게로 되돌아 갔고 그 결과 부인 자신이 두통으로 시달리게 되고 말았던 것이다.

이 건에 관해서는 남편에게 자리를 피해 달라 한 뒤 부인에게 잘 설득하여 일단락되었다.

물론 심령치료도 했지만, 그것 이전에 남편에 대해 부인이 진심으로 사과하는 마음을 가졌을 때에 오랜 두통 원인이 저절로 해소된다고 말했다.

그렇긴 하지만 나도 같은 남성으로서 이 케이스에서는 애처가인 남편에게 매우 동정했던 것이다.

자승자박의 자념장해

　자념장해(自念障害)라 함은 자기가 만든 악념이 타인에게 작용되지 않고 자기 자신에 작용되며, 그 결과 자기가 병에 걸리든가 사고나 재난 등의 장해를 만나는 현상을 말한다.
　먼저 다음 페이지의 그림을 보자.
　이것은 자기가 품은 갖가지 불안이나 고뇌, 걱정거리 등이 타인에게 향해지는 일 없이 자기 자신의 마음에 압력을 가하는 상태를 나타낸 것으로서 자념장해를 알기쉽게 도해한 것이다.
　그러니까 자념장해란 극도의 불평불만이나 걱정, 슬픔 등이 마음에서 떠나지 않게 되고, 그 결과 몸의 여기저기 부위에서 부조(不調)가 나타나든가 때로는 나쁜 악현상을 일으키는 상태이다.
　따라서 자념장해라는 것은 일반적으로 무슨 일에 있어서나 시원스럽지 못하고 군걱정이 많은 사람, 내성적 성격의 사람에 많다고 하겠다.
　또 아무리 자기반성이나 인내, 참을성이 중요하다고 하여도 이것도 도가 지나치면 때로는 자념장해의 원인이 되는 수가

자념장해(自念障害)

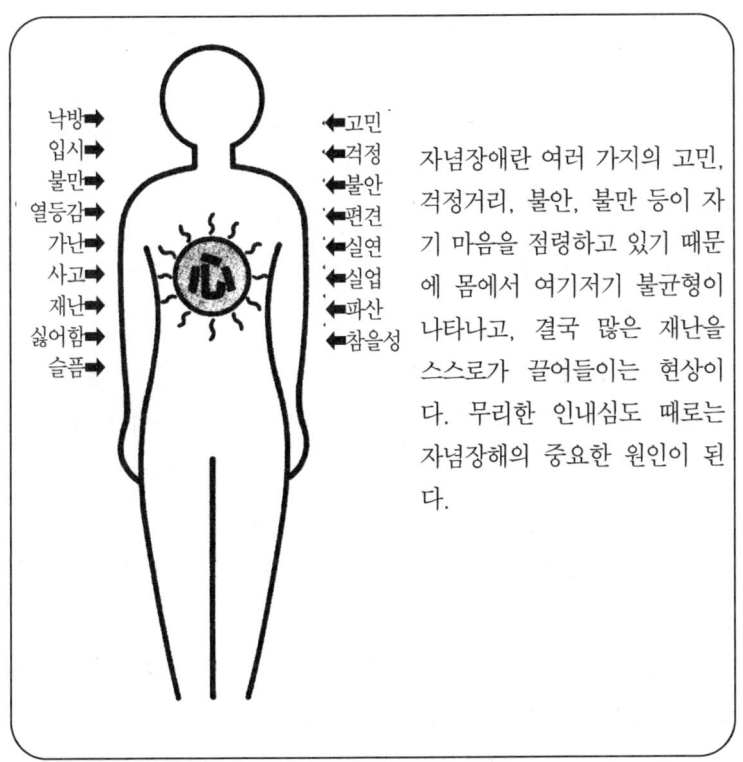

자념장애란 여러 가지의 고민, 걱정거리, 불안, 불만 등이 자기 마음을 점령하고 있기 때문에 몸에서 여기저기 불균형이 나타나고, 결국 많은 재난을 스스로가 끌어들이는 현상이다. 무리한 인내심도 때로는 자념장해의 중요한 원인이 된다.

있다는 것이다.

그러면 여기서 다시 한번 인간이라 하는 것이 육체·두뇌·마음[혼]이라는 세가지 요소로 성립되어 있음을 상기해 주기 바란다.

그러면 자념장해라 하는 것이 발생하는 이유도 자연히 알게 될 것이기 때문이다.

대체로 자념장해라 하는 것은 자기의 마음속에 극도의 불만이나 불안·슬픔 등이 샘솟고, 그 때문에 마음이 밖으로 향하지 않게 된 상태로부터 시작된다.

그리하여 그렇게 되었을 때에는 이미 그 사람의 마음은 정상으로 기능되고 있지 않는 것이다.

이는 곧 육체나 두뇌를 통치하는 마음 본래의 활동이 정지하고 있는 것으로서, 그렇게 되면 육체·두뇌·마음의 밸런스가 무너지게 된다.

따라서 몸의 어딘가에 부조가 나타나든가 짜증이 생긴다.

다시 말하면, 마음 속이 고뇌나 불만·불안 등의 어두운 상념으로 채워져 있는 것이므로 그런 상념이 외계에서 꿈틀거리고 있는 어두운 상념의 영을 불러들이게 된다.

'유(類)는 유를 부른다'는 말이 있지만 이는 상념의 세계, 영의 세계에도 그대로 적용된다.

그러므로 늘 한가지에 얽매이는 사람은 병뿐 아니라 영장에 의한 사고 등도 당연히 만나기 쉬워진다.

'뒤로 넘어져도 코가 깨진다', '산넘어 산'이라는 말도 있지만, 한번의 불행으로 좌절되고 마는 사람은 두번째, 세번째의 불행을 스스로의 마이너스 염적인 에네르기가 끌어들인다는 것을 알아야 된다.

제4부
심령치료와 그 기적들

제3부

남지나와 그 기류들

현대의학과 영의학(靈醫學)

현대에 '심령치료로 병을 고치다니 옛날 미신의 잔재(찌꺼기)가 아닌가' 또는 '그런 비과학적인 것은 믿어지지 않는다'는 등의 사람이 있다면, 실제로는 오히려 그런 사람들이 훨씬 뒤지고 있다고 하겠다.

사실 미국이나 영국 등을 비롯하여 여러 선진국에선 마음이나 뇌연구에 관련된 영(靈) 연구가 매우 발달되고 있다.

그리하여 영의 연구를 하면 할수록 영과 인간 질병과의 관련이 크게 클로즈업 되리라. 영국에선 경우에 따라 일반 의사와 심령치료 능력자가 협력하여 병 치료에 임하고 있다고 한다.

일본에서의 심령이나 염력에 관한 연구는 처음에 염사〔念寫: 사념의 힘으로 미개봉의 사진 건판 또는 사진 필름을 감광시키는 일. 빛·문자·기호·기타 원경(遠景)등이 명확하게 찍히는 일도 있다〕현상의 발견자 후쿠라이 토모키찌(福來左吉) 박사가 그런 연구 때문에 1913년 도쿄 제국대학〔현재의 도쿄대학〕의 조교수 자리로부터 추방되었다는 불행한 사건에 의해 크게 좌절되고, 근년에 이르러 쇠붙이 구부리기〔스푼 구부리기]현상에 얽힌 일부의 엉터리 등이 화제가 됨으로써 다시 좌절되어 현재에 이르고 있는 상황이다.

그와 같은 이유도 있어 일본의 초상현상(超常現象)에 관한 진지한 연구는 크게 뒤떨어져 있고, 일반 사람들의 이해도 아직은 낮은 편이다.

그렇지만 재미있는 일로서 일본에서는 고대로부터 3백 년쯤 전까지는 인간의 병치료라고 하면 주로 심령능력자의 활약 분야였다.〔한국의 무속신앙과 같다. 사실 일본의 무속 신앙은 한반도에서 건너간 불교 문화와 더불어 성행되고 갖가지로 변형되어 그들 독특한 '신도'라는 것이 형성되었다.〕

좋든 나쁘든 이른바 과학이 미발달이었던 그 당시 일반의 사람들 마음에는 아직도 신들이 살고 있었던 것이다.〔일본에서의 이른바 서양의학은 화란인에 의해 17세기에 전해졌다.〕

그러기는 하지만 당시에도 뛰어난 심령능력자가 있었던 반면 수상쩍은 기도사·행자〔수도사〕·주술사도 꽤나 있었던 모양으로 '영장'인 병으로부터 구제되는 사람이 있었던 반면 수상쩍은 술자(術者)들의 달콤한 말에 현혹되고 보다 더한 불행에 빠진 사람들도 또한 많았다.

그런데 근대에 이르러 과학·철학·의학의 진보와 더불어 눈에 보이지 않는 심령의 존재는 급속히 사람들의 마음으로부터 물러갔다.

19세기 초, 사람들은 새로운 풍조 속에서 서양 문화의 섭취에 혈안이 되었고, 고대로부터 이어져 온 신의 섭리를 잊어버렸던 것 같다.

이 시점에서 무릇 영적인 것은 옳거나 그르거나간에 모두 미신으로써 어둠속으로 매장되고 말았던 것이다.〔도쿠가와 시대는 오히려 한반도에서 전해진 유학을 정치의 근간으로 삼았고, 신도라는 것은 그 말기에 나타났다. 그리하여 1868년 이른바 천황 친정(親政)이 되면서 서양 문화를 급속히 받아들였고, 폐불기석(廢佛棄釋)이라고 하여 불상이나 절도 파괴하는 움직임이 있었다. 그리고 청일·노일전쟁에 승리함으로서 싹튼 국수주의 사상은 신도를 떠받들게 되었고 군국주의로 발달했던 것이다.〕

여기서 의학에 관해서만 말하면, 과연 근대 및 현대 의학의 진보는 눈을 동그랗게 뜰만큼 놀랍다고 하겠다.

일찍이 죽을 병으로써 겁내고 있던 콜레라나 페스트·적리·이질·우두(천연두), 그리고 불치의 병이라고 일컬어진 결핵 등은 오늘날에는 거의 정복된 감마저 있다.

긴 의학의 역사를 통하여 인간은 바이러스, 세균 등과의 투쟁에 승리했다는 것이다.

또 질병 이외에 이를테면 교통사고 등에 의한 부상, 손상 하나를 생각해 보아도 현대 의학의 뛰어난 점은 잘 안다.

우리들은 지금 운 나쁘게 교통사고를 만나도 즉사를 하지 않는한 상당히 상태가 나빠도 적절한 의학적 처치에 의해 사는 경우가 매우 많은 것이다.

잘못하여 기계 등으로 손이나 발이 절단되고 말아도, 잘만 하면 어지간한 정도까지 복원이 가능하다.

이렇듯 고도로 발달된 현대 의학에선 대략 다음과 같은 요법이 행해지고 있다.
① 인체의 나쁜 부분을 절제(切除), 봉합(縫合)하는 외과적인 처치.
② 박테리아, 바이러스 등 유해균(有害菌)감염에 대해서는 항생물질을 사용하고, 병소(病巢)의 균 유전자 손상 및 돌연변이에 의해 균을 변성(變性)시킨다.
③ 항원 항체요법(면역요법)
④ 진통을 목적으로 한 약물 대증요법
⑤ 방사선에 의한 대증요법
등등…….

우리들 현대인의 대부분이 이상과 같은 요법에 의해 구제되고 있음은 틀림이 없는 사실이다.

그렇지만 여기까지 발달한 현대 의학이긴 하지만 아직껏 정복하지 못한 질병도 많이 있다는 것 역시 또한 사실이다.

20세기의 흑사병이라 일컬어지는 에이즈는 여기서 별도로 하고, 먼저 암을 꼽을 수 있다. 그리고 류우머티즘, 파킨슨씨병, 메니엘씨병과 같은 아직 원인이 확실치 않고 따라서 결정적 치료법도 없다고 하는 병도 적지 않다.

이밖에 현대 의학에서 애를 먹고있는 병 중에는 노이로제, 자율신경실조증 등 이른바 현대병도 있다.

대체로 내가 주재하는 '심령학연구회'에 심령치료를 받기 위해 찾아오는 많은 사람들은 현대 의학으로부터 포기된 사람들, 혹은 스스로 현대 의학에 절망을 한 사람들이다.

그 병은 암이고 류우머티즘이며 다년간에 걸친 원인 불명의 편두통이고 의사도 이상하게 여기는 난치병들이다.
그렇지만 어쨌든 병원의 의사로부터 절망을 선고받든가 다년간의 통원치료 보람도 없이 조금도 낫지 않는 병으로 본인이 참다못해 나한테로 달려오는 케이스가 많다.
이와같이 현대 의학에서 효과를 못본 많은 병든 사람들 — 난치병 환자가 심령치료로서 정말로 낫는다고 하면, 그것은 그야말로 기적이라 해도 좋지 않을까?
그리하여 이 현대의 기적을 파고들면, 거기에 '영장'이라는 두 글자가 뚜렷이 떠오르게 된다.
나는 이미 '정령'을 주체로 하여, 거기에 우주 에네르기를 개재시키는 방법으로서 3만 건 이상에 이르는 난치병을 완쾌시킨 실적을 갖고 있다. 말할 것도 없이 '정령'으로서 병이 낫는다 하는 것은 그 병의 원인이 곧 '영장'이었다는 것을 의미한다.
그런데 '영장'에 의한 병이 있고 그것이 '정령'에 의해 낫는다는 사실을, 현대 의학은 완고하게 인정하려 하지 않는다. 유감스럽게도 현대 의학은 그 새로운 활로로서의 영 의학의 길에는 아직껏 한 걸음도 내딛고 있지 못하다.
이런 일에 관해 나는 의학자 특히 일반인들에게도 널리 마음을 열어 줄 것을 간절히 바라고 있다. 지금이야말로 현대 의학에 플러스하는 영의학의 연구가 필요한 때이다.
현대 의학과 영의학이 바르게 공존할 때 지구상에서 온갖 병이 소멸되고 또는 자주 병의 원인이 되기도 하는 인간의 검은 마음 자체가 정화되리라는 것을 나는 믿고 있다.

정령 능력과 초심령 에네르기의 위력

　나한테 찾아오는 병 치료 의뢰인 대부분은 발병한 후 1년 미만이라는 분은 별로 없다. 대부분은 5년, 10년, 20년, 긴 분에 이르러선 50년이라는 세월을 영장에 의해 시달려 오고 있는 것이다.
　그리하여 그런 오래된 병의 원인을 만들고 있는 빙의령 수도 상당히 많다. 현재 내가 행하고 있는 심령치료시 정화시키고 있는 영의 수는 한 사람당 최저라도 50개, 많은 사람은 5백개부터 6백개 쯤에 이르고 있다.
　흔히 치료 의뢰인 중에는 정령 종료후,
　"나에게는 어떤 영이 붙어 있었습니까?"
하고 묻는 사람이 있는데, 이것은 참으로 난처한 질문이다. 왜냐하면 하나의 병의 원인을 이루고 있는 영의 수는 1개나 2개가 아닌 것이다.
　영의 빙의 방법에도 여러 가지가 있다는 것은 이미 말했지만, 예를 들어 관절염 등 환부에 몇 십개나 그야말로 깨알처럼 달라붙어 있는 영에 관해 그 한 개 한 개를 들어 영시하고, 그 위에 의뢰인에게 그런 광경을 설명한다면 대체 어떤 일이 생길까?

아마도 한 사람인 의뢰인의 한 군데 질환을 치료〔정령〕하는데 꼬박 하루는 걸리고 말리라.

사실 20년쯤 전, 나의 치료능력이 현재만큼 높지 않았을 무렵에는 무릎관절의 아픈 곳 한 곳을 고치는데 1시간쯤 걸렸다.

당시의 나는 예를 들어 그 환부에 50개의 조상령, 인연령, 기타 길가에서 주은 영 따위가 빙의하고 있을 경우 그 한 개 한 개를 초령(招靈)하고, 내 자신의 마음속에서 갖가지 문답을 반복하며 설득하든가 타이르든가 하며 정령·제령(除靈)하고 있었던 것이다.

더욱이 정령이나 제령을 한 뒤 실제로 그 효과가 나타나고 환부에 쾌유감(快癒感)이 나타나기까지 1~2시간이라는 시간이 소요되었다.

따라서 당시의 나의 심령치료는 현재 나나 연구회의 능력자들이 행하고 있는 즉효성의 심령치료와는 상당히 달랐고, 그것은 어느 쪽인가 하면 현재도 심령을 다루는 행자(수도사)등이 보통으로 하고 있는 축수 기도에 가까운 것이었다.

그러므로 20년 쯤 전까지의 나의 심령치료는 모두가 빙의령과의 연속적인 대화였다.

긴 대화와 설득 끝에 간신히 자기의 입장을 납득하고서 빙의를 풀고 영계로 돌아가는 영도 있었지만, 개중에는 아무리 하여도 빙의를 풀려고 하지 않는 영도 있었다. 그런 경우에는 부득이 의뢰인의 몸으로부터 그런 빙의령을 강제적으로 제령하곤 했었다.
 참고로 현재의 우리들의 심령치료는 모두 제령이 아니고 정령이다. 어떠한 악령·저급령이라 할지라도 순간적으로 그런 영들을 정화, 향상시킴으로써 의뢰자로부터 빙의를 풀게 하고 있는 것이다.
 더욱이 현재 우리들이 행하는 즉효성의 심령치료에선 빠르면 2~3분, 늦어도 10분 정도로 그 효과가 나타나고 의뢰인 자신이 그것을 분명하게 자각한다.
 그것은 내가 다년간 심령과의 투쟁에 의해 습득할 수 있었던 천명계로 부터인 신의 빛과 대지왕계로 부터인 신의 광채와 다시 우주에 고루 퍼져 있는 갖가지의 에네르기를 결집하여 나의 마음속 대영계로부터 분류(奔流)와도 같은 영류(靈流)를 의뢰인에게 단숨에 방출한다고 하는 전혀 새로운 방식을 체득했기에 가능해진 요법이다.
 물론 나의 연구회 심령능력자들은 전원이 내가 끌어내고 있는 갖가지의 영류 에네르기를 나를 통해 그대로 투사하여 정령에 임하고 있다.
 따라서 현재로선 그들도 한낱 심령능력자라고 하기 보다는 거의 '초인'이라 하여도 좋을 만큼의 즉효성 치료 능력을 갖고 있다.
 의뢰인의 몸과 마음에 비록 몇 십, 몇백이라는 영이 빙의되어 있을지라도 나나 회의 능력자=초인들로부터 방사되는 강대한 영류를 받게 되면, 그야말로 한바탕 불어대는 큰 바람에 낙엽이 단숨에 날아오르듯 빙의령들은 정화, 구제되고 영계의 높은 곳으로 올라가며, 여기서 즉효성의 심령치료는 완결되는 것이다.

여기서 다음 페이지의 그림을 보자.

이것은 내가 행하는 즉효성의 심령치료에 관해 알기쉽게 도해한 것이지만, 이 그림에서 제시했듯이 나의 영류를 받은 빙의령들은 의뢰자의 심신으로부터 순간적으로 떠나고 고급령이 되어 영계로 돌아가며, 더욱 높은 영계로 나아간다.

앞에서도 말했던 것처럼 나는 치료시 영계는 물론이고 지구뿐 아니라 온갖 천체로부터 에네르기를 끌어 낸다.

그리하여 그런 에네르기를 실제로 사용할[의뢰자의 심신에 작용시킬]때에는 그것을 부호화(符號化)시켜 사용하고 있다. 부호화 된 갖가지의 에네르기를 자유자재로 구사함으로써 치료 효과에 크나 큰 폭과 깊이를 주고 즉효성이 나타나는 것이다.

현재 내가 사용하고 있는 가장 중요한 에네르기의 하나로 '원'(元)이라는 부호가 붙은 것이 있다. 나는 이 '원' 에네르기를 때와 경우에 따라 갖가지로 변화시켜 가면서 쓰고 있는 것이다.〔주:나의 초심령술의 향상에 따라 에네르기의 부호는 늘 바뀐다.〕

그와 같은 의미에서 우리들이 행하는 심신 정령은 심령치료임과 동시에 에네르기요법이라고 할 수도 있는 것이다.

만일 심령의 활동만에 의한 요법이라면, 극히 단시간에 암세포에 변화를 가져 오거나 혹은 소멸시키는 일은 불가능이 아닐까 생각된다.

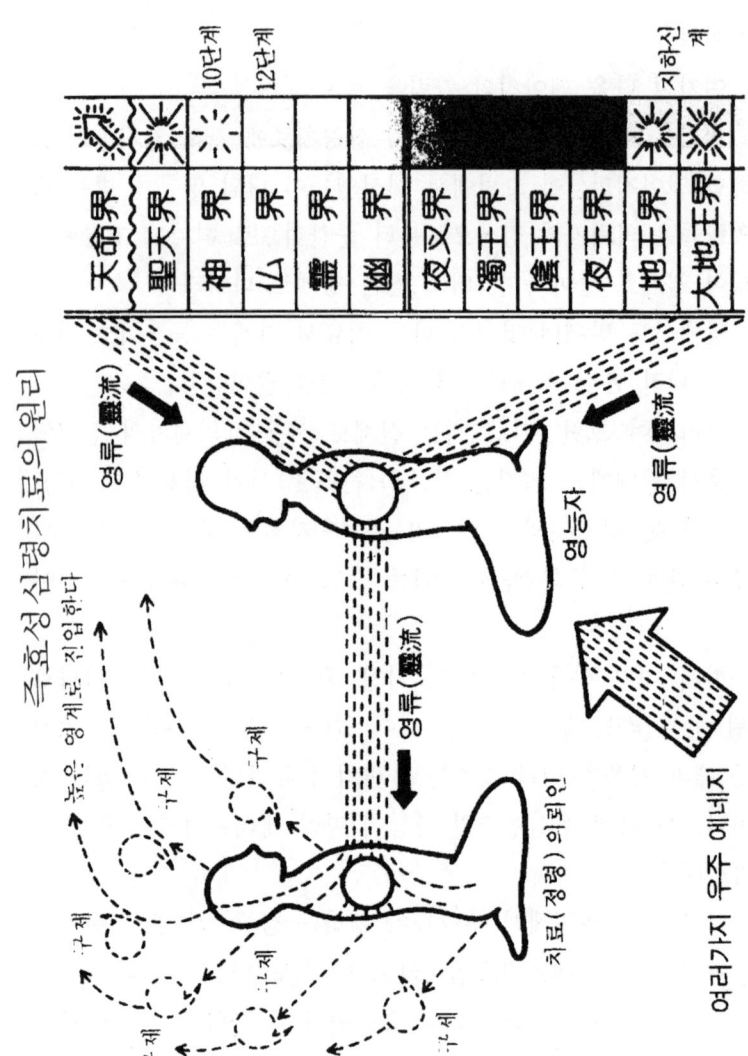

그리고 최근에는 일찍이 고치지 못했던 타박에 의한 아픔이나 부기까지도 정령후 즉시 해소된다고 하는 형상이 나타나고 있지만, 이와같은 일도 단순한 심령치료만이라면 불가능하다고 생각된다.

심령치료는 어떻게 하는가?

내가 주재하고 있는 연구회에선 현 1코스 2일간의 심령치료가 순조롭게 진행되고 있다.

그러니까 한 사람의 정령 의뢰인이 1일째와 2일째, 이틀간에 걸쳐 정령이 행해지고 그 위에 의뢰인의 평생 구제를 목표로 한 자기 정령법〔자기의 병을 스스로 고치는 방법〕의 지도가 철저하게 이루어진다.

'심령학연구회'의 독자적 시스템에 의한 심령치료(정령)코스
— 첫날

먼저 첫날, 오전 중에 접수가 끝나는 대로 당회의 영능자에 의해 초심령 에네르기를 투입하는 자기 정령법〔스스로 자기의 병을 고치는 방법〕지도가 약 1시간에 걸쳐 전원에게 납득이 될 때까지 행해진다.

이 정령법은 자기 혼자서 언제 어디서라도 어떠한 자세로도 즉각 할 수 있는 것이다.

그 자리에서 이 정령법을 마스터하는 셈이므로 그 시점에서 몇 십년에 이르는 전신 몇 십 군데에 걸친 영장에 의한 병이

10명중 5명쯤 까지는 모두 완쾌를 보게 된다.

나머지의 분들도 영장에 의한 병의 자각 증상이 3할부터 8할까지는 가벼워지고 있음을 자각하게 된다.

그리고 오후에 들어가서 나의 강연이 약 1시간 있다.

강연 후 드디어 당회의 영능자에 의한 심령치료가 약 10분씩 한 사람 한 사람에 대해 실시된다. 이 시점에서 모든 분이 놀랄만큼의 치유감(治癒感)과 상쾌감을 맛보게 된다.

'심령학연구회'의 독자적 시스템에 의한 심령치료 코스 — 이틀째

이틀째 역시 첫날과 마찬가지로 오전중엔 접수가 있다. 다만 이틀째가 되면 이미 접수의 단계부터 전혀 분위기가 틀린다.

치료자는 모두 씩씩한 행동을 갖게 되고, 기쁜 마음을 갖게 된다. 첫날 접수 때의 어둡게 가라앉은 혹은 불안스런 표정과는 딴판으로 혈색도 좋고 눈은 광채가 있으며 무엇보다도 동작이 활발하다.

접수가 끝나는 대로 첫날에 이어 재차 당회의 영능자에 의해 초심령 에네르기를 끌어내는 자기 정령법의 실천 지도가 철저하게 행해진다.

이 시점에서 만일 한 두군데 영장에 의한 몸의 부조 부분이 있을 경우에는 영능자의 개인 지도가 있고, 최종적으로는 자기의 힘으로 영장을 해소하는 데까지 훈련하게 된다.

이것으로서 치료자 전원이 스스로 자기의 영장을 푸는 일에 대해 크나 큰 자신을 가질 수가 있는 것이다.

그 다음 순서는 그런 뒤 나의 강연 전에 치료자 분들로부터

첫날 정령 후의 기적 체험담이나 또 나의 다른 저서에 대한 독후의 기적 체험담이 잇따라 나오게 된다.

치료자 중에는 수년전에 당회의 정령을 받아 병이 완전히 좋아지든가 기타의 운수도 호전했다면서 감사의 인사도 할 겸 재정령을 받으러 오는 분도 많은데, 때로는 그런 분의 귀중한 체험담을 들을 수 있는 일도 있다.

〔주 : 당회에는 심신의 이상이 없어도 ① 조상의 여러 심령의 향상을 위한 힘을 얻고 싶다 ② 자기 영혼의 향상을 꾀하고 싶다 ③ 더욱 더 운세의 향상을 꾀하고 싶다 ④ 당회의 초심령에네르기를 자기 몸에 직접 받고 활력이 있는 삶을 살고 싶다면서 매월 한 번은 꼭 오시는 분들도 수많이 있다〕

어쨌든 치료자 분들에 의한 기적의 체험담은, 당회의 정령 및 지도에 의해 훌륭히 초심령의 영류 봉지자(奉持者)가 된 분들의 거짓없는 보고이고, 그것은 동시에 초심령의 실재에 대한 유력한 증언이다.

이틀째는 이런 뒤 첫날과 마찬가지로 약 1시간에 걸친 나의 강연이 있다.

강연 후 다시 당회의 영능자에 의한 심령치료가 약 10분씩 한 사람 한 사람에 대해 실시된다.

이상으로 이틀째의 스케쥴은 종료가 되고 이것으로 1코스의 전부가 끝난 것이 된다.

이 시점에선 내회자 전원이 온몸에 걸친 몇 십년, 몇 십개소의 영장에 의한 병고로부터 해방되며, 삶의 의욕에 불타면서 귀가하게 되는 것이다.

심령치료와 그 기적들

　내가 개발한 초심령의 에네르기는 오늘날, 우리들 회의 정령 활동과 함께 많은 사람들에 의해 그 유효성이 증명되고 있다.
　내방자로 부터의 기적담 또는 편지에 의한 수많은 기적 보고 중에는, 정령후 이를테면 병원의 X레이 검사에 의해 확인되고 있던 초기의 위암이며 장의 폴립이 소멸했다든가 반쯤 체념하고 있던 백혈병이 놀랄만큼 차도가 있었다, 자궁근종의 멍울이 소멸되었다, 유방의 멍울이 소멸했다……는 증례(症例)가 그야말로 많다.
　재미있는 예로서는 다년간 고뇌의 씨앗이었던 발의 무좀이 해소됐다든가 심한 머리 비듬도 없어졌다는 보고도 있었다.
　무좀과 같은 세균성의 질환이나 전염성의 질환, 혹은 체질적인 비듬증 따위는 본래 정령 대상 밖이지만 이런 케이스는 전심신(全心身) 정령에 의해 초심령의 에네르기가 온몸에 작용되고 그 결과 완쾌되었을 것으로 생각된다.
　이밖에 물론 병 이외의 문제, 예를 들어 사업·진학·가정·대인관계·연애 등의 문제에 관해서도 수많은 운세 호전의 예가 있었다.

이를테면 그때까지 아무래도 잘 되지 않았던 근무처 상사와의 관계가 당회에서의 정령 직후부터 별안간 호전되었다든가 회사에서 생각도 못한 인정을 받아 승진했다는 보고는 거의 매일 받고 있다.

또 자기들의 결혼 이야기를 아무리 하여도 찬성해 주지 않았던 부모님이 심령치료를 받은 뒤 별안간 태도를 누그러뜨리고 결혼을 인정해 주었다든가 치료를 받고서부터 만나는 사람 모두가 자기에게 찬스와 행운을 가져다 주게 되었다는 기쁨의 보고도 많이 받고 있다.

그런가 하면 정령후 맞선으로 거의 정해지고 있던 약혼자가 왠지 별안간 싫어져 자세히 조사해 보았더니 문제가 많은 인간인 것을 알고 바로 약혼을 취소하여 안심이 되었다는 보고도 있었다.

일상생활의 일로선 줄곧 길에서 넘어져 발을 삐든가 무릎이 벗겨지든가 부엌일을 하다가 손가락을 베든가 화상을 입든가……

자질구레한 사고가 많던 사람이 정령후 그와 같은 일이 딱 멎고 말았다는 예가 많다.

그렇지만 대체 어째서 심령치료로 사업이나 대인관계 또는 연애 문제까지도 그렇듯 순조롭게 풀려가는 것일까?

그것은 당회의 철저한 심령치료에 의해 영 관련의 갖가지 재난이 해소되었기 때문이다.

사진에 찍힌 유령의 모습

[체험담]
초신령이 가져다 준 기적들

여기서는 나의 심령학연구회의 정령을 받은 의뢰인으로 부터의 기적 체험담이나 편지에 의한 체험기를 소개하겠다.

◇ 남편의 장폐색(腸閉塞)이 초심령의 에네르기를 넣은 부적으로 완치되다

(T씨 : 여성・42세)

오늘은 남편이 선생님의 도움을 받았기 때문에 감사하고자 이곳에 왔습니다.

저 자신은 1년쯤 전에 전심신(全心身)정령을 받아 마음과 몸이 건강하게 매일을 지내고 있었지만, 한가지가 불만스런 일이 있었습니다. 그것은 남편이 하나님이나 영적인 것을 싫어하며 내가 선생님으로부터 받은 부적에서 영류를 끌든가 선생님의 책을 읽든가 하는 일에 대해 이해가 없다는 것이었습니다.

그런데 반년쯤 전의 밤중의 일인데, 남편이 별안간 새파랗게 질린 얼굴이 되고 배를 눌러가며 신음하기 시작했던 거예요.

나는 순간적으로 선생님으로부터 받은 부적을 남편의 가슴에 얹고서 필사적으로 말했습니다.

"아무튼 무엇이든 좋으니까 이 부적으로부터 신령스런 힘을 끌도록 해요. 지성으로 부탁드리면 반드시 낫게 될거예요."

이때만은 어지간한 남편도 복통(腹痛)으로 신음하면서 지푸라기라도 잡겠다는 태도로 열심히 부적을 움켜잡고 부탁드리고 있는 것 같았습니다.

그동안 나는 허둥지둥 구급차를 부르든가 하면서도 물론 선생님의 영류를 끄는 노력을 하고 있었지요.

병원에서의 검사 결과 주인의 복통은 장폐색 때문이라는 것을 알았고 아침이 되면 곧 수술을 하기로 했습니다. 남편은 '집중치료실'에 넣어졌고 코로부터 장까지 무언가 관(管) 같은 것이 넣어지고 있었습니다.

이날 나는 병원측의 설득으로 귀가했습니다만, 귀가 후에는 혼자서 열심히 선생님의 얼굴을 마음속에 그리며 기도했습니다.

다음날 아침 병원에 달려가 보았더니 글쎄 남편은 핑크색의 얼굴색으로 배가 고프다고 하는게 아니겠어요.

그런 남편의 태도를 보고 의사는 몹시 놀라워했습니다. 나중에 남편이 말하기를 남편은 남편대로,

"의사 선생이 진통제 주사라도 놔 주었는지 모른다. 그걸로서 아픔이 멎었겠지."하며 생각했다는 것이었습니다.

실제로는 진통제 주사 따위는 놓지도 않았건만…… 남편은 아직도 신령의 힘을 참으로 믿을 수 없었던 거예요.

하지만 어쨌든 남편의 장폐색은 낫고 말았습니다. 그래서 좀 더 병원에서 상황을 보겠다는 의사 선생과 싸움을 하다시피 하여 강제로 퇴원하고 말았습니다.

남편은 그 뒤에도 때때로 병원에 검사하러 가고는 있지만, 그럴적마다 전혀 이상이 없다는 진단을 받고 있습니다.

지금은 그렇듯 완고한 남편도 신령의 힘을 믿게 되었습다만, 그 복통은 아마도 신심(信心)이 없는 남편에게 신의 힘을 알리기 위한 것이었는지도 모른다…… 고 나는 멋대로 생각하고 있지요.

◇ 빙의령이 떨어져 나가 허리와 다리의 통증이 해소
(O씨 29세·남성)

나는 반년쯤 전 선생님의 정령을 받고 오늘 제대로 걸어서 이 도장에 왔지만, 그 전에는 허리와 다리가 아파 심한 때에는 전연 걸을 수도 없었습니다.

3년쯤 전부터 그런 식으로 되어 버려 병원에선 수술을 권했습니다. 하지만 나와 똑같은 상태의 사람이 수술 후 하반신 마비가 되어 버린 예를 알고 있었기 때문에 수술은 절대로 거절했습니다.

그래서 나는 정체술에 의지했습니다. 이것은 받고나서 얼마 동안은 상태가 좋지만 아무래도 본디로 되돌아가 버리므로 고민하고 있었지요.

그뒤 때마침 친지로부터 선생님의 말을 들었기 때문에 곧 정령을 받았더니 이렇듯 좋아졌던 거예요. 정령을 받은 날 도장으로 부터의 귀가길을 걸으면서 정말로 기뻐 한쪽 발로 뛰고 싶은 심정이었지요.

그런데 여기에 관해서는 후일담이 있습니다.

사실은 이전에 신세를 진 정체술의 선생으로서 영시를 잘하는 사람이 있고 전부터 나에게는 머리와 허리를 다친 사람의 영이 붙어 있다는 소리를 들었던 거예요. 자세히 들어 보았더니 그 영은 아무래도 교통사고로 돌아가신 나의 할머니인 듯 싶다고 하였습니다. 그래서 할머니의 공양 등도 열심히 했지만 그 영은 나의 몸에서 떨어지지 않았습니다.

그런데 선생님으로부터 정령을 받은 뒤에 그 정체술 선생에 보아달라고 했더니 '아, 그 영은 없어져 있네'하는 것이었습니다.

덕분에 할머니의 공양도 할 수 있어 정말로 감사하고 있습니다. 이제부터는 어디고 나쁜 곳이 없더라도 때때로 선생님의 정령을 받으러 올 생각입니다.

◇ 영청(靈聽)이 사라지고 심신도 상쾌해졌다

(Y씨 68세·여성)

저는 두 명의 손자를 두고 있는 몸이지만 편한 노후라는 것은 아닙니다. 남편은 일찍 세상을 떠나고 없지만, 저의 딸 역시 혼잣 몸이 되고 현재 그 딸이 집안의 기둥이 되어 유지되고 있는 처지입니다.

실은 제가 어제 오늘 정령을 받으러 온 것은 그런 딸의 강한 권유가 있었던 겁니다. 딸은 꽤나 전부터 선생님의 책을 열심히 읽고 있어 선생을 아주 존경하고 있습니다.

그럼 저의 일입니다만, 저는 벌써 20년 전에 유방암의 수술을 받았으며 그때 사용한 약탓이라 생각하지만 수술 이래 줄곧 난청(難聽)과 매미가 울고 있는 듯한 귀울림이 있고, 그리고 이것은 수술과는 관계가 없을지도 모르지만 고혈압에 시달리고 있습니다.

그것이 어떤 까닭인지 1년쯤 전부터 언제나 귀울음에 섞여 중년 남자의 목소리가 들리게끔 되었던 거예요. 목소리의 주인공 모습은 없습니다. 하지만 나의 귓가에서 확실히 남자의 목소리가 들립니다.

처음엔 몰랐지만 딸에게 듣고나서 그것이 '영청'이라는 것임을 알았습니다.

목소리는 자못 친근하게 'ＸＸ 씨'라고 나의 이름을 부르든가 때로는 '어머니'라고 부르는 일도 있었습니다.

그리하여 처음에는 계속 이런 말을 했습니다.

"어머니, 따님은 남편이 없어 모자 가정으로 고생하고 있으니까 어머니도 꿋꿋해야 하지요. 두 손자가 장성하기 까지 열심히 살아야 합니다."

그런가 하면,

"고혈압에는 우엉과 곤약(한천)을 먹으면 좋지요······. 오늘은 시장에서 시금치가 싸니까 다 팔리기 전에 사러 가세요."

라는 등 갖가지의 것을 가르쳐 주는 것입니다.

그 목소리가 무언가 아주 친절한 느낌이 들기 때문에 저도 그만 그런 마음이 되어, '그럼 우엉과 곤약을 먹을까요'라든가 '서둘러 시금치를 사러갈까요' 하며 목소리 임자가 시킨대로 하고 있었던 거예요.

그런데 그것을 알게 된 딸에게 야단을 맞았습니다.

"어머니, 그런 것을 일일이 가르쳐 주는 영은 대개 저급령이니까 상대를 하고 있다가는 나중에 큰일나요. 그런 영을 상대하면 안되죠. 그 따위 영의 말에 대답해선 안돼요."

그러던 중, 그날 밤부터 였습니다. 귓가에서 들려오는 남자 목소리가 다른 사람 같은 투가 되어 이런 말을 하기 시작했던 거예요.

"어머니, 나는요, 당신이 싫지는 않지만 당신 딸이 쓸데없는 말을 하여 나하고 말하지 말라는 게 아니겠어요. 도리가 없으니까 난 어머니, 당신을 지옥으로 데려가기로 했어." 하고 이런 투의 말이 매일처럼 들려오게 되었던 거예요.

더욱이 내가 목욕을 하려고 하면 '흥, 지옥에 가려는 인간이 목욕을 할 필요가 있겠어'라든가 얼굴에 화장수를 바르려고 하면 '그런 더러운 얼굴에 무엇을 발라보았자 소용이 없잖는가' 하는 악담을 하였고, 마침내는 '당신은 손자가 장성하기까지 오래 살고 싶겠지만 무리일 거야. 교통사고로 ○월○일에 죽기로 되어 있어'라는 등 말하는 게 아니겠어요.

그것이 밤낮으로 계속되고 마침내 나는 전혀 잠을 잘 수 없게 되고 말았습니다.

그런 나의 모습을 보고 있던 딸이 견디다 못해 선생님께 부탁하기로 결정하고, 그래서 정령의 예약을 신청했던 겁니다. 그러자 신청을 한 직후부터 귓가에서 들려오는 소리가 훨씬 약해졌던 거예요. 그것은 정말로 이상할 정도였습니다.

그날밤 저는 몇달 만에 느긋하게 잠을 잘 수가 있었습니다.

그로부터 정령의 날이 오기까지 딸은 선생님의 책에 실려 있는 선생님의 사진을 오려 호주머니 같은 것에 넣고서 저의 목에 걸어 주었습니다.

보세요, 이렇듯 지금도 목에 걸고 있지 않아요. 하지만 어제 이곳에 오기까지 알아듣지 못할 만큼의 작은 목소리로 귓가의 영이 무언가 소곤거리는 걸 때때로 알았습니다.

어제 첫날째의 정령을 받고 지금은 그것도 없어지고 정말로 잘 되었다……. 지금은 몸도 마음도 시원스럽고 무언가 이렇듯 한숨 돌렸다는 느낌으로서, 아주 시원한 방에서 편히 쉬고 있는 것만 같은 기분입니다.

앞으로는 조금이라도 딸이나 손자들의 도움이 되는 할머니가 되고, 그리하여 그 뒤로는 지옥이 아니라 천국에 갈 수 있도록 열심히 선생님께 매달리겠어요.

◇ 영류를 끌어 들여 건강하고 밝은 가정생활을

(M씨 : 34세·여성)

선생님, 꼭 감사의 마음을 전하고 싶어 펜을 잡았습니다.

저의 남편에 대해서인데, 남편은 지금부터 10년 전에 폐결핵을 앓고 8개월 동안 입원했습니다. 그 사이 여러 가지 치료를 받았는데도 불구하고 뢴트겐 검사에 의한 치료 결과는 입원 전과 도무지 변함이 없었습니다. 그러므로 퇴원하여 회사에 복귀한 뒤에도 회사의 정기 검진 때마다 '요주의'라는 지적을 계속 받고 있었습니다.

게다가 요통이나 부상때문에 연중 입퇴원을 되풀이 하는 상태 였었지요.

그때 친지로부터 선생님의 책을 읽어보라는 권유를 받고서 곧 읽어 보았습니다. 저는 남편에게도 꼭 읽히고 싶어 남편에게 권했더니,

"그런 책을 읽고 낫을 까닭이 없다. 그것으로 낫는다면 벌써 옛날에 완치됐을 것이다."

고 하며 상대도 해주지 않았습니다.

그런데도 저는 어떻게든지 남편에게 선생님의 책을 읽히고 싶어,

"속았다 생각하고 읽어 보아요."

라고 필사적으로 부탁했습니다.

마침내 지고만 남편은,

"그렇듯 말한다면 조금 읽어볼까."

하며 제1권부터 읽기 시작했던 거예요. 나는 이때 남편이 꼭 이해할거라고 느꼈습니다.

아니나 다를까 남편은 빨려 들어가듯이 제1권, 제2권, 제3권……하며 계속 읽었지요. 그리고 제5권까지 읽고 났을 때에는 이상한 일로서 몇 년간의 요통도 두통도 사라지고 있었다는 겁니다.

그리고서 남편은 선생님의 치료를 꼭 받고 싶다고 열망하게 되었습니다. 그런 소원이 이루어진 것은 1994년의 여름이었지요.

정령을 받고 귀가한 남편은 지금껏 본 일도 없을 만큼 발랄했습니다. 그리고 말하는 것이었지요.

"선생님 앞에 앉아 눈을 감았더니 빛이 번쩍하며 가득 눈에 들어왔다. 밝았다……"

그런 뒤로부터 남편은 눈에 띠게 원기 왕성해지고 가정도 밝아졌습니다. 희망이 넘쳐 있습니다.

지금은 회사의 정기 검진에서도 '요주의'라는 지적을 받는 일이 없어졌을 뿐 아니라 금년엔 검진 결과 가장 건강한 급수로 랭킹되었습니다. 물론 뢴트겐 검사로서도 전혀 이상의 그림자가 비치지 않게 되었지요. 정말로 기적이라고 할 밖에 말이 없습니다.

2년간 차녀가 간염에 걸렸지만, 영류를 끌 수 있었던 덕분으로 완쾌하고 지금은 아주 건강해져 있습니다. 고마운 일입니다. 저의 가정은 영류 이외는 아무것도 없습니다. 신의 빛과 영류가 있을 뿐입니다.〔주:영류란 당회 지도에 의한 초신령 에네르기〕

선생님, 정말로 고맙습니다. 이제부터도 더욱 더 영류를 끌어 행복한 인생을 보낼 수 있게 해주시기를 바랍니다.

저희들 부부는 그 뒤 몇 번인가 선생님의 정령을 받고 있지만 앞으로도 1년에 한번은 반드시 정령을 받기로 부부가 함께 결심하고 있습니다.

◇병을 극복하고 대학 시험에 성공

(K씨 : 19세・남성)

　선생님, 참으로 감사의 심정으로 가득합니다. 정말로 고맙습니다. 덕분에 저는 제1지망의 대학에 입학할 수가 있었습니다. 이것도 모두 선생님의 힘 때문이라고 생각합니다. 왜냐하면 저의 성적으로 미루어 도저히 합격할 수 있는 대학이 아니건만 합격됐기 때문입니다.
　저는 작년 가을 기흉(氣胸)이라는 원인 불명의 병〔흉막에 구멍이 뚫리고 외기(外氣)가 흉막강 안으로 들어가고 그런 기압 때문에 폐가 위축된 상태를 나타내는 질환이다. 호흡곤란, 가슴과 등의 아픔이 있고 기침이 나온다.〕에 걸려 입원하고 있었습니다. 이때 경우에 따라선 수술이 필요하다고 일컬어지고 있었는데, 만일 그런 일이 있으면 이번의 시험은 단념하지 않으면 안되었습니다.
　하지만 그것은 싫다. 절대로 금년에 희망하는 대학에 들어가고 싶다. 그러기 위해서는 갑자기 몰려오는 가슴의 통증을 무슨 일이 있어도 고쳐야 한다……그렇게 결심한 저는 심령치료를 받기 위해 도장까지 갔던 것입니다.
　그때까지 선생의 책을 읽고 있어 영류 이론에 관해 머릿속에선 이해하고 있다 싶었지만, 나머지 한 걸음이란 곳에서 불안감이 있었던 겁니다. 그것이 실제로 선생님의 정령을 받고 심령학연구회의 친절한 선생님들 지도를 받음으로서 몸도 마음도 상쾌해지고 용기가 솟아났습니다.

이것이라면 염려 없다. 병의 재발이란 절대로 없으리라. 그 영능자의 선생님이 말한 것처럼 자신감을 갖자. 그리하여 제 1 지망의 대학에 꼭 들어가는 것이라고 하는 강한 신념을 불태웠습니다.

그런데 밤을 새워 공부하여도 성적이 뒤따르지 못할 때는 불안하기도 했습니다. 그런 때에는 불안을 필사적으로 지워버리고 시험에 합격한 뒤의 광경만을 마음에 떠올리는 노력을 했습니다. 물론 초신령의 힘을 믿는 일, 깊고 깊은 기도와 축원, 이것을 매일 계속했습니다.

드디어 입시날, 저는 회의 영능자 선생님이 가르쳐 준대로 테스트 개시의 10분 전에 자기 정령법을 하여 마음을 가라 앉혔습니다. 이때에는 '합격'의 두 글자밖에 염두에 없었습니다.

그리하여 합격 발표날, 저는 문자 그대로 인생 최고의 기쁨을 경험했던 겁니다. 합격자 중에 어김없이 나의 번호가 있었던 거지요.

지금까지 남들로부터 아무리 훌륭한 이야기를 들어도 어차피 남의 일로만 알고 있던 기적이라는 것이 마침내 나에게도 일어났던 거예요. 선생님이 책 속에서 말씀했던 것처럼 명확한 목적과 희망, 그리하여 깊은 기도로 정말로 기적이 일어난다는 것을 새삼 실감했습니다.

지금은 완전히 건강해져 면학에 힘쓰고 있습니다.

이제부터도 감사의 심정을 잊지 않고 겸허한 심정으로 기원하고 싶습니다.

병은 심령치료로 여기까지 낫는다

　여기선 심령치료 경력 30년 이상이나 되는 내가 초신령의 에네르기에 의한 심령능력자로서의 책임아래 80%이상, 또한 경우에 따라선 80%는 커녕 완전히 영장이라고 단정할 수 있는 병에 관해 설명하겠다.
　먼저 다음 페이지의 그림을 보다.
　이 인체도는 나와 나의 연구회의 심령능력자가 실시하는 심령치료의 대상이 되는 병과 그 부위(部位)를 나타낸 것이다. 〔이 경우의 병명은 이미 의사로부터 알려지고 있는 병명임.〕
　그림을 보아 인체의 거의 모든 개소의 병이 영과 관계가 있다는 것은 알았으리라고 생각되지만, 그것은 동시에 이 그림의 인체 대부분의 각부위 병이 심령치료의 대상이 되는 것임을 나타내고 있다.
　그림에서 제시한 듯한 병명을 의사로부터 통고받고 또는 자각 증상이 있는 데도 불구하고 현대 의학의 치료로서 낫지 않는다고 하면, 이것은 완전히 심령치료의 독무대라는 것이 된다.

심령치료의 대상이 되는 질병과 그 부위

- [눈]: 눈물, 통증, 가려움, 초점이 없다, 눈부심
- [귀]: 통증과 가려움
- 잇몸의 통증과 구내염
- 인후의 통증과 걸림
- [폐]: 호흡곤란, 압박감, 천식, 흉통
- [심장] 압박, 통증
- [위장] 장기간의 통증, 궤양증, 초기 암
- [내장] 장기간의 통증과 괴로움

- 현기증, 어지럼증, 머리통의 통증, 압박감
- 화분증, 콧물, 통증, 축농증, 비염
- 얼굴 전체의 통증
- 목부위의 통증
- 매맞은 것 같은 통증
- 등뒤 전부위의 통증
- 손 전부와 관절통증
- 내장 여러 기관의 통증과 괴로움
- 장기간의 통증

- 토기 자궁암, 자궁근종, 초기 난소 종양, 전립선, 부인과의 통증
- [방광] 방광염, 요잔뇨증, 통증, 괴로움

- 다리 전 부위의 관절통, 근육통
- 초기 암
- 폴립
- 통풍, 헬페스
- 신경통, 관절염, 류우머티즘
- 공포감, 불안감, 피곤증 위축감, 몸 무거움증
- 파킨스씨병
- 교원병

질병의 원인인 빙의령은 전부 성인의 신령이며 낙태에 의한 영장과는 관계가 없다.

위에 열거한 질병들은 대부분 심령치료의 대상이며, 초기의 암, 류우머티즘, 교원병을 비롯하여 장기간의 병들이 2,3일내로 거의 해소된다.

그리고 심령치료의 대상 밖의 병이란, 그 원인이 영과는 무관계의 질환을 말합니다. 다음에 드는 것은 원칙적으로 당회의 심령치료로선 취급하지 않는다.

골절, 탈구(脫臼), 선천성의 질병, 봉합이 필요한 부상 등 물리적 손상, 또는 약물중독과 명백한 불섭생이 원인으로 되고 있는 질병 등.

몇번의 항생 약물 투여에 의해 쉽게 회복하는 세균과 바이러스성 질환.

기타 인체의 부분이라도 직접 공기에 접촉하는 부위의 질환은 의약에 의한 치료를 권하겠다.

예를 들어 외부로부터의 세균 침입에 의한 눈병 · 매독 · 임질 · 세균성의 피부병 · 종기 · 무좀 등이 그것이다.

갖가지의 질병, 몸의 컨디션에 대한 부전(不全)과 여기에 대한 심령치료의 효과를 신체의 부위별로 알아보기로 하자.

머리 부분

어질병이 있다, 웬지 골이 휘둘린다, 앉았다 일어나면 눈이 캄캄해진다 등의 증상을 호소하면 많은 의사는 '빈혈'이라는 병명을 붙인다.

체중 70킬로그램은 될듯 싶은 보기에도 튼튼해 보이는 사람이 "의사로부터 빈혈증이라고 들었습니다만……"

하며 심령치료를 받으러 오는 일이 많은데, 별것도 아니다. 이러한 사람들의 어질병증, 비틀거림, 현기증과 같은 증상은 심령치료로도 간단히 치료된다.

때문에 나는 현훈증, 비틀거림, 어질병증, 현기증과 같은 증상에 대해서는 완전히 영장이라는 판단을 내리고 있다.

편두통을 포함한 머리의 모든 부분의 아픔과 압박감 또는 안면전부분의 아픔도 거의가 영장이다.

머리 질환이라도 탈모〔완전 탈모, 부분 탈모, 원형 탈모 등〕는 나의 체험에 의하며 영장에 의한 것은 10~20%로 적어진다.

따라서 탈모가 초기라면 심령치료로 20% 정도는 완치할 수 있지만, 그 이상은 생리적 장해이므로 심령 치료로 회복될 가망은 없다.

눈

세균성 눈병은 제외하고, 눈알이 아프다, 가렵다, 눈앞이 흐릿하다, 눈부시다, 눈꺼풀이 무겁다, 눈물이 멎지 않는 따위의 증상은 거의 완전한 영장현상이다. 따라서 심령치료로 완치된다.

코

감기가 걸려 있는 것도 아닌데 줄곧 콧물이 나온다, 코가 막힌다 하는 증상은 거의가 영장이다.

나한테는 '의사로 부터는 알레르기성 비염〔또는 화분증〕이라고 진단되었습니다'라고 말하는 의뢰인도 곧잘 오지만, 이런 사람들의 콧물이나 코막힘, 재채기와 같은 코의 불쾌감도 역시 심령치료로 치유된다.

다만 개중에는 콧구멍에 염증을 일으키고 있든가 콧구멍이 극히 작은 사람도 있고, 이러한 사람인 경우 심령치료에 의한 치유율은 70~80% 정도로서 남은 20~30%는 코막힘, 그밖의 불쾌감이 제거되지 않는 경우가 있다.

다만 축농증에 의한 코 주위의 아픔, 볼, 눈알 부근, 앞이마 부분의 아픔은 심령치료로서 거의 완쾌된다.

귀

귀의 아픔, 가려움증은 대부분 심령치료로 완쾌된다.

귀에서 고름이 흐르는 것은 10명중 8명까지는 완쾌되지만, 나머지 2명은 완쾌라고 할 수 없다. 그러나 이 경우라도 50~70%까지의 완쾌율이 얻어질 경우가 많다.

난청과 귀울림, 어느 쪽이나 두부에 심한 통증이라든가 압박감이라고 할 증상이 있을 경우에는 80% 이상이 심령치료로 완쾌된다.

그러나 두부에 아무런 이상이 없고 난청 또는 귀울림 뿐인 경우에 완쾌되는 것은 10명중 3~5명이다.

입

세균성 충치 및 충치에 따라 일어나는 잇몸 염증에 의한 아픔은 심령치료의 대상 밖이지만, 그 외의 잇몸 아픔은 완쾌된다.

차가운 물이나 뜨거운 물을 마셨을 때나 잇몸에 스미든가 아프든가 하는 증상도 심령치료로 완쾌되는 일이 있다.

목·어깨

목이나 어깨의 결림은 백발백중, 심령치료로서 쾌유된다.

다만 목, 어깨의 결림도 다년간 진통제 주사를 맞았든가 침을 놓고 있든가 했을 경우에는 잘 낫지 않는 일이 있다.

상담 중에는 교통사고의 후유증이라 하면서 5년, 10년, 20년이 계속되고 있는 목·어깨·등·허리 등의 아픔을 호소해 오는 사람이 많다. 이런 다년간의 통증도 심령치료로 완전히 치유되고 만다.

추돌 사고에 의해 다발하는 이른바 '채찍증'도 쾌유된다.

그러면 교통사고에 의한 여러 가지 후유증이 왜 심령치료로서 낫는 것일까? 대체로 교통사고에 의한 타박상이나 골절 등은 전혀 영의 빙의하고는 관계없는 것이 아닐까……하고 의문을 갖는 분이 있다고 해서 이상할 것은 없다.

그러나 교통사고에 의한 골절, 타박상 등에 관해 의학적으로는 완치되고 있는데도 불구하고 5년, 10년, 20년씩 아픔이 제거되지 않아 괴로워하고 있는 사람이 많다.

비록 교통사고에 의한 것이라도 이와같은 아픔은 대체로 심령치료의 대상이 된다. 왜냐하면 교통사고의 후유증으로써 남는 그러한 아픔은 영장에 의한 경우가 많기 때문이다.

등·허리

등 전부위의 아픔 및 등·허리의 압박감, 마비 등 증상은 심령치료로서 완치된다. 추간판(椎間板) 헤르니아에 의한 제증상도 심령치료로서 쾌유되고 있다.

손(팔)

손·팔의 모든 관절통은 심령치료로서 완치된다. 어깨결림으로 팔을 들 수 없는 경우라도 한 두번의 심령치료〔정령〕로서 치유되지만, 이미 관절에 변형 등의 물리적 변화가 나타나고 있는 경우는 반드시 그렇지만도 않다. 다만 중풍에 의한 손가락의 아픔 등을 완치시킨 예는 다수 있다.

발

발의 모든 부위의 관절통, 근육통은 심령치료로서 완치된다.
다만 손이나 팔의 경우와 마찬가지로 이미 관절에 변형 등의 물리적 변화가 나타나고 있다면 완치는 곤란하다.
발이 몹시 무겁다, 나른하다는 증상은 거의 완치된다.
또한 티눈, 못이 박힌 것도 아닌데 걸을 때 발바닥이 몹시 아프다고 하는 의뢰자가 때때로 오는데, 이것 등도 심령치료로서 완치되고 있다. 중풍에 의한 발가락의 아픔은 손의 경우와 마찬가지로 좋은 효과가 다수 나타나고 있다.

목구멍

목의 아픔, 무겁고 갑갑한 느낌은 거의 빙의 현상으로 간주되고 심령치료로서 완치된다.
'음식을 먹거나 물을 마실 때에 걸리는 느낌이 있다'하는 증상이라면 대체로 80%의 치유율이다.

이물질이 목구멍에 걸리는 느낌때문에 10년간 우유와 맥주, 차와 약간의 멀건 음식물만으로 지내 왔다는 사람이 나의 심령치료를 한번 받고 그 자리에서 시험삼아 가져오게 한 도시락을 깨끗이 먹었다는 예도 있다.

그러나 목구멍의 아픔이나 무겁고 갑갑하다는 느낌에 관해서는 일반 의학의 대상도 되지 않고 또한 심령치료의 대상도 되지 않는 경우가 있다.

이를테면 음식을 먹어도 물을 마셔도 아무렇지가 않다. 그럼에도 불구하고 자기로선 아무래도 목구멍 언저리에 무언가 있는 듯한 느낌이 든다고 하여 호소하는 사람이 있는데, 이와같은 사람의 경우 심령치료로서 그 '무언가 있는 듯한 느낌'을 목구멍에서 제거하는 일은 불가능하다. 왜냐하면 그것은 빙의 현상이 아니기 때문이다.

이러한 케이스는 노이로제나 정신 불안 등 정신적인 면이 원인으로 증상이 나타나고 있는 것이 대부분으로, 이런 사람들에겐 오히려 올바른 최면요법이 유효한 경우가 많은 것 같다.

가 슴

호흡곤란, 압박감, 가슴 답답증, 통증, 이런 증상은 거의 심령치료로서 완치된다.

그러나 말기에 가까운 폐암이나 폐기종, 다년간의 호흡 곤란 때문에 전신 쇠약이 심한 사람인 경우에 완치는 곤란하다.

천식에 관해선 중증(重症)이라도 규칙적인 생활을 목표로 일을 열심히 하고 있는 사람일 경우는 1회의 심령치료로 완치되는 일이 드물지 않다. 그렇지만 괴롭다고 몸을 쓰지 않고 약을 먹고 누워만 있는 사람일 경우에는 심령치료라도 쾌유시키는데 매우 어려움이 많다.

심 장

후천성의 심장 압박감, 통증, 괴로움 등 증상은 심령치료로서 거의 완치된다. 그러나 심장이 극도로 비대화 된 사람은 완치가 곤란하다.

위 장

위궤양·폴립·초기의 암은 대체로 2회의 심령치료로서 완치된다.
구역질과 미적지근한 증상도 완치된다. 그러나 위하수처럼 물리적 현상을 동반하고 있는 경우에는 심령치료로서 고치는 일이 불가능하다. 다만 불쾌감은 없어진다.

장(腸)

위궤양과 폴립, 초기의 암은 대체로 2회의 심령치료로서 완치된다. 기타 장의 염증과 고통, 팽만감, 압박감도 완치된다. 만성 맹장염이 완쾌된 예도 다수 있다.
또한 치질의 경우, 항문이 외부로 나온 상태는 그것을 복원시키는 것이 무리이지만, 가끔 항문이 나오거나, 배변시 아프고, 출혈이 있는 증상이라면 10명중 7명 정도가 심령치료로 완치되고 있다.

남성의 생식기

남성의 생식기에 관해서는 전립선암(前立腺炎)에 의한 요통(腰痛)이나 평상시의 아픔을 호소하는 의뢰인이 많지만, 10명 중 9명까지는 심령치료로 완치되고 있다.

비뇨기계에서는 방광염에 의한 아픔과 팽만감, 압박감, 시원치 못한 배뇨감도 심령치료로 거의 완치된다.

부인과 질병

생리통을 호소하는 의뢰인이 많은데 이 통증 정도는 개인차가 있고, 자연 현상과 영장에 의한 경우가 각각 반이다. 따라서 생리통은 10명중 5명까지는 심령치료로서 완치되지만, 그 아픔이 자연 현상인 나머지 5명에 대해선 쾌유되지 않는다.

자궁근종, 자궁점막 폴립이나 자궁암 등으로 심령치료의 의뢰 건수가 매우 많은데, 이런 병은 되도록 조기에 심령치료를 받는 일이 바람직하다.

자궁근종의 경우, 근종이 생기기 시작하여 3개월 이내쯤이면 그 응어리는 심령치료 종료와 함께 소멸되는 것이 보통이다.

근종이 생기기 시작하여 반년 이상을 경과한 것도 20~60% 쯤 까지는 그 응어리를 작게 하거나 부드럽게 할 수 있다. 이럴 경우 근종 자체를 완전히 소멸시킬 수는 없어도 근종에 의한 복부의 아픔과 팽만감, 압박감 등 증상은 거의 해소되고 있다.

암에 관해서는 뒤에서 설명하겠지만, 나는 이제까지 의사로부터 자궁암이라고 진단된 의뢰인을 몇 백명이나 완치시킨 실적을 갖고 있다.

비뇨기계에서 방광염에 의한 아픔과 팽만감, 압박감, 잔뇨감이 심령치료로 거의 완치된다.

유방(여성)

유방이 조금 딱딱해져 아프다. 팽만하다는 가벼운 증상이라면 심령치료로 즉각 완치된다.

유방 속에 있는 멍울에 대해선 작은 것은 팥알, 큰 것은 계란 크기까지 다른 일이 있지만 어쨌든 멍울이 생기기 시작하여 석달 이내쯤이면 10명중 3~5명이 즉각 낫고 그 자리에서 멍울은 소멸한다. 그리고 나머지 5~7명은 20~30%쯤까지 멍울이 작아지든가 부드러워지든가 한다.

유방의 멍울이나 딴딴한 것은 되도록 조기에 심령치료를 받을수록 완치되기 쉽다.

또 비정상으로 커진 유방도 심령치료로서 20~30% 는 적게 할 수가 있다. 이 커진 유방은 그곳에 불필요한 영기(靈氣)가 충만한 것으로서 잠복성 영장일 경우가 많다.

전신적인 증상

온몸의 나른함, 권태감, 피로감, 위축감 등 거의 심령치료로 완치된다.

온몸에 오한이 있다. 혹은 여름에도 양말을 신지 않으면 춥다고 하는 냉증도 심령치료의 대상이 된다.

신체의 부위별 병, 증상에 관한 설명을 끝내고, 이번엔 '병명 별〔의사가 말하고 있는 병명〕'로 심령치료의 효과를 관찰해 보자.

암

현재 전 세계의 사람들에게 가장 두려움의 대상이 되어 있는 난치병은 뭐니뭐니 해도 암이다. 의사로부터 암이 선고된다는 것은 많은 경우 그야말로 죽음의 선고를 받는 것이나 같고 그것만으로도 본인이나 가족은 이미 지옥의 공포 속에 떨어지는 것이다.

더욱이 말기암 환자의 육체적 고통은 상상을 초월할 만큼 격렬한 것으로서, 그것은 때로는 병원의 병동 끝에서 끝까지 울려 퍼질 만큼의 외침이 되어 죽기 전까지 주야로 환자를 괴롭힌다고 자주 듣고 있다. 본인, 가족에게 있어서는 물론이고 그런 비통한 외침을 듣는 자 모두에게 있어 그것은 문자 그대로 지옥의 괴로움인 것이다.

암이란 악성종양의 일종으로서 암세포라고 일컫는 독립된 생명을 가진 세포군(細胞群)이 몸 안에 생기고 그것이 무한으로 증식을 계속하여 정상의 조직에 파급되는 병이지만, 그 원인은 아직도 밝혀지고 있지 않다.

그러나 심령능력자로서 30년 남짓 활동을 계속하며 많은 암을 고쳐 본 나는 그런 다년간의 경험상, 암의 70%는 영장이라고 여기서 분명히 말하겠다.

암이란 육체 각 부위에 있는 정상적인 세포의 유전자가 영장에 의해 돌연변이를 일으킨 것이 아닐까 하고 나는 생각한다.

이렇게 말하는 나는 이제까지 각종 암환자를 몇 천명이나 쾌유시켜 오고 있다.

신체 어느 부위의 암이라 하여도 전 기간을 통해 그 반 정도까지의 단계에서 제암제〔항암제, 암의 화학요법제 라고도 함〕를 쓰고 있지 않을 경우에는 10명중 7~9명까지 완치하고 있는 것이 나의 심령치료의 현실이다.

그러나 비록 1기, 2기의 암이라 하여도 이미 제암제를 대량으로 사용하고 있는 사람인 경우는 나는 심령치료를 사절하고 있다.

왜냐하면 의사에 의해 암이라고 진단되고 제암제를 정기적으로 사용하고 있는 사람이 심령치료를 받으면, 돌연한 개선효과에 의해 자주 뜻하지 않은 비극이 발생하기 때문이다.

심령치료를 받아 어느날 갑자기 암이 치유를 향해 차도가 있거나 거의 소멸해 버렸을 경우, 그 의뢰자의 담당 의사는 암의 호전이 영락없는 제암제의 효험이라고 잘못 알게 된다. 많은 경우 의사는 자기의 환자가 한편에서 심령치료를 받고 있는 일 따위는 모르기 때문에 그것도 무리가 아니라고 생각되지만.

그 결과 환자의 증상에 완전히 기분이 좋아지고 자신감을 얻은 의사는 그때까지 이상으로 다량의 제암제를 단숨에 환자에게 투여했다는 말을 들었다.

그렇지만 그 결말은 비참한 것이다. 그와같은 환자의 대부분은 일시에 대량으로 투여된 제암제의 작용으로 내장 제기관의 팽창이나 조직의 파괴가 야기되고 이제까지의 체험으로 말해서 대체로 20일 안팎으로 죽음을 가져 오게 된다.

암이라는 것은 앞에서도 말했듯이 그 70~80% 까지는 외부로 부터의 균침범이 아니고 돌연 정상적인 세포의 유전자가 변이되어 암화되는 것이다. 그런데 제암제라고 일컬어지는 것은 암세포 뿐 아니라 육체의 정상적 조직까지 파괴하는 것이다.

나는 심령치료후 모처럼 완치되든가 차도가 있는 의뢰인들이 암 그것 자체가 아닌 대량의 제암제 투여에 의해 급속히 죽음이 진전되었다고 하는 슬픈 현상을 수많이 보고 있다.

약간 여담 비슷한 이야기가 되지만 언젠가 심령치료를 받은 의사가 이런 감상을 말하고 있었다.

"선생님의 심령치료라는 것은 벨트 콘베어 비슷하군요. 몇 년이나 몇 십년이라는 긴 동안의 갖가지 부위의 아픔이나 괴로움 등 증상이 불과 10분 이내로 차례차례 개선되니까……

어쩐지 전혀 2차원에 있는 먼 신의 기적 나라에 와 있는 것만 같은 심정입니다. 나는 이 도장에 앉아 있으면서 이것은 현실인가? 이것도 현실인가? 하고 몇 번이고 자문자답했지만 역시 현실입니다. 내 자신은 복부의 팽만과 멍울, 아픔이라는 것으로서 정령의 신청을 했지만 실은 초기의 대장암이었던 겁니다. 그렇지만 10분 안팎의 정령을 받은 지금 복부의 팽만도 멍울도 통증도 전혀 없습니다. 나는 내과 의사입니다. 스스로 암이 치유되어 있는지 어떤지, 스스로 압니다. 지금의 나에게는 거의 암 특유의 증상은 없습니다. 기적입니다. 정말로 기적입니다!!"

그렇게 말하면서 이 의사는 자기의 복부 전체에 걸쳐 손가락을 깊이 눌러 보며 자기 자신을 세밀히 진찰을 하고 있었다.

이와 같은 일은 30년 남짓의 심령치료 활동을 계속하고 있는 나로선 눈에 익은 광경이었지만, 이 의사에게 있어서는 문자 그대로 기적 이외의 아무것도 아니다.

당뇨병

의학적으로는 췌장의 홀몬인 인슐린의 활동이 몸속에서 부족하기 때문에 일어나는 병적 증상을 당뇨병이라고 하지만, 이 당뇨병이라는 병명이 꽤나 까다로운 것이다.

다음은 나의 경험인데, 검사에서 백혈구가 비정상으로 적다 (2700~2800)고 당뇨병이라고 수차 진단되었다.

소변에서 상당량의 당이 나오고 있다는 것인데, 정작 본인으로선 도무지 당뇨병으로서의 자각 증상이 없었다.

당뇨병이라고 일컬어지는 사람들은 몸이 나른하고 피로하기 쉽다, 몸이 가렵다, 목과 어깨가 뻐근하다, 등이 아프다, 손발이 떨린다……등등 흔히 말하지만 나에게는 아마도 지금 검사를 받아도 나는 당뇨병이라고 선고될지도 모릅니다. 게다가 백혈구가 비정상적으로 적다는 것도 지적될지 모른다. 그러나 나로서는 의학적으로 일컫는 당뇨병 증상도 백혈구가 적은 것에 의한 증상도 하등 자각되지 않았다.

그러므로 나는 나 자신의 체험상 이 당뇨병이라는 병명에는 약간 의문을 갖고 있으며 의학적 검사의 결과와 실제 병과의 관계에 대해서도 약간의 의문을 씻을 수가 없다.

그러므로 연구회의 심령치료에서는 정령할 때 그 병명이 아니고 어디까지나 의뢰인 본인에게 자각되는 증상을 중시한다.

의뢰인 본인으로서 보면 병에 의한 불쾌한 증상이 완전히 없어지고 건강한 생활을 보낼 수 있게 되면, 그것으로 문제는 없는 것이기 때문이다.

몸이 나른하며 피로하기 쉽다, 몸이 가렵다, 그밖에 당뇨병이라고 일컬어지는 사람들의 제증상은 심령치료에 의해 거의 완치된다.

따라서 본회에서는 당뇨병이라는 병명으로서 정령은 접수하고 있지 않으며 모두 본인에게 자각되는 제증상을 완치 혹은 개선한다는 점에서 접수하고 있다.

신우염(腎盂炎)·만성신염·만성신부전 등

이곳에 방문하는 의뢰인을 관찰하면, 신우염도 중증이 되면 만성신염, 만성 신부전 등과 마찬가지로 심각한 병인 것 같다.

중증의 신우염 의뢰인은 심한 몸의 나른함, 목·어깨의 뻐근함, 등의 통증, 가슴의 압박감, 식욕부진, 요량(尿量)의 감소 등을 호소한다.

이러한 의뢰인은 신진대사가 원활하지 못하기 때문에 얼굴도 검고 온몸의 피부 역시 윤기가 없다.

신장의 병은 일단 걸리면 아주 오래 끌고 꽤 까다로운 것이 많지만, 신기능의 저하가 현저하고 혈액 투석법〔인공 신장으로 혈액의 투석을 하는 방법〕이 필요한 정도가 되어 있는 사람이라도 투석에 들어가기 전이라면, 10명중 7명 까지는 2~3회의 심령치료로서 완치된다.

그러나 이미 투석에 들어가 있을 경우는 심령치료를 갖고서 상실된 신장의 기능을 회복시키는 일은 곤란하지만, 그것에 동반되는 증상으로써 눈의 침침함과 몸의 심한 나른함, 목과 어깨의 뻐근함, 등의 아픔, 가슴의 압박감, 식욕 부진 등의 제증상을 20~80% 쯤은 쾌유시킬 수가 있다.

투석은 일단 시작했다면 일생을 두고 중단할 수가 없으며 매주 1~3회, 1회에 4~8시간이나 걸린다고 하는 엄청난 요법이 필요하다.

나는 일찍이 투석에 들어가기 직전, 이미 투석을 행하기 위한 외과적 처치를 몸에 장치한 사람을 치료하여 쾌유시킨 경험이 있다.

천 식

천식이란 기관지에서 쌕쌕, 씩씩하는 증상을 동반한 발작성 호흡곤란을 말하며, 보통 천식이라고 하면 기관지 천식을 의미한다고 책에는 씌어 있다.

이 천식은 환자의 연령을 보면, 아래로는 어려서부터 위로는 70세 이상까지로 아주 광범위하다. 예를 들면, 암과 같이 직접 생명에 관련되는 일이 적은 병이긴 하지만, 환자 본인에게 있어서는 매우 쓰라리고 괴로운 병이다.

뭐니 뭐니해도 현대 의학으로서는 아직 특효약이나 안전하고도 확실한 치료법이 확립되고 있지 않은 만큼 의뢰인이 심령치료에 기대하는 바도 큰 것이다.

그러나 이 천식은 특히 환자 본인이 평소에 사는 자세나 마음가짐이라 하는 것이 정령 효과의 강약에 큰 영향을 준다.

의뢰인 중에는 괴로운 나머지 일도 하지 않고 누워만 있으며 더욱이 식사도 거르고 약에만 의지하는 사람이 매우 많은데, 이러한 사람은 정령으로 일단 완치해도 대개 두 번 세 번 재발하는 일이 있다.

생활하는 자세가 이미 병에 지고 있으므로 몇 번이든 영장이 생기는 것이다.

한편 아무리 증상이 심해도 병을 극복하면서 생활을 위해 열심히 일하고 있는 사람이라든가 꼭 병을 극복해 보이겠다 하는 강한 신념을 갖고 있는 사람은 몹시 높은 치유율을 나타내는 법이다.

천식의 정령 의뢰에는 국교생, 중학생, 고교생 등 청소년도 많지만 나는 그들 젊은 사람들에게 특히 운동을 권하고 있다.

또한 나는 정령 종료 후 호흡이 편해진 의뢰인들에게 그 자리에서 심호흡을 크게 하도록 하고 있지만, 이런 심호흡을 계속해서 최소한 3호흡, 가능하면 하루에 몇 번이라도 반복하도록 권장하고 있다.

메니에르병

현기증·귀울림·난청 등을 발작적으로 반복하는 아직도 원인 불명의 병인데, 50세쯤 정도로 초기 단계에 있다면 거의 심령치료로 완치된다.

그러나 발병 후 5년 이상을 경과하고 그동안 약을 많이 복용한 사람은 완치가 불가능하다.

파킨슨병

사지가 떨리거나 운동 장해가 일어나는 병인데 아직도 원인이 분명하지 않은 것 같다. 주로 50대 이후에 발병되고 그 진행은 완만하지만 심해지면 일상의 동작도 전혀 불가능해진다는 난치병이다. 이 병도 초기의 단계라면 거의 심령치료로 완치된다.

그러나 발병 후 5년 이상이 경과되고 그동안 양약을 많이 복용한 사람은 완치시킬 수가 없다.

피 부 병

몸 전체 어떤 부위의 피부병이라도 세균 등 미생물이 원인이고 전염성은 심령치료의 대상 밖이다. 세균성 습진이나 종기라면 일반 의사의 치료에 의해 완치된다.

그런데 피부병을 고치기 위해 나의 도장을 방문하는 의뢰자의 대부분은 다년간 병원에 다니고 한방약이나 민간약 복용을 시도했지만 낫지 않는 사람들이다.

의뢰인 중에는 얼굴, 손발, 온몸에 생긴 습진이나 피부병으로 가려워 견딜 수가 없고, 그것을 쥐어뜯었기 때문에 얼굴과 손발도 상처투성인 중증의 사람도 있다. 그러나 이러한 피부병이라도 2회의 심령치료로서 10명중 8명까지는 거의 완치되고 있다.

헬르페스(수포진)

피부와 신경이 동시에 침범되는 병이고 환부에는 물집이 생겨 따끔따끔 아프다. 이런 병에 의한 아픔은 자주 신경통의 아픔과 비슷한 상태를 나타낸다고 하는데 어지간히 중증이 아닌 한 심령치료로서 완쾌된다.

교원병(膠原病)

교원병이란 피부·근육·관절 등의 결합조직이 침범되고 팽창이나 괴사 등이 나타나는 병인데 아직껏 원인 불명이고 특효약이나 결정적 치료법은 없다고 한다.

증상은 발열, 관절통부터 시작되고 서서히 피부나 근육에 경화나 위축이 생겨 마침내는 그것이 내장 모든 기관까지 침범되는 심각한 질병이다.

이 교원병은 류우머티즘과 마찬가지로 심령치료에 있어서는 암 이상으로 치료 곤란한 병이다. 다만 근육이 경화, 위축되어 버리기 전이라면 정령에 의해 충분히 완치가 가능하다. 따라서 교원병에 있어서는 되도록 조기에 심령치료를 받는 일이 바람직한 것이다.

신경통·통풍·관절염

신경통·통풍·관절염에 의한 신체 각 부위의 아픔은 비교적 중증이 아닌 한 심령치료로 완치된다.

류머티즘

류머티즘은 처음엔 관절의 부종, 통증만으로 뼈에는 변화가 없지만 이윽고 관절 연골부터 뼈에까지 병변이 진행되어 관절이 달라붙든가 탈구하든가 뼈에 변형이 생긴다. 그리하여 그 부분이 구부러진 채로 고정화 되고 손발이 부자유하게 된다.

이 류머티즘은 심령치료로서 암보다 치료 곤란한 까다로운 병이다. 그러나 뼈나 관절이 완전히 변형, 고정화 되어 있지 않고 또 손발이 자유롭게 움직이는 단계라면 심령치료로 완치된 예는 많다.

이미 병변을 일으킨 관절이 구부러진 채 고정화 돼 버린 것은 그것을 심령치료로 즉각 쾌유시키는 일이 불가능하다.

다만 아픈 부위를 잘 움직이려고 하는 자기의 노력과 심령치료의 횟수를 거듭함로써 상당히 중증인 것이라도 좋은 결과를 얻고 있다.

연구회의 심령치료는 2일간 1코스의 치료로 종료되지만, 류머티즘은 횟수가 많을수록 효과가 있다.

그리고 이 병에 부신피질 호르몬계 약물을 사용하는 사람의 경우, 고통으로부터 일시적 도피는 할 수 있어도 그것이 오히려 관절, 뼈의 융합을 촉진하는 예도 수없이 발견된다.

이런 류머티즘 증상에 있어서, 아픔에 지고 통증 방지 약물에 의지하며 몸을 움직이는 일 없이 누워만 있는 듯한 사람들은 약물의 부작용과 운동 부족때문에 식욕부진에 빠지고 뼈와 가죽만으로 여위는 경향이 많다.

이러한 사람들은 정신력도 아주 약해져 있기 때문에 조금 아프다 싶으면 약을 쓰고 전혀 몸을 움직이고자 하지 않으므로 더욱 더 류머티즘 증상이 심해진다고 하는 악순환을 되풀이 하고 있는 것 같다.

이것에 반해 일시적 통증 방지약을 쓰지 않고 아픔을 견디며 늘 몸을 쓰고 움직이고 있는 사람들에 있어서는 비록 10년, 20년이라는 장기간에 걸친 류머티즘이라도 관절의 융합을 볼 수 없는 경우가 많다.

이전에 어떤 신문에서 내장 질환이나 부상으로 비록 일시적이나마 누워버리는 사람은 3일도 지나기 전에 관절이 굳어지기 시작한다는 기사를 읽은 일이 있지만, 인간에게 있어 몸을 움직이는 것이 얼마나 중요한가를 강조하고 있다.

아픔을 이겨 내고 일을 열심히 하고 있다, 식사도 편식하지 않고 왕성하다, 수면도 충분히 취하고 있다 하는 사람들은 같은 중증의 류머티즘이라 하여도 심령치료 종료 후에 놀랄 만큼 회복을 나타내기 마련이다.

흔히 나의 도장에 쇠약할 대로 쇠약해져 뼈와 가죽만의 상태로 찾아오는 사람이 있다.

"선생님, 정령으로 부디 저를 본래의 건강한 상태로 만들어 주십시오."

자못 생기없는 얼굴을 더욱 울상을 하면서 이와 같이 애원하면 나는 난처할 뿐이다.

육체의 기본인 피를 만들고 살을 만들고 뼈를 만드는 일 — 그것은 신의 일이 아닌 우리 인간의 할 일이다.

영장에 의한 병고, 재난은 내가 풀겠지만, 그것을 본래의 건강한 몸으로 회복시키는 것은 본인 자신의 노력에 의존할 수밖에 없는 것이다.

건강 관리의 기본은 일상생활에

　앞의 항목에서는 심령치료의 대상이 되는 병이나 증상에 관해 구체적으로 설명했는데, 그러면 대부분의 질병이 정령을 받고 초심령의 에네르기만으로 낫고 곧 완벽하게 본래의 건강을 몸으로 회복하는 것일까?
　만일 그렇다고 하면 우리들 인간이 건강을 유지하는 일은 꽤나 편한 일이리라. 아무튼 정령만 받으면 되니까. 그러나 현실로는 그것만으로서 전부가 아니다. 다만 앉아서 정령을 받는다, 다만 앉아서 열심히 초심령의 에네르기를 끈다. 그것으로 영장에 의한 병은 나아도 그것만으로서 완전한 건강체가 된다고 생각한다면 조금 곤란하다.
　앞에서도 설명한 것처럼 영장에 의한 병고를 정령에 의해 푼 뒤, 건강하지 못한 자기의 몸 전체를 본래의 건강한 상태로 회복시키는 것은 본인 자신의 노력에 달려 있는 것이다.
　그럼 그 노력이란 대체 무엇일까? 그것을 말로서 한다면 극히 간단한 일이다. 잠을 잘 잔다, 잘 몸을 움직인다, 잘 먹는다, 이것 뿐이다. 이것이 인간으로서의 생명유지, 건강관리의 기본 3원칙이다.

　심령능력자인 나의 도장에는 '감기가 걸리기 쉬우니까〔혹은 다른 갖가지의 병에 걸리기 쉬우니까〕정령으로 어떻게 튼튼한 몸으로 해달라'하는 내용의 의뢰가 자주 있지만, 이와같은 경우 이야기를 잘 들어보면 병약(病弱)한 원인은 대개 영장 이전의 본인의 일상생활 자세에서 찾을 수 있는 것 같다.

　육류는 거의 먹지 않는다, 생선은 싫다, 야채도 싫다, 운동은 좋아하지 않는다, 밤샘을 할 때가 많다……이런 말을 하면서 남과 비슷한 혹은 그것 이상의 건강체를 바란다는 것은 한마디로 무리이다.

　편식과 지나친 소식, 운동부족, 수면부족은 어느 것이나 영장을 끌어들이기 쉬운 연약한 심신을 만드는 조건이라고 하겠다.

　따라서 내 자신은 어떠한 때라도 잘 잔다, 잘 움직인다, 잘 먹는다 하는 이 생명 유지의 3원칙에 충실하려는 생활을 목표로 하고 있다.

　나는 어떠한 걱정거리가 있거나, 바쁘더라도, 어려운 일이 닥치고 있어도 하루 최저 8시간의 수면을 취하고 있다.

　나는 또한 아무리 몸의 컨디션이 좋아도 매일 아침 4천보의 조깅, 50회 이상의 엎드려뻗쳐 운동, 그 밖의 운동을 1시간 남짓 하는 것을 스스로 습관화 하고 있다.

　잘 먹는다 하는 것에 관해서도 물론 마찬가지이다. 먼저 편식이 없도록 하고 육류・어류・녹황색(綠黃色) 야채 등을 다량으로 섭취한다.

　나도 인간이므로 때로는 식욕이 없어 아무것도 먹고싶지 않은 날이 있지만, 그래도 억지로라도 정해진 양의 식사를 들게끔 조심하고 있다. 기분이 나쁘다, 걱정거리가 있다, 바빠서 시간이 없다 하며 식사를 거르는 일은 절대로 없다.

그렇지만 이상 말해 온 생명 유지의 3원칙에 관해 이와같이 쓰는 일은 간단하지만, 이를 매일 확실히 실행한다는 일은 꽤나 어렵다.

역시 인간이란 아무리 건강한 사람이라도 때로는 나른한 날도 있거니와 피로하여 움직이고 싶지 않은 날도 있기 때문이다.

나에게도 그런 때가 있다. 아침의 조깅이 아주 고통스럽다, 아무래도 몸이 말을 듣지 않는다, 식욕이 없다, 일을 하고싶은 의욕도 없다……이와 같은 경우가 있다. 하지만 여기서 마음을 약하게 먹어서는 안된다.

이러한 경우 나는 곧 마음을 진정시켜 입신(入神)상태에 들어가고 심약해지려는 자기 자신에 대해 그것을 극복하도록 강한 자기 암시를 투입한다.

스스로를 최면 상태에 빠뜨린 다음 나는 '몸이 고달프지 않다' '식욕이 있다' '컨디션이 좋아 얼마든지 일할 수 있다' 하는 적극적 암시와 이미지를 자기의 의식 속 깊이 말뚝처럼 박는 것이다. 충분한 수면과 운동과 식사 습관을 완전히 상념계에서 결정하여 실행하기 위해서는 때로는 몸의 나른함이나 걱정, 불안감을 뛰어넘기 위해 강한 의지력을 자기의 내부에 불태우지 않으면 안되는 때가 있을 것이다.

그것은 나의 생명을 유지하기 위한 내 자신에 대한 의무이고 책임이기도 하다.

악심 장해자와 약심장해자

마음속에 악이라든가 욕심과 의심과 같은 상념을 꽁꽁 뭉쳐 갖고 있는 사람, 유물론자(1+1=2라고 작정하고 불가사의, 기적, 심령의 세계를 완고하게 믿으려 하지 않는 사람), 반발심이 아주 강한 사람을 나는 심령치료 능력자로써 일괄하여 악심장해자(惡心障害者)라고 부른다.

또 영혼의 힘이 약해 적극적으로 살아가고자 하는 의욕도 부족한 사람, 비관적 상념만 가진 사람, 마음속으로 우는 소리만 하고 있는 사람, 의뢰심이 강한 사람들을 나는 약심장해자(弱心障害者)라고 부른다.

심령치료 능력이라 하는 상념의 조작에 의해 병을 고치는 자에게 있어 이런 악심장해자와 약심장해자는 둘다 정령의 큰 해물적인 존재이다. 그것은 많은 경우 병 그 자체가 의뢰인 보다 더 많은 수고가 필요하고 시간적으로도 많은 낭비가 따르는 것이다.

심령치료란, 극히 간단히 말하면 질환의 부위에 빙의하고 있는 영에게 초심령 에네르기를 작용시킴으로써 그 영을 구제,

영계로 올려 보내고 그 결과로써 병의 고통을 해소시키는 요법이다.

그것은 병자에게 약제를 투여하든가 환부에 외과적 처치를 베푸는 것이 아니고 그야말로 정령 능력자의 정신적인 것, 즉 마음의 술법에 의해 발동되는 에네르기 치유요법이다.

그렇다고 하면 정령 중엔 시령자〔정령 능력자〕와 치료 의뢰인은 마음을 하나로 하여 오로지 '병의 치유'라는 것에 전력을 다하지 않으면 안된다.

그런데 많은 정령 의뢰인 중에는 영장에 의해 분명히 병이 되어 있는데도 불구하고 본회의 치료로 충분한 효과가 나타나지 않는 사람이 더러 있는 것이다.

본래, 반드시 쾌유해야 할 것이 쾌유되지 않는 것이므로 이것은 우리들 정령 능력자에게 매우 유감된 일이다. 그러나 이와같은 유감된 일이 생기는 데에는 뚜렷한 이유가 있다.

의뢰인의 질환이 명백히 영장에 의한 것인데도 불구하고 본회의 정령법으로 쾌유시킬 수가 없는 경우, 의뢰인 측에 다음의 어느 것인가에 해당되는 이유가 있다.

① 정령 능력자나 정령법 자체에 대해 강력한 반항심을 갖고 있다.
② 정령 능력자나 정령법 자체에 대한 강력한 의심을 하고 있다.
③ 정령 능력자에 대해 '부탁합니다' 하는 겸허하게 믿는 마음이 모자란다.
④ 살아가는 의욕, 병을 꼭 고치겠다는 의욕이 없고 약심 장

해에 빠져 있다.

⑤ 이론과 이치만 앞지르고 있으며 순순히 신의 도를 믿을 수가 없다.

이상과 같은 의뢰인은 모처럼 본회의 정령을 받아도 초심령 에네르기가 충분히 작용하지 않고 따라서 정령 효과도 충분히 나오지 않는 것이므로, 참으로 애석한 일이다.

이 에네르기 작용과 관련되는 것으로 나는 얼마전 텔레비전에서 시청한 최신의 과학 기술에 의한 소음의 소거장치(消去裝置)가 생각났다.

호텔 등 큰 건물에서는 냉난방이나 환기의 공기조절 설비를 만들기 위해 각 방의 천정이나 벽의 내면에 지름 10㎝부터 20㎝정도의 통과 같은 공기의 통로를 만들어야 한다.

그런데 이런 공기의 통로를 직접적으로 각 방에 배관한 것은 소음이 심하므로, 그것을 각 부위에서 꾸불꾸불 꼬부리고 그 모퉁이에서 공기의 소음을 소거하는 방법이 취해지고 있다고 한다.

이것은 종래의 방법이다.

한편 최신의 과학 기술에 의한 방법은 공기의 통로에 복잡한 장치를 많이 부착하는 일 없이 그 관에 어떤 종류의 소리를 보내준다는 것이다. 그러면 이상한 일로 공기의 소음이 사라지고 만다는 것이다.

이것은 마치 심령능력자가 정령 의뢰인에 대해 에네르기를 보내 주고 있는 데도 그것이 의뢰인 측의 반발 에네르기로 흡수되어 지워지는 상태와 비슷하다.

초신령 에너지로 소음의 제거 장치가 될 경우

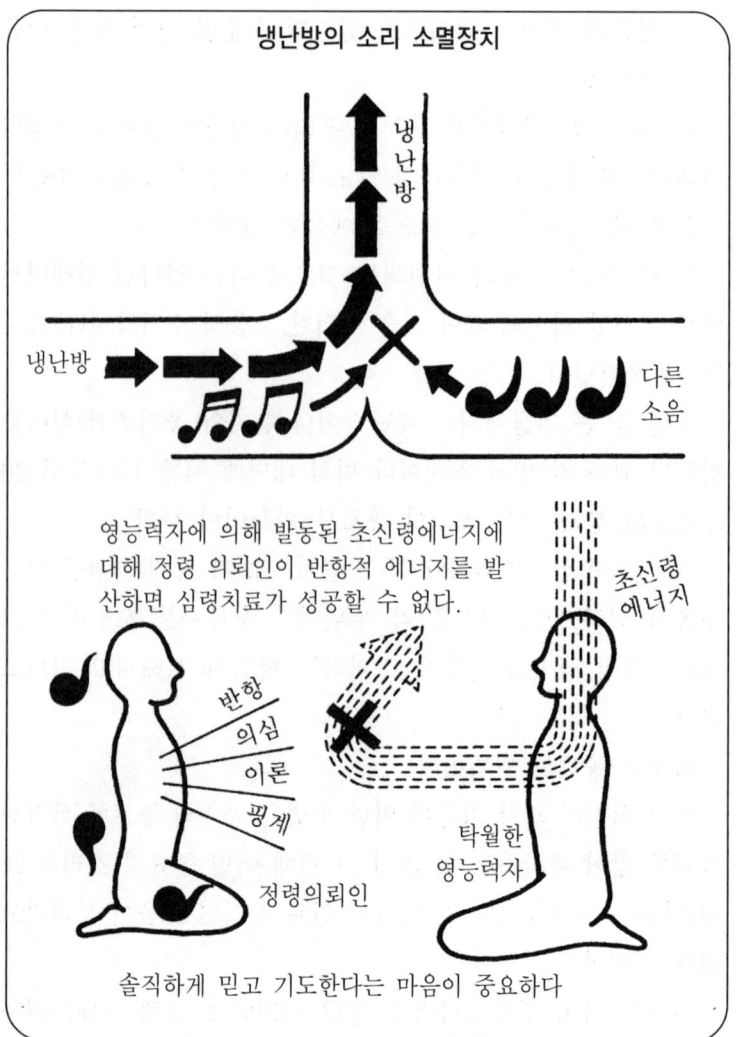

앞 페이지의 두 그림은 빌딩의 소음 제거장치와 정령중의 에네르기 상태를 나타낸 것이다.

우리들 심령능력자가 모처럼 초신령 에네르기를 발동하여 의뢰인에게 작용시키려 하여도 의뢰인 측에서 강력한 반항적 에네르기를 내보내고 있든가 '이제 아무래도 좋아'라고 하는 소극적 마이너스 에네르기를 내보내고 있다면, 그것이 에네르기의 '제거장치'가 되고 말아 심령치료가 성공하지 못하는 경우도 있는 것이다.

정신장해와 인간의 의식

앞의 항목에서 육체에 관한 병에 관해 갖가지로 풀이했지만, 그것들은 영이 인간의 육체에 빙의함으로써 생기는 장해였다.
　이제 정신의 장해와 심령치료에 관해 이야기 하겠는데, 여기서 말하는 병〔정신의 장해〕이란 영이 육체에 빙의하는 게 아니고 영이 인간의 정신세계 또는 혼에 빙의하고 있는 상태를 말한다.
　이러한 정신 장해는 보통 우리들의 심령치료로서도 육체의 장해〔영장에 의한 병〕처럼 간단히 낫지 않는다.
　다만 현대의 아주 많은 정신적 장해 중에는 복잡한 사회 배경에서 비롯되는 단순한 스트레스에 의한 것도 많고, 이런 경우에는 스포츠에 열중하든가 등산이나 낚시질과 같은 오락을 즐기므로서 스트레스가 해소되고 자연히 나아버리는 일도 많다.
　그렇지만 나의 30년 이상에 걸친 심령 활동 체험으로 말하면 영장에 의한 정신의 장해라고 명백히 생각되는 것도 아주 많고, 이런 경우는 스포츠나 오락 등에 의한 스트레스 해소법도 좀처럼 효력이 없다.

영장에 의한 정신 장해의 증상은 주로 다음과 같은 것이다.

어느 날부터 갑자기 초조해지기 시작하여 그로부터 반 년이고 1년이고 짜증이 계속되고 있다.

어느 날부터 갑자기 슬퍼져 이유도 없는데 언제나 울고 싶거나 어쩔 도리도 없을 만큼 쓸쓸한 기분이 든다. 어느 날부터 갑자기 불안감, 공포감에 사로잡혀 안절부절하는 기분이 든다.

어느 날부터 갑자기 남과 만나든가 이야기하는 게 싫어지고 기분이 무겁고 답답하며 항상 우울한 상태를 나타내고 있다.

어느 날부터 갑자기 무엇을 하든 귀찮아지고 두려워지고 매일 멍하니 보내고 있다.

…… 이런 상태가 나타나고 그 위에 영장의 정도가 깊어지면 마침내 완전 발광이라는 상태가 되고 만다.

그렇게 되고 말았을 경우에는 유감이지만 당회의 심령치료로서도 도저히 힘이 미치지 않는다.

그렇지만 영장에 의한 육체의 장해와는 달리 정신의 장해는 왜 그토록이나 회복 곤란한 것일까? 그것은 정신 장해일 경우는 단지 몸의 부위 어딘가 나쁘다는 게 아니고 본인의 의식대(意識帶) 전체에 장해가 발생하고 있기 때문이다. 그러니까 인간에게 있어 가장 중요한 의식대 전체가 영에 침범되고 있는 것이다.

여기서 인간의 의식이라는 것에 관해 조금 생각해 보기로 하겠다.

인간의 의식은 먼저 현재(顯在)의식과 잠재(潛在)의식으로 크게 나눠진다.

현재의식은 오감〔시각·청각·후각·미각·촉각의 다섯 감각〕에 의한 지각(知覺)이나 이성(理性)이고, 예를 들어 1+1=2라든가 지금은 신호가 빨간색이니까 길을 횡단해서는 안된다라고 하는 판단을 결정하는 의식이다.

이것에 대해 잠재의식이라 하는 것은 인간 하나 하나의 과거 체험을 모두 기록하고 저장해 두는 장치 같은 것이다. 이를테면 20년 전에 프랑스를 여행한 사람이 평소엔 그때의 일 따위를 완전히 잊고 있는데 어쩌다가 20년 전 프랑스에서 경험한 이런 저런 일을 문득 떠올린다.

그와같은 일은 누구에게도 흔히 있는 일이지만 그것이 잠재의식의 활동이다.

그리하여 우리들 인간에는 이런 잠재의식의 더욱 깊은 곳에 '초의식'이라 불리는 의식대가 있다. 이는 영혼 의식대라고 할 수 있는 것으로서 인간 하나 하나의 혼이 깃들고 있는 곳이라 하여도 상관없다.

말을 바꾸어서 말하면 초의식대는 영계와의 교류 장소이기도 하다.

그러므로 보통 영능자가 영시나 영청을 행하여 영과 교류를 할 경우, 의지의 힘으로서 일시적으로 현재의식이나 잠재의식을 밀어젖히고 이 초의식대를 크게 넓히는 일을 한다. 그렇게 함으로써 커진 초의식대에 영이 쉽게 들어오는 것이다.

그런데 정신에 장해가 있는 사람은 대체로 본인의 의지가 있건 없건 상관없이 언제고 초의식대가 커진 채로 되어 있는 것이다.

정상인과 정신장애자의 의식대(意識帶)차이

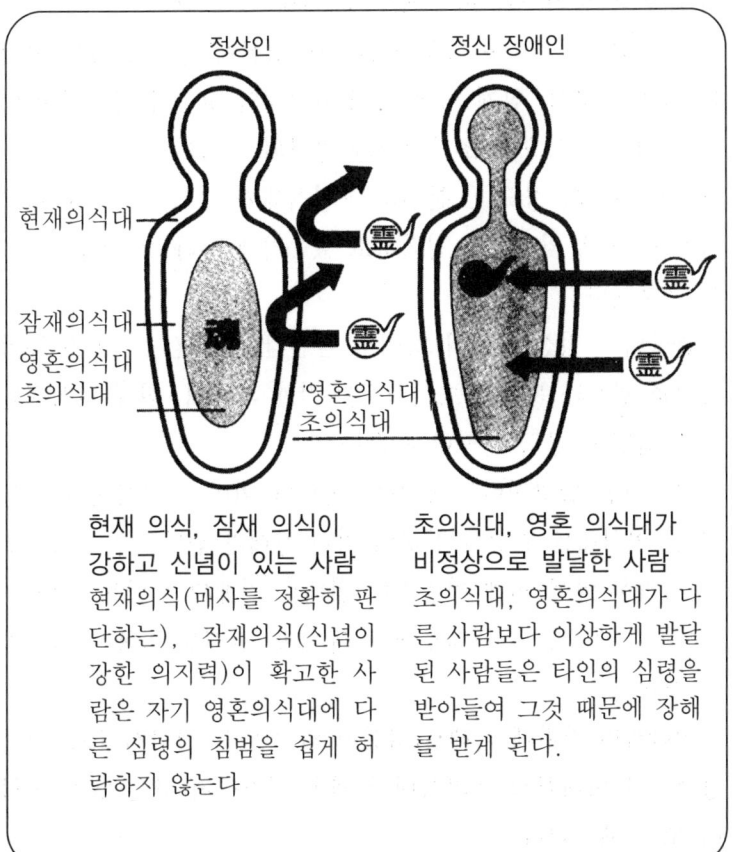

 그 결과 갖가지의 저급령 현상이 자연 발생적으로 샘솟아 옆 사람이 보기에 자못 상식을 벗어난 기묘한 언동이라고 생각되는 것을 하든가 말하든가 하는 것이다.
 여기서 위의 그림을 보자.

이것은 정상인 사람과 정신에 장해를 가진 사람의 의식대 차이에 관해 알기 쉽도록 그림으로 나타낸 것이다.

이 그림에서 알 수 있듯이 요컨대 정신에 장해가 있는 사람은 현재 의식대, 잠재 의식대, 초의식대의 정상적 균형이 무너지고 필요 이상으로 초의식대가 발달되고 있다.

정신 장해의 정도는, 본인의 초의식대가 어느 정도까지 현재 의식대, 잠재 의식대를 침식하고 있는가에 따라 그 경중(輕重)이 정해진다.

한마디로 정신 장해라 하여도 불안감, 공포감, 우울증 등이 가벼운 경우는 본인의 초의식대가 잠재 의식대, 현재 의식대를 조금 침범한 정도에 지나지 않는다.

그렇지만 발광이라는 단계에 이르면 이미 초의식대가 본인의 전 의식대를 완전히 점령해 버린 상태가 된다. 즉 타처로부터 침입한 영에 의해 전인격이 멋대로 지배되고 있는 것이다.

이런 케이스는 심령치료에 의해 그런 장해를 회복시키는 일이 어렵다.

왜냐하면 정령에 의해 달라붙고 있는 영을 정화시켜도, 비정상적으로 비대화된 초의식대에 계속 얼마든지 다른 영이 침입해 오기 때문이다.

회복되는 정신장해와 되지 않는 장해

  정신의 장해를 심령치료로 회복하는 일이 어렵다는 것은 앞의 설명에서 알았으리라고 생각한다. 그렇다고 정신 장해의 전부가 심령치료의 대상 밖이라는 것은 아니다.
  여기서 심령치료로 회복되는 정신 장해와 회복되지 않는 정신 장해에 대해 구체적으로 기술하겠다.

  먼저 당회의 심령치료로 회복 가능한 정신 장해자란 직업이나 가정생활 까지를 포함해서 보통으로 사회생활을 영위할 수 있는 사람이다.
  그와 같은 사람이라면 비록 불안감, 공포감, 우울 상태, 노이로제 상태 등이 있다 하여도 아직 현재 의식대가 건강하고 잠재 의식대도 그다지 침범되고 있지 않은 것이므로 심령치료로 충분히 회복이 가능하다.
  다만 이와같은 사람의 경우라도 본인 자신에게,
  "꼭 낫고 싶다."
하는 강한 신념과 희망이 없다면 반드시 좋은 효과가 나타난다고는 볼 수 없다. 그러므로 우리 도장에선 정신의 장해뿐 아니라 일반의 병에 관해서도 그렇지만 심령치료 접수의 가부를 결정할 때의 기준으로써 반드시 의뢰인 본인에 의한 직접 전화로 하는 신청을 원칙으로 하고 있다.

그리하여 의뢰자 본인의 전화 신청의 응답에 의해 아래의 점을 확인하는 것이다.

(만일 여기서 정령에 의한 회복을 불가능하다고 판단될 경우에는 이 시점에서 분명히 정령을 사절하고 있다.)

① 정신 장해의 경중 정도
② 본인의 꼭 낫고 싶다, 치료를 부탁하고 싶다는 절실한 심정의 유무.
③ 본인이 사는 일, 회복하는 일에 대해 적극적으로, 열심히 노력하고 있는가 여부의 마음 자세.

다음에 당회의 심령치료로서 회복 불가능한 정신 장해에 관해 구체적으로 말하겠는데, 항목 중 어느 것인가에 해당되는 사람은 정령의 대상 밖이라는 것이 된다.

① 본회에 대한 정령 신청의 전화에 본인 자신이 나올 수 없을 정도의 정신 상태인 사람.
② 발광상태, 또는 정신에 이상이 나타나 입원중인 사람
③ 직업, 학업, 가정생활 등을 포함하여 사회생활을 보통으로 영위할 수 없는 사람.
④ 가족이나 친지, 관계자 등의 말을 이해하려 하지 않고 어떠한 것에도 이해력, 판단력이 없는 사람.

⑤ 본인에게 이상이 있다고 하는 자각이 거의 없고, 상식을 벗어난 언동을 하든가 폭력 행위로 나가는 사람.
⑥ 심한 약심 장해자〔영혼의 힘이 약하고 사는 일에 소극적이며 비관적 생각을 갖기 쉬운 사람〕로서 심리 상태에 안정성이 결여되고 가족도 통솔하지 못하는 사람.
⑦ 식사와 잠자는 일 이외는 아무것도 하려 하지 않고, 방안에 틀어박혀 침울해 하거나 누구와도 대화를 하려 하지 않는 사람.
⑧ 망상에 사로잡혀 있어 주위의 사람들 말을 절대로 받아들이려 하지 않는 사람.
⑨ 의식이 확실치 못한 사람.
⑩ 자기의 의지 속에 '반드시 낫고 싶다'고 생각하는 힘이 없는 사람.
⑪ 기타 당회의 심령능력자 판단에 의해 정령 불가라고 생각되는 사람.

인생의 종점은 안락사

상당히 오래 전부터 '꼴깍절'이란 절이 노인들에게 아주 인기가 있다고 들었는데, 그 절에 참배하면 괴로워하는 일 없이 꼴깍 저 세상에 갈 수 있다고 한다. 일의 진위(眞僞)는 차치하고서 보통 사람들, 특히 안락사(安樂死)에 대한 노인들의 소원은 절실하다고 할 수 있다.

나이 먹은 분들로부터 여러 가지로 이야기를 들어보면, 죽는 순간의 괴로움에 대한 공포도 공포려니와 병든 자기가 자식이나 손자나 주의의 사람들에게 얼마나 피해를 줄 것인가 생각하면 그것이 더 견디기 어렵다고 한다. 그러므로 몸져 눕기 전에 아무런 괴로움 없이 꼴깍 죽고 싶다는 것이다.

인생의 마지막 임종에는 되도록 남 보기에 추하지 않은 상태로 평안한 길을 떠나고 싶다 — 이것은 노령자들 거의가 마음 속으로 은밀히 갖고 있는 상념의 세계이기도 하다.

나는 여기서 심령능력자로서 먼저 목소리를 높여 말하겠다. 우리들 인간은 신의 빛을 진심으로 우러르면, 인생의 최후에는 반드시 평안할 죽음을 맞이할 수가 있다 하는 것을.

그럼 안락사란 대체 영적으로 보면 어떠한 것일까?
여기서 다음 그림을 보라. 이것은 인간의 존재를 영계측에서 보고 그것을 그림으로 나타낸 것이다.

인간=육체와 유체·영체(혼)의 복합체

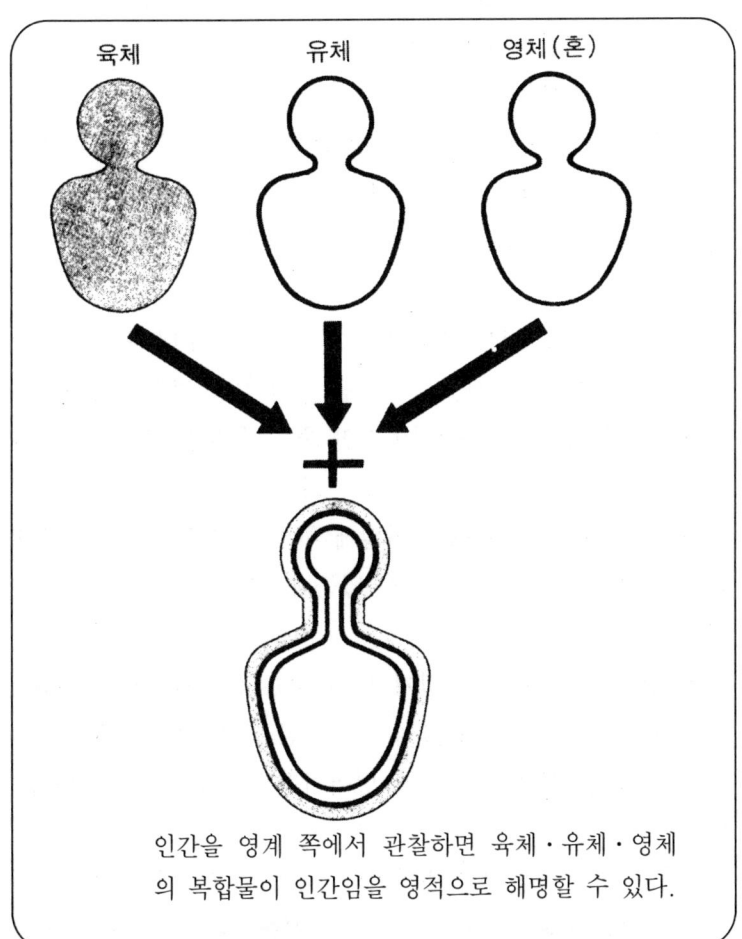

인간을 영계 쪽에서 관찰하면 육체·유체·영체의 복합물이 인간임을 영적으로 해명할 수 있다.

인간을 영계측에서 바라보고 영적으로 해명하면, 육체·유체·영체[혼]의 복합체라는 것이 된다. 그리고 인간의 죽음이란 영체와 그것을 감싸는 유체가 육체로부터 이탈된 상태를 말한다.

여기서 결론을 말한다면 죽는 순간 유체와 영체가 무리없이 육체로부터 이탈하면 본인은 어렵지 않게 영계 진입을 달성하고 그것이 안락사인 것이다.

그런데 이런 유체와 영체가 원활하게 육체로부터 떠나지 못하고, 억지로 이탈하려고 할 경우에는 본인의 육체에 찢겨지는 듯한 아픔과 괴로움이 발생한다. 이것이 이른바 단말마의 괴로움이다.

뒷 페이지의 그림은 유체와 영체가 육체로부터 이탈해 가는 상태[죽는 순간의 상태]를 나타낸 것이지만, 편한 이탈이라면 안락사를 하고 무리한 이탈이라면 죽는 순간에 지옥의 괴로움이 일어난다.

그렇다면 우리들은 대체 어떻게 하면 죽음에 즈음하여 유체와 영체가 무리없이 이탈할 수 있는가, 즉 평안한 죽음을 맞이할 수 있을까?

이 점을 명백히 하기 전에 먼저 죽는 순간의 괴로움이라는 것에 관해 조금 생각해 볼까 한다. 말을 바꾼다면 왜 유체와 영체가 육체로부터 순조롭게 떨어지지 못하는가 하는 문제이다.

문제는 영장, 즉 영의 빙의이다. 죽음의 자리에 누워있는 사람의 육체·유체·영체에 영이 들러붙어 쐐기처럼 박혀 있기

제4부 심령치료와 기적들 213

육체에서 이탈하는 유체(幽體)와 영체(靈體)

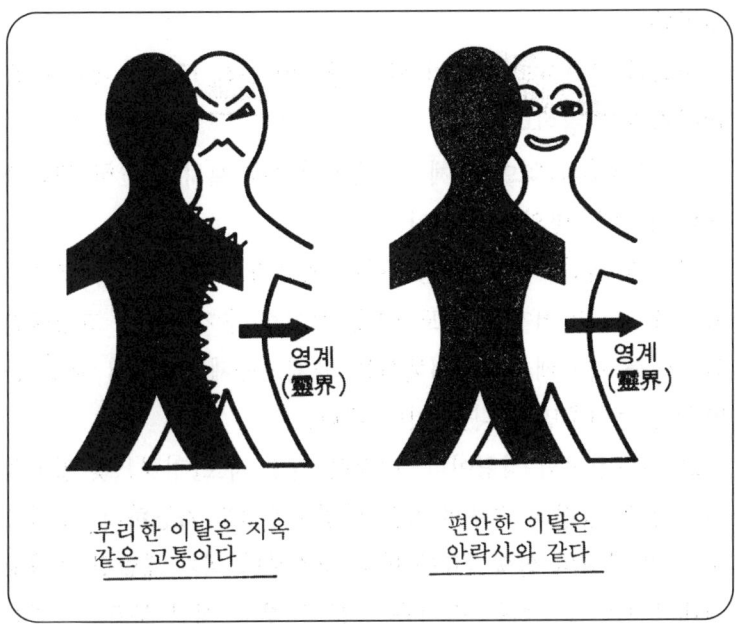

때문에 유체와 영체가 육체로부터 순조롭게 이탈하지 못하는 것이다.

비록 아무리 건강한 사람이라도 영의 빙의를 별안간 받는가 하면 심신이 아프고 괴로워 하는 법이지만, 본래가 건강하다면 육체와 정신의 에네르기로서 영을 튕겨버릴 수도 있다.

그렇지만 죽음의 자리에서 허덕이고 있는 사람들은 당연한 일이지만 보통의 사람들에 비해 육체적으로나 정신적으로 달라붙고자 하는 영을 튕겨내는 힘이 아주 약해져 있다.

이와같은 상태는 영에게 있어선 그야말로 찬스인 셈으로 사람의 죽음이 다가올수록 많은 영이 떼져 몰려오는 일도 많은 것이다.

이러한 안락사의 방해가 되는 영장에 관해 나타낸 것이 다음 페이지의 그림이다.

이 그림에선 영이 육체·유체·영체에 걸쳐 단단히 뿌리를 내린 것처럼 빙의하고 있다.

이렇게 되면 파고 든 빙의령이 방해가 되어 유체와 영체가 육체로부터 떨어지려 해도 쉽게 떨어질 수가 없다. 그렇다면 안락사를 가능케 하기 위해서는 육체·유체·영체에 파고 든 영장을 풀어주면 된다는 것이 된다.

요컨대 심신의 정령이다. 이것은 질병 치료[정령] 및 일반적인 전심신 정령의 경우와 같은 방법으로서도 가능하다. 그러므로 이미 당회의 심령치료를 받고 평소부터 내가 개발한 초심령 에네르기를 흡수하는 습관을 충분히 갖고 계신 분은, 특별히 안락사를 의식하지 않더라도 미래에는 반드시 평화로운 죽음이 약속되고 있다는 것이 된다. 왜냐하면 그와 같은 분은 항상 심신이 정화되고 있어 영장이라는 게 없기 때문이다.

내가 안락사의 가능성에 관해 이와같은 확신을 갖고서 이야기할 수 있는 것은 30여 년에 이르는 심령 활동으로부터 얻어진 다수의 체험으로 뒷받침 되고 있기 때문이다.

당회의 심령치료는 현재 이미 증상이 나타나 있는 영장의 정령과 동시에 신체의 속에 숨어있는 잠복성의 영장[현재 아무렇지 않아도 몇 년후, 몇 십년 뒤에 활동을 개시하여 증상을 나타내는 영장]마저도 치료하고 있다.

안락사를 방해하는 영장(靈障)

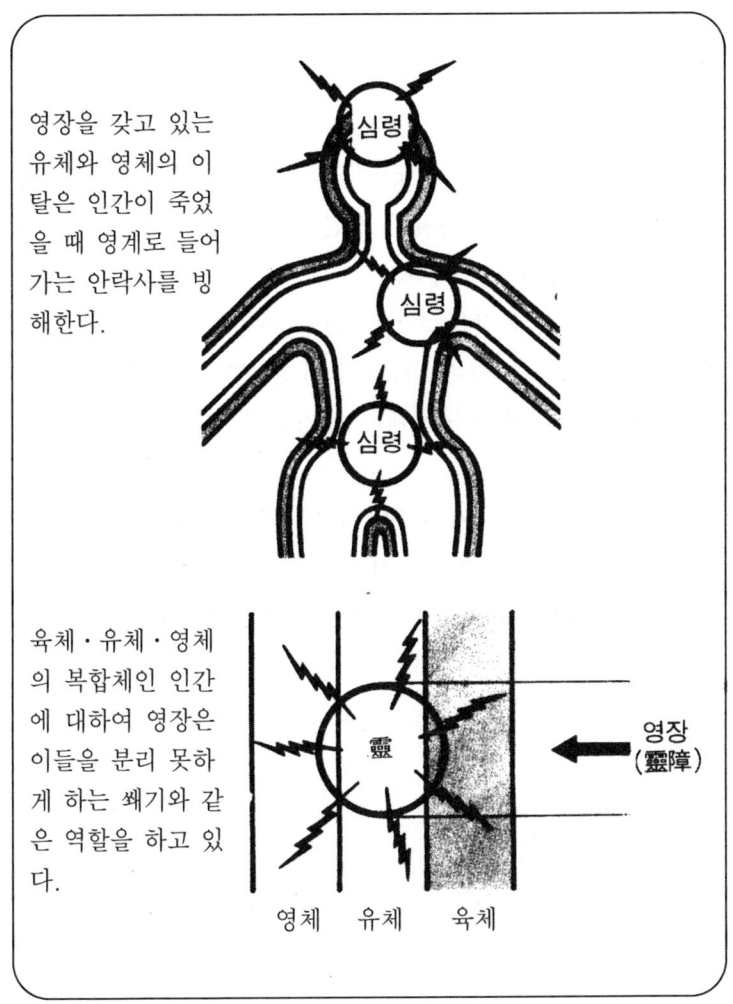

영장을 갖고 있는 유체와 영체의 이탈은 인간이 죽었을 때 영계로 들어가는 안락사를 방해한다.

육체·유체·영체의 복합체인 인간에 대하여 영장은 이들을 분리 못하게 하는 쐐기와 같은 역할을 하고 있다.

따라서 정령 종료 후 영장에 의한 아픔과 괴로움이 해소되는 것은 물론이고 그 위에 놀랄만큼 심신의 상쾌감을 맛본 의뢰인들이 '마치 천국에 있는 듯한 기분이다'라고 입을 모아 감격의 말을 하고 있다.

그렇다, 그야말로 이 '천국에 있는 듯한 기분'이야말로 영의 흐려짐이 없고 깨끗한 육체와 정신[혼]의 상태이고, 이것이 인간 본래의 모습이기도 하다.

당회에서는 이와 같은 철저한 심령치료 및 전심신 정령과 함께, 스스로 초신령 에네르기를 끌어 흡수하는 독자적인 '자기 정령법'을 개발하여 누구에게나 알기쉽게 친절히 지도하고 있다.

정령을 받은 뒤에 '자기 정령법'의 기술을 완전히 습득하면 그야말로 '천하무적'으로서, 이후의 인생은 '천국에 있는 기분'으로 편안히 마음 즐겁게 보내고 마침내는 평화로운 길을 떠날 수 있게[안락사] 되는 것이다.

제 5부
초신령 에네르기의 위력

에네르기가 만유의 세계를 지배

　우리들 인류를 포함하여 우주에 존재하는 것은 대체로 유기물과 무기물로 나눠져 있다.
　유기물이란 생활 기능을 갖는 것의 총칭, 즉 생물이다. 인간을 비롯하여 그밖의 동물, 식물, 세균류 등 생명을 가진 것 전부가 유기물이다.
　이것에 대해 무기물이란 생활 기능을 갖지 않은 물질을 가리킨다. 예를 들어 물·공기·흙 ·갖가지의 광물, 그리고 그것들을 원료로 하여 인공적으로 만들어진 물질도 무기물이다.
　그런데 유기물이나 무기물이나 이 우주에 존재하는 것 중에서 참으로 무질서하게 '단지 존재하고 있다'하는 것은 없다.
　유기물도 무기물도 그 근원을 거슬러 올라가면 모든 것은 에네르기의 지배아래 있다.
　먼저 유기물로서, 이는 인간이든 다른 동물, 식물이든 생명의 영위 그 자체가 에네르기인 것이다. 따라서 그것에 부수되는 육체도 식물체도 에네르기의 활동 범위 내에 있다 하는 것을 쉽게 납득할 수가 있다.

그렇다면 무기물은 어떨까? 여기에서 생명이 없는 물을 예로들어 생각해 보자.

다음의 도식은 물을 화학적으로 분해했을 경우에 얻어지는 것이다. 심령의 이야기와 관계가 없는 것처럼 생각될지도 모르지만 잠시 보도록 하자.

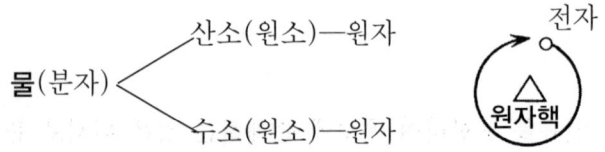

물을 화학적으로 볼때, 몇 개의 원자 결합체인 분자로서 구성되어 있다. 그 위에 분자로써의 물은 화학적으로 그 이상 분해할 수 없는 물질인 원소로써 파악되며, 산소 원소와 수소 원소로 분류된다. 그러니까 물은 산소 원소와 수소 원소의 화합물이다.

각 원소에는 저마다의 특성을 잃지 않는 범위 안에서 도달할 수 있는 최소의 미립자인 원자라는 존재가 있는데, 산소 원소나 수소 원소에도 물론 원자가 있다. 그리하여 그 원자의 중핵(中核)을 이루는 입자인 원자핵 둘레를 전자(電子)가 빙빙 돌고 있다.

이와같이 하여 생활 기능을 갖지 않은 물질[무기물]이라도 실제에 있어선 에네르기의 작용으로 구성되고 있는 것이다.

동·식물과 같은 유기물, 물·흙·암석 등과 같은 무기물이 에네르기의 지배아래 있다면 지금 우리들이 문제삼고 있는 영적인 존재도 또한 에네르기 이외의 아무것도 아니다. 물론 전파나 우주선〔우주로부터 지구로 뛰어 들어오는 입자의 총칭〕도 에네르기 그 자체이다.

이같은 인식은 심령에 관해 배우려는 사람에게 있어 아주 중요한 것이다.

다음과 같은 전 우주와 생물·물질 등도 만상(萬像)은 에네르기 활동에 의한 존재이다.

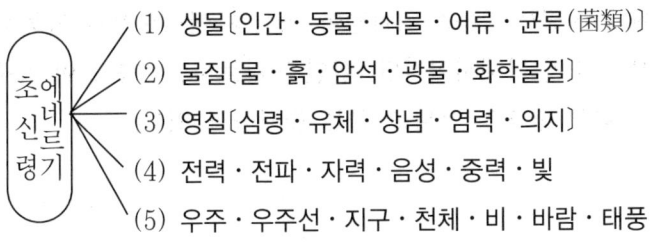

여기서 특히 중요한 일은 우주의 만상에 작용하는 에네르기를 다스리는 주재자(主宰者)적 존재가 초신령이라는 점이다.

말을 바꾼다면 내가 현재 끌 수 있는 최고의 초신령 에네르기는 우주의 모든 존재에 작용하고 있다는 것이기도 하다.

이런 초신령 에네르기의 활동은 우주적인 시간·거리·장소 등에는 일체 종속되지 않으므로 나에게 있어서는 언제라도 지구상의 어떠한 장소에라도 보낼 수가 있다.

그 증거로써 나는 도장에 있으면서 나의 부재중인 도장이나 연락소에 찾아와 있는 정령 의뢰인들에게 시공을 넘어 초신령 에네르기를 얼마든지 보내 그런 분들 심신의 부조화를 거의 치유시키고 있다.

　물론 나의 부재중에는, 당회의 심령능력자들이 초신령 에네르기를 필사적으로 끌어당겨 부수적으로 활동할 때도 있다.

　또한 나는 심령치료에 앞서 5~6미터나 떨어진 방 한구석에서 의뢰분들의 머리 통증이나 목·어깨의 뼈근함, 위의 아픔 등을 떨어져 있는 상태에서 각각 3~5초에 고치는 등 약간의 잔기술도 매일 실시하고 있다.

　정식 심령치료에 앞서 이러한 일을 하는 것은 정령차 온 분들에게 시공(時空)을 뛰어넘어 초신령 에네르기의 활동을 이해시켜 주기 위해서이지만, 실인즉 나로서는 그분들이 아주 깜짝 놀라는 광경을 본다고 하는 즐거움도 있다.

초신령 에네르기요법

 내가 이 책에서 이제껏 이야기해 온 것처럼 인간의 눈에 보이지 않는 영적 존재, 예를 들어 전파와 같은 에네르기의 활동으로써 해석하면 최고의 초신령도, 저급의 악령·잡령 따위도 그것 자체가 에네르기라고 할 수 있다.
 영이 인간에게 달라붙기 위해서는 그 영 자신이 가진 에네르기를 발동하지 않으면 안된다. 또한 그런 달라붙은 영을 떼기 위해서는 역시 초신령 능력자도 무언가의 에네르기를 빙의령에 작용시키지 않으면 안된다.
 영의 빙의에 의한 병을 고치는 방법으로써 제령법과 정령법이 있음을 앞에서 말했지만, 이 제령법과 정령법은 술자〔심령능력자〕의 에네르기 사용법이 전혀 다르다.
 제령법이란 인간에게 달라붙어 병을 만든 영에 대해 술자(術者)가 자기 자신이 갖고 있는 영혼의 에네르기와 염력, 기(氣)를 발동하여 강제적으로 영을 제거시켜 병을 고치는 방법이다.
 이것과 달리 정령법이란 인간에게 달라붙어 병의 원인으로 되어 있는 영에 대해 술자가 고급 신계로부터 끈 영류를 잇따라 퍼붓고 빙의령을 정화, 구제하고 그 결과로써 병을 고치는 방법이다. 그렇지만 어느 쪽의 방법으로도 제령, 정령 종료후 그것만으로 즉각 심신의 아픔과 괴로움이 완전히 쾌유되는 일은 없다.

왜냐하면 육체의 어딘가에 달라붙어 있던 영을 제령에 의해 강제적으로 분리시키고, 또 정령에 의해 정화시켜도 빙의령의 에네르기 작용으로 이미 손상을 받은 부위의 조직은 회복하는데 어느 정도의 시간이 필요하기 때문이다.

그러므로 젊은 무렵의 나는 때에 따라 제령법과 정령법을 짝지어 영장에 의한 병을 쾌유시키고 있었지만, 의뢰인에 대해 심령치료〔제령·정령〕 종료후 대합실에서 1시간 내지 2시간 실제로 제령, 정령의 효과가 나타나는 것을 기다려 달라고 해야만 했다.

심령치료 이후에 육체의 자연 회복을 기다린다고 하는 이런 헛된 시간을 어떻게든지 단축, 해소할 수는 없는 것일까…… 나는 이런 관점에서 갖가지 에네르기의 세계를 모색하기 시작했다.

심령치료로 영이 떨어졌는데도 불구하고 빙의령의 에네르기 때문에 손상을 받은 육체, 이것에 대해 '어떤 에네르기'를 작용시킴으로써 즉각 회복할 수 없을까, 나는 대담하게도 그렇게 생각했다.

그리하여 20대로부터 40대에 걸쳐 나는 틈 있을 때마다 많은 산을 찾아 다녔다. 나는 거기서 동·식물을 살리고 있는 자연계의 에네르기란 것을 피부로 느껴 가며 그 작용을 연구했

다.〔그러는 동안에 영장에 대한 나의 처치 방법은 제령법과 정령법의 병용에서 정령법 하나로 바뀌었다.〕

 돌이나 암석이 발산하는 에네르기, 샘솟는 물이 발산하는 에네르기, 울창하게 우거진 수목이 발하는 에네르기, 그리고 천계(天界)로부터 발산하는 에네르기, 대지 그 자체가 발산하는 지핵(地核)에네르기……

 어느 때는 산길을 걸으면서 또 어느 때는 샘물을 입에 품으면서 또한 어느 때는 산의 정상에서 하늘을 우러르든가 대지에 큰大자로 뒹굴던가 하면서 나는 갖가지의 자연계의 에네르기 실체에 관해 내 자신의 영적 안테나로 탐구를 계속했다.

 그 결과 나는 이미 이 지상계에는 내가 구하는 에네르기는 존재 에네르기, 지핵의 에네르기에 심령능력자로서의 내 활로가 열려져 있음을 똑똑히 느꼈다.

 "그렇다. 영장에 의한 심신의 손상을 즉각 눈앞에서 해소하고 싶다면 이 지상계의 에네르기만으로선 안된다. 우주의 좀더, 좀더 저편에 있는 미지의 에네르기를 충분히 끌지 않으면 안된다."

 그렇게 생각한 나는 우주의 저편을 탐방하기 위해 '유체의 이탈'이라는 기술을 몸에 익혔다.

 그로부터 나는 육체를 지상계에 둔채 거의 매일 혼만의 존재가 되어 대우주계, 대영계를 방문하는 일을 반복했다.

 어느 때는 달을 찾아갔고, 또 어느 때는 화성을 찾아갔으며, 이리하여 10여년의 세월이 지나 나의 마음속에서 서서히 우주를 흐르는 에네르기의 실체가 해명되었던 것이다.

제6부
청소년들의 비행과 영장

대영계를 꿰뚫는 대원칙

영장에 의한 비행 — 심신에 나타나는 이상 징후

나한테 보내오는 질문 가운데는 거의가 남편의 바람이나 아내의 가출 문제, 소년 소녀의 비행 문제가 많다.

예를 들어 자녀의 등교 거부, 디스코 출입, 무단가출, 폭력 행위 등에 관해 부모가 대단히 걱정하고 상담의 편지를 보내온다는 케이스이다.

이런 문제를 안고 있는 부모들은 자녀의 비행이 영장에 의한 것으로 생각하고들 있다. 그러나 실제인즉 영장에 의한 비행이라는 것은 그리 많지 않다.

만일 자녀의 비행이 영의 빙의에 의한 것이라고 한다면, 우선 그 자녀에게 다음과 같은 현상이 발생하고 있을 것이다.〔어느 경우이든지 알콜・마약 중독은 제외함〕

- 눈의 빛과 움직임이 지금까지와는 전혀 달리 무언가 이상해졌다.
- 눈에 힘이 없고 공허하며, 초점이 잡히지 않는 듯한 느낌

이다.
- 얼굴 표정이 지금과는 전혀 달리 험악해지고 딴사람같은 느낌이 든다.
- 얼굴생김과 태도역시 전과 달리 맥이 없고 이상하게 지친 양상을 띠게 되었다.
- 온순할 때는 그지없이 온순한데, 느닷없이 까닭모를 폭력을 빈번히 휘두른다.
- 까닭없이 겁을 먹고 무슨 일이든지 무서워 한다.
- 자기 방에 틀어박혀 거기서 한 발짝도 나오려 하지 않는다.
- 몹시 말수가 적어져 말을 걸어도 제대로 대꾸도 하지 않는다.
- 밤엔 전혀 잠을 자지 않고 낮에만 잠을 잔다.
- 이상할 정도로 식욕이 증진되고 예를 들어 5인분이라든가 6인분을 게눈 감추듯 지나친 식사를 하게 되었다.
- 극단적으로 식욕이 감퇴되고 거의 식사를 하지 못한다.

이상의 예처럼 영의 빙의를 받아 그것이 비행에게까지 결부된 청소년이란, 아무튼 지금까지의 태도와는 어딘가 다른 이상한 점이 발견될 것이다. 그와 같은 자녀의 변화에 대해 부모라면 쉽게 느껴지리라.

이럴 경우에는, 초기라면 나의 영류(靈流)에 도움이 될 것이다. 본인의 상념 기술에 따라 반드시 좋은 결과가 얻어질 것이다.

청소년의 비행과 사회적 배경 —'자유와 평등' 사상이 가져온 공과(功過)

그렇다면 심신에 유별난 변화도 없는데, 비행으로만 빠져드는 자녀는 어떻게 되어 있는 것일까? 숫자적으로 볼때 이편이 훨씬 많다.

내 자신 심령능력자이면서 일반 청소년의 비행 문제에 관해서는 이 경우에 우선 영과 분리시켜 생각해야 된다고 믿는다.

영의 실재를 만든 사람의 대부분은 현상계의 사건 모두를 영의 작용이라고 자칫 생각하기 쉽다.

물론 이 세상이 영과 인간과의 공동생활의 곳이라면 그런 의미에 있어 현상계의 모든 것은 영과 관련된다. 그렇다고 모든 현상을 영에게 맡기고 만다면, 인간 자신의 주체성은 대체 어떻게 될 것인가?

사회인으로서의 자기 자세를 잊고 오로지 영을 쫓고 구한다는 것은, 영의 존재를 완고하게 부정하는 것과 마찬가지로 한쪽에 치우친 사고방식이라 하지 않을 수 없다.

비행 문제를 생각할 때 우리들은 가정, 그리고 국가, 사회라는 것에 눈을 돌릴 필요가 있다.

가정에 관해선 뒤에 말할 기회가 있으므로 여기에서는 우선 국가, 사회에 관해 생각을 해보자.

현재의 일본 헌법은 자유와 평등을 기본으로 하는 민주주의가 그 근저에 일관되고 있다. 이야기가 별안간 헌법에까지 비약해 버렸지만 헌법에 관한 자세한 해석과 설명은 전문가에게 맡기기로 하고 여기선 헌법에서 구가되는 자유와 평등이라는 것에 관해 좀 생각해 보고 싶다.

자유와 평등 —. 자못 귀에 슬슬 들리는 말인데 이 내실(內

實)은 어떻게 되어 있을까? 나로선 이런 자유와 평등이라는 언저리에 매우 어려운 문제가 내포되고 있는 것처럼 생각된다.

먼저 자유라는 것에 관해서인데 모든 국민이 자유롭게 자기의 욕구를 채우고자 하고, 그것이 무제한으로 치닫게 되면 국가는 대혼란에 빠지고 마침내는 무너지고 말 것이다.

또한 평등이라는 것을 어디까지나 추구하고자 한다면 아무래도 개인의 자유는 저해(沮害)되고, 나아가선 국가의 발전도 바랄 수 없는 일이 되고 말 것이다.

때로는 평등이 사람의 마음을 무력하게 만들고, 게으름뱅이로 만들고 마는 일조차 있을 수 있는 것이다.

평등을 구가하는 사회주의 나라의 농업과 공업의 부진이 그것을 두드러지게 뒷받침하고 있는 것이다.

세계적으로 본다면, 자유주의 진영이 자유를 구가하여 치달은 나머지 생긴 사회적 혼란, 그리하여 사회주의 진영[공산권]의 평등의 사상에 뒷받침된 농업·공업·과학 생산성의 부진에서 비롯된 국민생활의 빈곤이라 하는 이 두가지의 난제가 있다.

자유와 평등이란 말에는 자못 아름다운 울림이 있지만 사회가 현재와 같은 상태인 한, 자유라는 것도 평등이라는 것도 그 실체를 알면 놀라버리고 만다.

본래 자유와 평등이라는 것은 서로 용납할 수 없는 성질을 가진 것이다. 왜냐하면 사회가 자유이면 자유일수록 평등의 원칙은 무너지고, 한편 사회가 어디까지나 평등을 추구하는 곳에 자유의 원칙은 성립되지 않으므로……

그런데 나는 이런 것을 쓰면서 한 심령능력자인 자기에게 이 와 같은 문제에 관해 논할 자격이 과연 있는 것일까 하며, 오 래 전부터 염려하고 있다. 그러나 내가 전문으로 하는 심령세 계의 문제 외에도 인간의 상념 세계에는 이런 문제도 현실로 있는 것이다. 그리하여 그것이 우리들 인간의 생활에 얼마나 크게 작용하고 있는가를 나는 여기서 말하고 싶었다.

현재의 일본과 한국은 '험악'해졌다고는 하나 세계 각국보다 는 아직도 치안이 잘 되어 있고, 게다가 언론의 자유도 보장되 어 있다. '토끼장'에 살고 있다고는 하나 굶주림으로 고통받는 일은 없다.

확실히 살기 좋은 은혜로운 나라라고 할지도 모른다.

한편, 눈을 가리고 싶어지는 흉악 범죄도 날마다 늘고 있다. 매스컴은 앞을 다투다시피 프리섹스를 구가하고 있다.

어린이가 있는 안방 침실에 포르노며 폭력이 영상이 되거나 책이 되어 거침없이 쏟아져 들어와서 어버이가 끼어들 틈도 주 지 않는다.

또 자유로운 발언은 자주 상궤를 벗어나고 어버이와 자식 입 장이 역전되고만 것이 아닐까 싶은 생각마저 든다.

예를 들어 옛날엔 어버이에 대해 직접 반항을 하는 자녀는 없었는데 지금의 청소년들은 납득이 가지 않는다면 부모에 대 해서도 예사로 반항을 한다.

개중에는 부모에 대해서 폭력을 휘두르는 청소년들이 있다. 학교에서도 교사에 반말을 하고 심지어는 교사를 구타하는 중·고생들이 있는 형편이다.

근본적으로 자식과 부모는 평등, 학생도 교사와 평등이니까 자유롭게 자기 주장을 해도 좋다는 그런 풍조가 되고만 것이다.

자유와 평등을 표방하는 민주주의는 개인에게 있어선 확실히 복음이었다. 그러나 사회 전체로 보면, 그것은 모두에게 반드시 복음은 되지 않고 한 걸음 잘못 디디면 부질없이 사회나 가정, 직장을 혼란케 만드는 죽음의 사상(事象)도 되는 게 아닐까?

탁상공론이 아니라 현재의 사회를 둘러보면, 유감이지만 나로선 그와 같이 생각되는 것이다.

이런 것을 생각하면, 한마디로 사회의 어지러움이니 비행이니 해도 그것은 매우 뿌리깊은 문제임을 알게 된다. 사회 풍조라는 국민 전체의 사고나 사회 환경에 관해서는 심령 일변도가 아니고 어디까지나 현실을 냉정히 응시하는 이유가 여기에 있는 것이다.

대영계를 꿰뚫는 대원칙— 자유와 평등, 그리고 신과 마계

앞에서 나는 자유와 평등이라는 것에 관해 인간계 윤리로부터 본 감상을 말했지만, 이 점에 관해 이번에는 심령계 윤리로부터 검토하겠다.

심령능력자인 나로서는 문제가 영계의 사상(事象)일 때, 일반의 사람들보다 훨씬 많은 일을 알 수 있다.

먼저 앞에서 말한 인간계 윤리로선 자유와 평등이라는 것은

도저히 서로 용납되지 않는 두가지 방향성을 가진 원리였다. 그런데 영계에선 이런 자유와 평등의 원칙이 그야말로 한 닢의 동전의 겉과 뒤처럼 뗄 수 없게 공존하고 있는 것이다.

생전에 우리들은 어떠한 사상과 상념을 갖던 그것은 전혀 개인의 자유에 맡겨져 있다. 하지만 영계에 들어간 뒤의 혼은 자기가 '자유롭게' 갖는 상념에 따라 자유로이 암흑의 지옥에 떨어질 수도 있거니와 자유로이 높은 천계에로 나아갈 수도 있는 것이다. 그렇다면 자유롭기 때문에 과해진 이 얼마나 엄격한 자기의 상념 선택일까!

또 생전에 재산이 있었다든가 없었다든가 혹은 지위, 명예가 있었든 없었든 인간계에서의 그런 상황과는 일체 무관계로 각각의 영혼이 참으로 평등인 입장에 놓이는 것이 영계이다.

누구도 관여할 수 없는, 다만 자기 한 사람에게 책임이 가해지는 괄목할 만큼 자유와 평등으로 일관된 세계, 그것이 영계인 것이다.

대영계에서의 자유와 평등이 엄밀함을 생각할 때, 인간계에서 입에 올리는 자유와 평등은 얼마나 불완전하고 불평등한가? 대영계에선 자유와 평등의 법칙 속에 곧 신과 마계가 존재한다.

우리들 인류는 숱한 세기를 지나며 자유 및 평등의 길을 추구해 왔다. 그리하여 그런 인류의 머리 위에 나타난 것이 신인가 마계인가?

무한한 자유와 평등에 싸인 물샐틈 없는 대영계의 시스템을 볼때 우리들의 상념세계 또한 커다란 반성과 전환을 생각하지 않을 수 없다.

자유와 평등의 권리를 탐욕스레 추구하는 우리들 인간은 과연 영계에서 신을 선정할 것인지, 마계를 택할 것인지— 이 또한 자유와 평등의 모습이 아닐까?

비행과 가정—비행 직전의 딸을 구출한 어머니

비행 문제부터 시작하여 국가·사회, 그리하여 영계까지 이야기가 꽤나 커지고 말았지만 여기서 이야기의 규모를 조금 축소시켜 비행과 가정이라는 것으로 포인트를 맞추고서 생각해 보자.

이제부터 이야기할 실례(實例)는 국가·사회의 체제라는 문제는 별도로 하고서 가정 내에서 어머니가 어린이에 대해 잘못된 상념을 갖고 있었기 때문에 중학생의 소녀가 비행으로 달려가기 시작했다는 주목할 내용을 갖고 있다.

지금부터 3년쯤 전의 일이다. 심령치료의 도장에 어머니와 같이 중학 3학년인 소녀가 찾아 왔다.

이 소년는 벌써 5년 동안이나 심한 축농증에 시달리고 있어 아침에 일어나면 금방 휴지가 휴지통에 가득해질 만큼 코를 풀어야 했고, 그 뒤에도 30분마다 코를 풀어야 한다는 것이었다. 더욱이 콧방울부터 뒷머리에 걸쳐 늘 망치로 맞은 듯한 두통이 있다고 했다.

나는 증상에 관해 두 세가지 질문을 한 뒤 곧 입신 상태에 들어갔고, 여느 때처럼 심령치료를 했다. 약 5분후, 증상이 심

제6부 청소년들의 비행과 영장 237

했던 셈치고는 비교적 간단히 끝났다.

의뢰자인 소녀 자신은 코도 나오지 않고, 뒷머리의 아픔도 없어져 아주 상쾌해졌다고 하면서 너무나도 간단해 약간 어리둥절해 하는 태도였다.

이 소녀가 참으로 환하고 기쁜 듯한 웃는 얼굴이 된 것은 그로부터 1~2분이 지난 뒤였다.

나의 바로 앞에 앉아 있는 소녀는 치료 전과는 딴판으로 싱글벙글 하고 있었다.

치료 후의 이런 얼굴을 보고 있노라면 나는 참으로 기쁘다. 나는 이때 기묘한 것을 깨달았다. 자못 기쁜듯이 하고 있는 소녀 옆에서 좀전부터 그 어머니가 잔뜩 찌푸린 얼굴로 앉아 있었다.

방금 자기 딸이 5년 동안 시달린 우울증으로부터 해방되었지만 이 어머니는 왜 조금도 기쁜 얼굴을 하지 않는 것일까? 기쁜 얼굴커녕 참으로 씁쓰름한 표정을 짓고 있는 것이었다.

이상하다고 생각하면서 내가 어머니의 태도를 잠시 보고 있으려니까 그녀는 힐끗 심술궂어 보이는 모습을 딸에게 던지더니 나에게 말을 걸었다.

"선생님, 실은 부탁이 있는데요."

"예, 부인. 어떤 일입니까?"

"사실은 이 아이의 소행 문제입니다. 이미 이 아이가 어지간히 속을 썩이고 있습니다. 지금 중학교 3학년인데 내년에는 고교 입시도 앞두고 있지만 참으로 그럴 경황도 없어요. 아침엔 학교에 간다며 정해진 시간에 집을 나가는데 학교에는 가지를 않고 그대로 어딘가에서 놀고 다니는 일이 줄곧이랍니다. 얼마 전 담임선생으로부터 부름을 받고 비로소 알았던 것이지만……. 학원에도 보내고 있는데 가끔 학원 선생께 물어 보았더니 그것도 반쯤밖엔 가고 있지 않다는 거예요.

밤엔 밤대로 텔레비전에 늘어붙듯이 언제까지나 보고 있고 어쩌다가 자기 방에서 얌전히 있구나 싶으면 만화랄까 주간지 같은 것만 읽고 있어요.

제가 몇 번 주의를 주어도 전혀 듣지를 않고 두마디 째는 말대꾸를 하는 거예요. 마침내 참다못해 한 달쯤 전 아이 아버지에게 말하여 아버지로부터 심하게 야단을 치게 했지요.

남편은 이 아이의 뺨을 두 세번 쎄게 때렸습니다. 하지만 효과는 4,5일 밖에 없고 다시 도로아미타불로서 추잡한 심야 텔레비전에 얼이 빠져 있는 겁니다.

선생님, 어떻게든지 심령치료로 이 아이의 소행을 고쳐주시고 부모의 말을 순순히 듣고 열심히 공부하는 아이로 만들어 줄 수는 없을까요?"

이렇듯 나에게 말하는 어머니, 때때로 옆에 앉아 있는 딸쪽에 눈을 보내며 토끼눈으로 노려 보았다.

아무리 보아도 그 태도로 보아서는 내 자식의 앞날을 걱정하는 어버이의 정애(情愛)란 털끝마치도 느껴지지 않았다. 나에게 이야기하는 말투만 하여도 그렇다.

딸을 걱정한다 하기 보다는 자기에게 입장 곤란한 짓을 하는 딸의 소행을 미워하고 그것을 어떻게든지 바로 잡고 싶다는 단지 그것뿐인 것처럼 여겨졌다.

3년 전의 나는 이미 단단히 눈을 뜬채 초의식대 곧 영혼 교류대에 들어가고 즉각 타인의 영혼과 통신할 수 있었다.

그래서 나는 넌즈시 손에 갖고 있는 치료 의뢰서를 보는 척하면서 자기의 현재의식(顯在意識), 잠재의식을 의지의 힘으로 소멸시키고 가슴 가득 초의식의 세계를 펼쳐 나갔다. 그리하여 눈앞에 앉아 있는 소녀의 생령(生靈)을 조용히 가슴 속에 맞아들여 물어보았다.

"아가씨, 무엇이 불만으로 지금 어머니가 말한 것과 같은 짓을 하죠? 무엇이 원인으로 학교에도 가지 않는다든가 공부도 하지 않고, 텔레비전만 본다, 부모에게 말대꾸를 한다……하는 짓을 하여 어머니를 속상하게 만들죠?"

그랬더니 별안간 격한 투인 이 소녀의 마음의 소리가 나의 가슴 가득 울려 퍼졌다.

"이런 어머니는 내 어머니도 아니야! 귀신이야, 귀신 할멈이야, 이런 귀신 할멈은 하루라도 빨리 죽으면 좋아. 언제인가 학교에 갈 때 버스가 만원이라 타지를 못하고 지각을 했어. 그랬더니 그것을 안 어머니는 정말이지 미치광이처럼 되어 나를 야단쳤어. 일부러 지각한 것도 아닌데 어머니는 마치 내가 일부러 지각한 것처럼 말이지. 그래서 그런 뒤로 부터는 내가 하는 일마다 일일이 감시의 눈을 번뜩여 가며, 정말이지 귀찮아 죽겠어. 히스테리야!

그러니까 이번엔 내가 일부러 학교에 늦도록 했지 뭐. 일부러 학교에도 가지 않았어. 어머니가 너무도 귀찮고 얄밉기 때문이야! 이젠 학교 따윈 전연 가고 싶지 않아. 공부 같은 것 하고 싶지 않아. 고등학교에 가더라도 별개 아닌걸 뭐.
 하지만 집에 있더라도 조금도 재미없어. 어머니는 하루종일 툴툴대며 잔소리를 하거나 소리를 지르거나 하므로, 나는 이제 정말로 죽고 싶어. 학교의 옥상에서 뛰어내리려고 생각한 일이 몇 번이나 있어. 정말이야.
 이젠 이런 어머니하고 매일 함께 있다니 싫어. 싫어, 싫어! 난 어머니보다 힘이 쎄지면 절대로 가만히 있지 않을 거야, 절대로 난 어머니를 맞받아 때려 주겠어!"

 나의 가슴 속에서 왕왕 울리는 듯한 요란스런 소녀의 영언(靈言)을 들은 나는 참으로 무슨 말을 하랴, 하는 심정이 되고 말았다.
 이미 이 두 모녀는 모녀가 아니었다. 어머니와 고작 15살의 소녀인데 서로 증오하고 좀처럼 수습할 수 없을 만큼의 상극을 나타내고 있었다.
 ─대관절 어째서 이와 같은 일이 되고 말았을까?
 나는 이 불행한 모녀를 눈앞에서 보면서 불과 2~3초 동안 마음속으로 생각했다.
 뭐니뭐니 해도 이 두 사람은 모녀임에 틀림은 없다. 결코 대등한 입장에서 맞설 도리는 없는 것이다.
 하물며 어린이로 말하면, 아직 자기라는 것이 확고히 되어 있지 않는 중학생인 소녀이다. 그런 사춘기의 동요하기 쉬운 나이 또래의 여자 아이에 대해 어버이가 자기의 아집을 전면에 내세워 대체 어찌 되겠다는 것인가?

어린이가 성장하여 한 사람의 사회인이 되는 과정에 있어서는 먼저 부모의 상념 자세, 그리하여 가정교육이라 하는 것이 얼마나 중요한가를 몸으로써 알고 있었던 나는, 이럴 경우 심령능력자로서는 아무래도 딸의 입장에 서지 않을 수 없었다.

나는 따님의 옆에서 아직도 쓸쓸한 표정을 짓고 있는 어머니에 대해 이윽고 말했다.

"부인, 당신은 격세유전이라는 것을 알고 계십니까?"

그랬더니 부인은 의심스럽다는 표정을 나타내며 대답했다.

"예, 알고 있습니다만……유전이라고는 하지만 병이나 성격이 어버이로부터 자식에게 직접 전하는 게 아니고 예를 들어 할아버지나 할머니의 성질을 직접 부모를 건너 뛰어 손자가 계승하는 그런 것으로 알고 있는데요……"

"바로 그것이죠, 부인. 그런 점을 잘 생각해 보세요. 지금 부인의 옆에 있는 따님은 확실히 부인의 자녀이겠지요. 그러나 격세유전이라는 걸로서도 알 수 있듯이 이 따님은 부인이나 부인의 남편 부모님, 다시 좀더 윗대의 조상님 성격이나 신체적 특징을 계승하고 있다는 것도 당연히 말할 수 있겠지요.

그러므로 부인 모녀의 조상님 문제로 보더라도 이런 말을 할수 있습니다. 예를 들어 부인은 10대쯤 전, 그러니까 300년쯤 전의 조상님 영류(靈流)를 배후령이니 수호신이니 하는 형태로 강하게 받고 있을지도 모릅니다. 그런데 어쩌면 따님에겐 그것 이상으로 오랜 600년이나 700년 전 조상님의 영류가 흐르고 있을지도 모르는 거예요.

그렇다면 인간의 육체상으로는 부인과 따님은 모녀가 틀림없겠지만, 영적으로는 반드시 모녀가 아닐지도 모른다는 것이 됩니다. 따님쪽이 부인보다도 오래이고 격이 높은 조상님의 흐름을 강하게 받고 있다는 일도 충분히 있을 수 있는 일이지요."
　여기까지 나의 이야기를 듣고 있던 부인은 표정이 굳어지면서 거의 핏기를 잃었다. 이 선생은 대체 무슨 소리를 하는 것일까, 마음 속으로 연신 중얼거리는 소리가 들렸다.
　그래서 나는 이야기를 계속 했다.
　"그럼 여기서 결론을 말하겠어요. 부인은 따님을 조상님이라 생각할 수 없겠습니까?
　그리하여 따님에 대한 지금의 정직한 부인의 심정을 잘 생각해 보세요. 말하자면 어린이에 대한 현재의 부인 상념세계를 스스로 잘 관찰하라는 거지요. 아까부터 부인을 대하고 있어, 부인 자신 처음엔 자녀를 생각하는 부모 마음에서 따님에 대하여 갖가지로 싫은 소리를 하게 되었다는 점은 잘 이해됩니다. 그러나 지금의 부인은 그것이 조금쯤 에스컬레이트 하고는 있지 않습니까?"
　따님을 귀여워 견딜 수 없다 하는 어머니의 진짜인 사랑의 심정과 밉고 밉다, 어떻게든지 이 아이를 굴복시키고 말겠다 하는 그런 증오의 마음과 어느 쪽이 강할까요?
　매일 매일 노려보는 듯한 눈으로 어린이를 감시하고 무엇인가 있다면 야단을 치자, 어린이의 어떠한 작은 잘못이라도 놓치지 않겠다는 부인의 그러한 마음, 그러한 상태로 모녀 관계를 계속해 간다면 이미 앞일은 뻔한 것이 아닐까요?
　부인께서 말하는 따님의 소행을 교정(校正)한다는 일, 이는 이미 하나님의 일은 아닙니다. 인간인 어머니, 부인 자신의 문제입니다."

내가 이렇게 말하는 동안 내 얼굴을 물끄러미 응시하고 있던 어머니는 그 표정에서 동요의 빛을 감추지 못했다. 무의식적으로 연신 눈을 깜박이면서 붉으락 푸르락 하면서 얼굴에 경련이 일었다.

"그럼, 그럼 선생님. 저는 어떻게 하면 좋지요?"

어머니는 거의 당황하는 목소리로 말했다. 그래서 나는 이야기를 일보 앞으로 전진시키기로 했다.

"아까도 조금 관련되는 것을 말했지만, 부인은 조상님을 소중히 하고 계십니까?"

"예, 그야 물론이지요. 불단에는 꽃을 올리고 저 나름으로 정성껏 모시고 있지요."

"알았습니다. 그럼 말씀 드리지요. 아까의 말 반복이 되지만 부인의 자녀에겐 부인 이전의 오랜 조상들의 유전자가 계승되고, 훨씬 옛날 조상님의 영적 흐름도 계승되고 있을지 모르는 거지요.

부인은 지금껏 조상님을 소중히 하는 마음을 지녀 오셨겠지요? 그러면 오늘부터는 무조건 조상을 소중히 하는 부인의 그런 마음을, 부인의 자녀에게 보내도록 하십시오. 부인의 자녀는 내 자녀가 아니다, 내 조상이다 하는 마음을 가져 주십시오.

인간적인 어버이로서의 눈으로 어린이를 판단하려 하면 안 됩니다. 자기가 낳은 아이, 자기보다 아래인 자, 자식은 부모의 말을 모두 들어야만 한다는 사고방식을 버리는 것이지요.

자기가 낳은 어린이를 자기의 점유물이나 종속물화 하여 어린이의 마음을 맡보는 듯한 일이 있다면, 자녀는 결코 순하게 자라지 않는 법입니다.

부인이 조상을 소중히 하는, 그 같은 심정으로 어린이를 진심으로 사랑하고 소중히 한다면 반드시 자녀는 자녀대로 부모의 진심에 따른 생활을 하게 될 것입니다.

분명히 말해서 부인의 지금 마음은 어머니로서의 사랑으로부터 점점 멀어지고 있는 겁니다. 따님과는 모녀의 관계를 떠나 이미 타인 이상으로 상호 미워하고 상극하는 관계가 되고 있는 거지요.

부인의 지금 안고 있는 문제는 신의 힘으로선 해결할 수가 없습니다. 부인, 당신 자신이 지금 제가 말한 것처럼 상념의 세계를 전부 전환시키는 것 말고는 방법이 없는 거예요. 자기의 아집을 내세우기 앞서 먼저 따님의 상념이라는 것을 소중히 해주십시오.

자기 이상으로, 또 조상님 이상으로 자기의 어린이를 소중히 하고 사랑하자는 당신의 그런 마음 자세에 따라 따님은 반드시 훌륭한 아가씨가 되겠지요.

부인이 나에게 말한 하나 하나의 사항에 관해선, 내가 이러쿵저러쿵 말하지 않겠습니다. 해답을 말하지 않겠어요. 그러나 기본적으로 내가 방금 말씀드린 말을 부인이 잘 이해하고 실행하면 반드시 지금까지의 문제는 해결될 것입니다."

내가 여기까지 말하자 그 때까지 경건한 표정으로 나와 어머니의 표정을 지켜보고 있던 소녀가 별안간 괴랙스(긴장을 푼)

한 환한 표정을 보였다. 그것에 비해 어머니는 보기에도 무참할 만큼 의기소침한 태도였다.
 그리고 잠시 묵묵히 고개를 숙이고 있었던 어머니는 겨우 얼굴을 들더니 나직한 목소리로 말하기 시작했다.
 "선생님, 저는 잘못 생각하고 있었던 모양입니다. 실은 오늘, 선생님께 이 아이를 단단히 꾸지람 해달라고 할 참이었지요. 그런데 선생님의 말씀은 전혀 반대였습니다.… 저는 쇼크였지요.
 하지만 말씀을 듣는 사이, 선생님의 말하는 뜻을 알 것만 같은 느낌이 들었습니다. 확실히 그렇겠지요. 저의 내부에서 차츰 선생님의 말씀대로 라는 심정이 강해져 오는 듯 싶습니다. 오늘부터 이 아이는 내 아이가 아니고 가장 소중한 조상님이라는 심정으로 대하겠어요. 시간을 너무 뺏어 대단히 실례 했습니다. 정말 고맙습니다."
 그러더니 어깨를 축 늘어뜨리고 돌아갔다. 돌아갈 때 소녀는 나의 쪽을 돌아보며 조금 겸연쩍은 듯 웃고서 가볍게 인사를 했다.
 그러고서 한 달쯤 지난 어느 날이었다. 나의 도장에 모녀가 다시 왔다. 따님도 부인도 딴 사람이 된 것처럼 맑고 상쾌한 태도였다. 자못 사랑스런 소녀와 얌전한 느낌의 어머니가 의좋게 어깨를 나란히 하며 나의 앞에 앉았다.
 "선생님, 요전번에는 정말 고마웠습니다. 덕분에 딸의 그 토록이나 멈추지 않던 콧물도 딱 그쳐버렸고 두통도 깨끗이 가셨다고 합니다. 게다가 머리가 상쾌해진 탓인지 공부가 조금도 힘들지 않는다고 해요.

 그리고 전날 선생님께 들은 이야기, 자기의 자식을 조상으로 생각하라는 말씀이었는데 정말로 가슴에 와닿는 일이라 깊이 생각하게 되었지요."

 때때로 따님 쪽에 다정한 눈길을 보내면서 어머니인 그 부인은 조용히 거기까지 말하자, 잠시 사이를 두었다가 다시 이야기를 계속했다.

 "딸이 귀여워서, 훌륭한 어른이 되어 주기를 바라니까 여러 가지 귀에 거슬리는 일도 하지 않으면 안된다고 무의식 중에 믿고 있던 저였습니다만, 그날 돌아가는 도중에 선생님께서 하신 말씀을 몇 번인가 가슴에서 복습해 보았지요.

 그러자 그때 문득 생각난 일이 있었습니다. 제가 아직도 어렸을 무렵, 곧잘 놀러 갔었던 시골의 조부모님 집의 일인데 그곳에선 토끼를 기르고 있었지요. 그래서 토끼가 새끼를 낳으면 곧 토끼장 둘레에 가리개를 하여 사육자의 가족에게도 보이지 않도록 하는 거예요.

 어린 제가 이상히 여기며 물어 보았더니 토끼의 어미라는 것은 비록 사육주라도 인간이 자기가 낳은 새끼 토끼 곁에 오면, 본능적으로 무언가 위해가 가해진다 생각하여 스스로 자기의 새끼를 깔아 죽인다는 것이었지요.

 이때 저는 어린이 마음으로 토끼란 별난 동물이구나 싶었지만, 생각하면 내 자신도, 내 자식에게 토끼 어미와 같은 짓을 하고 있었다는 것을 깨달았던 거예요. 마음속으로서는 자기의 딸을 귀엽다, 귀엽다 생각하면, 그런 마음과는 반대로 매일 매일 딸의 마음을 거꾸로 쓰다듬는 듯한 핀잔을 주든가 잔소리만 하는 어머니였지요. 딸에게 있어서는 오죽이나 귀찮고 싫은 어머니였을까 하며 새삼 반성을 했지요.

물론 저도 부모이므로 눈에 거슬리는 일이 있다면 딸에게 주의를 합니다. 하지만 지금까지처럼 자기감정이 내키는 대로 마구 소리를 지르거나 언제까지 툴툴거리는 일은 없도록 조심을 하고 있습니다. 생각해 보면 지금까지는 딸을 위해 말하고 있는 게 아니고 자기가 납득하기 위해, 자기의 성질이 풀리기 위해 말하고 있는 것과 같았었지요. 내 자식을 소중한 조상님이라 생각하면 그런 자기 본위의 멋대로인 말은 도저히 함부로 못하는 것이라고 새삼 느꼈지요.

지금까지 딸은 매우 괴로웠을 거라고 생각됩니다. 그리하여 그런 식으로 딸을 막다른 데로 몰아넣고 있던 것은 저의 마음이었지요. 저는 그 점을 깨닫고 자기 마음의 자세를 크게 바꾸겠다고 결심한 순간부터 딸은 선생님이 말씀하셨던대로 우리 집의 훌륭한 조상님이 되어 주었습니다. 집의 일도 잘 도와주게 되었고, 공부도 열심히 하고 있는 모양입니다. 내년엔 고교생이 된다고 하며 신바람이 나 있고……. 참으로 선생님의 덕분입니다."

그렇게 말하면서 깊이 머리를 숙이는 이 어머니, 전날의 '바늘 끝'과도 같았던 어머니와는 전혀 딴판으로 원만하고 포용력 있는 어머니가 완전히 된 느낌이었다. 게다가 어머니로서의 자세를 단단히 파악한 탓인지 여성으로서의 아름다움까지 더하여진 것처럼 보였다.

화사하게 피운 양란(洋蘭)의 화분을 나의 책상 위에 장식해 준 이 어머니와 따님은 둘다 깊숙이 절을 하고서 돌아갔다.

발밑부터 환경의 정비를―훌륭하게 키워진 어린이는 장차 훌륭한 어버이가 된다.

이런 두 모녀를 배웅하면서 나는 새삼 생각했다. 어버이가 자기 상념의 관리를 잊고 마음의 마계(魔界)를 만들어 내면, 본래의 목숨과 바꾸어도 아깝지 않다 할 만큼의 귀여운 내 자식이건만 그 어린이마저도 무의식 중에 마계에 끌어들이고 만다는 사실을 ―

영계에만 영이 사는 곳이 있는 것은 아니다. 살아나가는 이 현실의 한 복판에서 사람은 자기의 상념에 맞는 영계를 만들고, 온갖 영과 교류를 할 수 있게 되는 것이다.

겉으로는 매우 훌륭한 인간 생활을 하고 있으면서 실인즉 마음속에 마계를 만들어 내든가 살아있으면서 자기 자신이 마계의 주민인 야차나 귀신에로 변모해 가는 일마저 있는 것이다.

그렇게 되면 이미 자기 혼자의 문제가 아니다. 사랑하는 자녀도 가족도 함께 지옥의 어둠으로 끌려 들어가고 만다.

현재 청소년의 비행 문제가 사회적으로 크로우즈업 되어 있지만, 그런 비행의 몇%는 그들의 가정생활을 지배하고 있는 어른들의 마음 세계에 있는 것이 아닐까?

왜냐하면 마계적인 불안정한 심리 상태의 부모에게 키워진 자녀라는 것은 현재의식 · 잠재의식 · 초의식대가 뒤얽혀 자기는 자기가 아니게 되고, 악령의 빙의를 매우 받기 쉽도록 되어 있기 때문이다.

　세상을 깜짝 놀라게 하는 부모살인, 친구살인 등의 돌발적 사건도 그 뿌리를 타고 내려가면 그들의 가정생활, 그리하여 무엇보다도 부모의 상념 세계에 있는 일도 있다.

　어버이가 자식에 대한 고압적이 아니고 마음속으로부터 자식과 손을 맞잡아 가며 납득이 가기까지 대화를 할 수 있는 가정환경을 만들어 내면, 오늘날의 청소년 비행 문제도 그 몇% 정도는 미연에 방지할 수가 있을 것이다.

　적어도 어버이가 된 자라고 하면, 어린이라는 존재에 대해 사랑으로 뒷받침 된 깊은 관심을 갖고서 생활하는 마음가짐이 필요하리라고 생각한다.

　사회악, 환경악이라는 난문제가 있다면 더 더욱이 그것들을 초월한 깊고 큰 사랑을 자식에게 쏟아 주어야 할 것이다.

　나는 가끔 조상 공양보다 '자식공양'이 중요하다는 말을 한다.

　이것으로 이해를 바라고 싶은 것은 자기의 자식을 훌륭히 키우면, 그 자식도 이윽고 어버이가 되었을 때 자기 자식을 훌륭히 키울 수가 있으리라는 점이다. 그리하여 또 그 자녀도 훌륭한 어버이가 될 것이다.

　이와같은 좋은 순환이 있는 인류의 순환을 만들어 냄으로써 우리들 인류의 미래는 틀림없이 밝은 것으로 발전될 것이다. 세계의 파멸, 인류의 파멸이 외쳐지고 있는 현재, 현실을 확고하게 응시하고 자기들의 발 밑부터 환경을 정비해 나가는 노력도 필요한 게 아닐까!
 여기서 내가 젊은 무렵부터 좌우명으로 삼고 있는 구절을 소개하겠다.

 —내 잘못을 모르고 깨닫지 못하는 신불의지.
 잘못의 깨우침이야말로 인(因)의 근원일세—

 우리들은 병고(病苦)나 재난, 그밖의 갖가지 인생상의 불운한 일에 대해 비록 그것이 영장이었다 해도 또한 인지(人智)의 부족에서부터 왔다 해도 모두 자기 자신에게 그 잘못의 원인이 있음을 자각해야 할 것이다.
 가정·직업·사회……로 자기 주위에서 일어나는 갖가지 잘못은 반성치 않고 그 원인을 타인에게 전가하고 있다. 상대편이 나쁘다, 환경이 나쁘다, 시기가 나빴다, 어쨌든 운이 없었다 등등. 그러나 이와같은 상념으로선 언제까지라도 자기의 주체성이라는 것은 없고, 일생을 주위의 사상(事象)에 의해 지배되며 발전성이 없을 뿐 아니라 그대로 불운의 일생을 보내게 된다.
 인생에 있어 '유종의 미'를 거두고 싶다 생각한다면, 인간적인 일이든 영적인 일이든 자기 자신에 대해 그 잘못을 모든 각도로부터 추구하며 개선하기 위한 노력을 게을리 하지 말아야 한다.

제7부
왜 자살을 하게 되는가?

영장에 의한 자살

자살의 원인

나한테 보내온 질문 중에서도 특히 그 수가 많은 것부터 논제(論題)를 들어 보겠다. 첫째로 자살의 문제이다. 이 자살이란 것에 관해선 내 자신 심령능력자로서 늘 갖가지의 관점에서 연구를 하고 있지만, 독자들에게 있어서도 자살과 영장이라는 일에 관해선 큰 관심으로 되어 있는 모양이다.

우리들은 친지의 자살을 만나면, 대체 무엇이 원인이었을까 하고 금방 생각한다. 그리하여 여러 사람이 갖가지의 말을 한다. 그러나 이와 같은 경우라도 다만 인간계 측만으로의 발상으로 그 원인에 관해 운운하고 있는 일이 많은 법이다.

자살 — 이 단 두글자인 말 속에 내포되는 문제는 매우 폭넓은 것이다. 그 내용에 관해서 차차 밝히겠지만, 여기선 먼저 자살의 원인에 관해 크게 다음과 같이 나누고 싶다.

● 영장에 의한 자살

① 영의 빙의에 의해 강제적으로 죽음을 택할 경우.
② 아직 죽음을 깨닫지 못한 영의 빙의에 의해 본인도 모르는 사이에 영에게 몸을 사용되었을 경우.
③ 영의 빙의에 의해 그 육체에 가해지는 압박에 견딜 수 없게 된 경우.
④ 영의 빙의에 의해 그 영혼[마음]에 가해지는 압박에 견딜 수 없게 된 경우.
⑤ 인간 자신에 내재하는 영혼이 자기의 마계적 상념 또는 인간계의 오탁(五濁)생활을 싫어하고, 그 육체를 버리고서 이탈할 경우.

● 사회생활에 따른 고통
● 염세주의에 의한 자살
● 노년자 및 영매 체질자의 영계 지향에 의한 자살
● 마약 피해에 의한 자살
① 마약 사용에 의한 의식, 혼탁 상태로서 영의 빙의가 가해졌을 경우.
② 인간 자신에 내재하는 영혼이 마약 사용에 의식, ·혼탁 상태를 싫어하고, 그 육체를 버리고 이탈할 경우.

이상 자살의 원인에 관해 크게 다섯 가지로 나누어 보았다. 이제부터 그 하나 하나를 보도록 하겠다.

영장에 의한 자살 ①

영의 빙의에 의해 강제적으로 죽음을 택하는 이런 류의 자살에 있어선 자주 인간계측에 개입해 오는 악령이 인간에 대한 스스로의 악한 소행에 기뻐 날뛰고 있는 경우가 많다.

다시 말해서 영계에 있어 저급이긴 하지만 상당한 힘을 가진 악령이 대상으로 하는 인간에게 갖가지의 불행한 덫을 마련하든가 갑작스런 사고를 만나게 하든가 하여 그 인간이 지옥의 괴로움에서 허덕이는 모습을 바라보는 것을 즐거움으로 삼고 있는 것이다. 그리하여 마지막에는 강제적으로 그런 인간을 죽음에로 이끄는 것이다.

영장에 의한 자살 ②

육체가 죽고 혼만의 존재가 되어 영계에 들어갔건만 자기가 있다는 것에 관해선 내가 자주 말한 바 있다. 유계(幽界)라고 일컫는 세계에 있는 영이 그것이지만, 이와같은 미정화의 저급령에 있어선 살고 있는 때의 심신과 괴로움이 그대로 혼에도 부착되어 영계에까지 옮겨져 있는 경우가 많다.

이런 영은 산 사람의 꿈에 나타나든가 기타의 영적 괴기현상을 불러 일으키고서는 자기 주장을 하며 연신 현계에 개입하고 싶어하는 법인데, 특히 곤란한 말썽을 일으키는 것은 이런 영 중에서도 자살자의 영이다.

그들 자살자의 영에 있어서는 자동차나 지하철에 뛰어들기 자살, 목매는 자살, 연탄 가스 자살……등 갖가지의 수단에 의해 현실로 자살했는데도 불구하고 정작 영계에 들어간 혼으로선 자살했다는 의식이 없는 것이다. 왜냐하면 그들은 자기 자신의 생전과 전혀 똑같은 팔다리와 얼굴과 같은 유체(幽體)를 갖고 있어 인간 그대로인 모습을 하고 있기 때문이다.

더욱이 죽은 지 얼마 되지 않는 유계령은 애당초 인간계와는 파장이 맞기 쉽기 때문에 그들로선 인간계의 모습이 환하게 보이는 것이다. 가족도 친지도 친구도 그들로선 잘 보이는 것이다. 따라서 그들은 더욱 더 자기가 죽었다고는 생각되지 않는다. 물론 생전의 상념이 그대로 계속되고 있는 것이므로 마음의 고뇌나 괴로움도 자살 전과 다를 게 없다.

그들은 이에 육체가 없는데도 불구하고 스스로의 그와같은 상태를 깨닫는 일 없이 괴로움으로부터 도망치고 싶은 까닭에 다시 자살을 꾀하게 된다. 그러나 실제는, 그들은 유계에 있는 영혼이다. 그들이 몇 번이고 빌딩 옥상에서 뛰어 내리건 달려오는 지하철에 뛰어들건 현상계에는 아무런 변화도 일어나지 않는다.

이리하여 몇 번인가 자기 나름의 자살에 의해서도 현계에 있었을 적의 괴로운 상념에 아직 결판을 짓지 못한 유계령이 떠올리는 것이란 현계인에의 빙의이다.

그들 유계령은 현계에 있는 인간의 육체를 사용하여 다시 한 번 자살을 꾀하려는 것이다.

현상적으로 보면, 여기에 현계인에 대한 갑작스런 빙의 현상이 일어나고, 그런 현계인은 몇 번째인가 영의 자살행 동반자가 되고 마는 것이다.
 이렇듯 자기의 죽음을 깨닫지 못하는 영의 빙의에 의한 자살은 몇 사람이고 인간에게 있어 반복된다. 자살자가 많은 가계〔가문〕란 것이 바로 그것인 것이다.
 또한 이같은 자살 현상은 현계에 사는 인간에게 아무런 원인이 없을 경우가 많고, 남겨진 사람들에게 수수께끼를 남기는 것이다.

영장에 의한 자살 ③

 영의 빙의에 의해 그 육체에 가해지는 압박에 견딜 수 없게 된 경우의 자살이란, 한마디로 말하면 병고(病苦)에 의한 자살이다.
 왜냐하면 영의 빙의가 육체에서 일어나면 보통 육체 각 기관의 병이 되어 그 증상이 나타나기 때문이다.
 예를 들어 불치의 암을 선고 받았기 때문에 절망적이 되어 자살을 하고 말았다든가 10년, 20년이나 계속된 편두통 때문에 살아가는 일이 고통스러워져 자살을 하고 말았다고 하는 케이스가 그것이다.

영장에 의한 자살 ④

 영의 빙의에 의해 그 혼〔마음〕에 가해지는 압박에 견딜 수 없게 된 경우의 자살이란 예컨대 노이로제에 의한 자살이나 우울증에 의한 자살 등이다.

　말하자면 영의 빙의가 육체면이 아닌 정신면에서 일어난 경우로서, 이런 때 빙의된 측의 인간은 확실한 이유도 없는데 우울 증상, 짜증, 불안감, 공포감 등 온갖 정신적 압박으로 괴롭혀지게 된다. 그리하여 빙의령에 완전히 지고 말면 정신적 고통에 견디다 못한 도피형으로서의 자살이란 상태까지 가버리는 것이다.

영장에 의한 자살 ⑤

　인간 자신에 내재하는 혼이 자기의 마계적 상념 또는 인간계의 오탁스런 생활을 싫어하고, 그 육체를 버리고서 이탈할 경우의 자살에는 인간 영혼의 존재에 관한 매우 큰 문제가 포함되어 있다. 따라서 이 경우의 자살이라는 것에 관해서는 단순한 영장에 의한 자살로써 취급할 수가 없다.
　인간의 영혼 존재와 그 독자성이라는 것에 관해 이해하고 있지 않다면 좀처럼 쉽게 납득할 수 없는 현상일지도 모른다.
　이 '영혼의 존재'에 관해 여기서 극히 간단하게 설명하겠다.
　갑자기는 믿어지지 않는 일일지 모르지만, 우리들 인간의 '영혼'이란 것은 인간의 상념과도 틀리는 독립된 존재이다.
　보통 우리들은 매일의 생활 갖가지에 대해서 자기의 생각과 의지로 결정하고, 그리하여 그 결정에 따라 행동하고 있다. 비록 누군가에게 어드바이스를 구한다 하여도 최종적으로 행동을 일으키는 것은 자기이다.

그러나 여기서 독자 여러분에게 잠깐 묻고 싶은 일이지만, 어쩌면 당신은 그런 자기의 의지나 생각〔상념〕이라는 것을 자기의 영혼과 동일시하든가 또는 동등의 것이라고 믿고 있지는 않는지?

만일 당신이 간단하게 그런 식으로 믿고 있다고 한다면, 여기서 인간의 내면세계에 관한 진상에 관해 바르게 고쳐 파악해야만 한다. 특히 인간 영혼의 독자성이란 것에 관하여 알아주기 바란다.

당신이 당신 내부의 세계에서 어떠한 상념을 갖고 있는지 당신의 영혼은 알고 있다. 당신이 좋은 일을 하고 있을 때도 당신이 교활한 짓을 하거나 생각하거나 할 때에도 당신의 영혼은 그런 당신을 지그시 관찰하고 있는 것이다. 인간의 영혼이란 그렇듯 독립된 존재인 것이다.

만일 당신이 신을 모독하고 신을 신이라고 여기지 않든가 사람을 사람으로 생각지 않았을 때 가장 슬퍼하고 고통을 느끼는 것은 당신의 내면 깊이 호젓하게 있는 영혼의 존재이다.

당신의 영혼은 당신의 상념이 더럽혀지는 것을 가장 싫어하는 것이다. 그런 일에 의해 영혼 자체마저도 더럽혀지는 것을 무엇보다도 겁내고 싫어하고 있는 것이다.

그러므로 인간·범부(凡夫)의 상념계가 더럽혀지고 거칠어져 영혼 자체가 '이미 참을 수 없다'고 판단했을 경우에는 어느 날 갑자기 영혼 스스로의 힘과 재량으로 인간·범부의 유체로부터 이탈하는 것이다.

현상적으로는 이런 영혼의 이탈이 돌연한 자살에 의해 이루어지는 일도 있거니와 원인 불명인 돌연한 병사나 사고사에 의해 이루어지는 일도 있다. 어쨌든 스스로의 영혼에 의해 버려진 자의 딱한 최후이다.

인간 자신이 갖고 있는 영혼이 독립된 의지물(意志物)이라는 것, 그리하여 그 혼이 스스로의 의지로 육체를 버리고서 영계에로 길을 떠남으로서 빚어지는 인간의 죽음—. 바로 조금 전까지 원기있던 사람이 그 사람 자신에 내재(內在)하는 영혼의 힘에 의해 갑작스런 죽음을 맞이한다는 일〔예를 들어 급사·심장발작·뇌일혈 등에 의한 죽음〕, 그러한 현상에 관해 당신은 생각한 적이 있는가?

그런 죽음이 때마침 자기 영혼이 유도하는 자살이었을 경우에는 원인불명인 의문의 자살로써 주위 사람들을 크게 곤혹시키는 일도 된다.

고통스런 생활에 의한 자살

우리들은 자기를 둘러싸고 있는 주위의 상황에 잘 적응하지 못하고 고뇌하는 일이 있기 마련이다. 예를 들어 사업의 부진이라든가 도산, 대인 관계의 실패, 입시 낙방, 실연, 가족의 죽음……등 세상에 고뇌의 씨앗이 되는 일은 많다. 그러나 이렇듯 불행한 상황 아래에서도 자기의 마음이 그것에 지지만 않는다면 이윽고 재기할 수가 있다.

한편 그런 불행한 상황아래서 자기의 마음이 지고 말았을 경우에는, 더욱 불행이 불행을 부르듯이 하여 줄줄이 불행은 넓혀지고 말 것이다.

까닭인즉 인간의 마음이 불행에 져서 약해진 때란 저급령의 빙의를 매우 받기 쉽고 따라서 본래 나쁘지 않았던 몸까지 나빠져 더욱 더 고뇌의 씨앗이 늘어가기 때문이다. 이리하여 그런 괴로움으로부터 해방되고 싶은 까닭에 자살을 꾀한다 하는 케이스는 아주 많은 것이다.

또 말할 수 있는 것은, 사회문제에 의해 심신이 쇠약하고 있을 때에는 저급령, 악령의 빙의를 받기 쉬운 까닭에 고뇌가 많은 사람에게 있어선 불의의 영장에 의해 발작적으로 자살해 버리는 경우도 있다는 점이다. 따라서 사회문제에 의한 자살이라 하여도 최종적으로는 영과 관련된 일이 많은 법이다.

염세주의에 의한 자살

이 세상은 선보다도 악이 많고 즐거운 일보다도 괴로운 일 쪽이 많으므로 살아있어야 별 도리가 없다—고, 이와같이 사물 전부를 나쁜 쪽으로, 어두운 쪽으로 생각하는 견해를 염세주의라고 한다.

이런 염세적 경향을 가진 사람에게 있어선 무엇을 하건 재미있는 일도 없고, 이세상은 살 가치가 없는 것으로 믿고 있는 것이다. 그리하여 정신이 이 같은 마이너스 방향에의 경사 정도를 깊게 하고, 마침내 세상을 허무하게 생각하며 자살하고 만다 하는 현상이 생긴다. 이것이 염세주의에 의한 자살인 것이다.

그러나 이 경우도 앞에서 나온 사회문제에 의한 자살과 마찬가지로 최종적으로는 영과 관련되는 자살로 귀착되는 케이스가 많다.

왜냐하면 염세적 사고의 소유자란, 이미 그런 점에 의해 어두운 상념의 저급령이나 악령의 빙의를 받기 쉬운 심질(心質)로 되어 있기 때문이다.

노년자 및 영매체질자의 영계 지향에 의한 자살

노년자의 영계 지향에 의한 자살이라는 것에 관해 생각하기 전에 다음 페이지의 그림을 보라. 이것은 육체와 지혜와 정신이라 하는 인간을 구성하는 3요소에 관해 그 성장 과정을 곡선으로 도식화 한 것이다.

인간이 육체와 지혜[두뇌], 그리고 정신이라고 하는 세가지 요소에 의해 성립되고 다시 그것들의 균형이 잘 유지된 곳에서 완전한 사회인으로써 기능할 수 있다는 점에 관해선 이미 몇번에 걸쳐 말한대로이다.

그러나 당연한 일이지만, 이런 3요소는 한 인간 속에서 늘 같은 페이스로 활동하고 있는 것은 아니다.

먼저 육체인데 그 능력은 그림으로서 나타낸 것처럼 20세대를 지나면 급속히 쇠약해진다. 이 체력의 쇠약이라는 점에 관해서는 20세를 지난 사람이라면 누구라도 몸에 뼈저리게 느끼고 있으리라 생각된다.

제7부 왜 자살을 하게 되는가? 263

육체·지혜(두뇌)·정신의 성장곡선

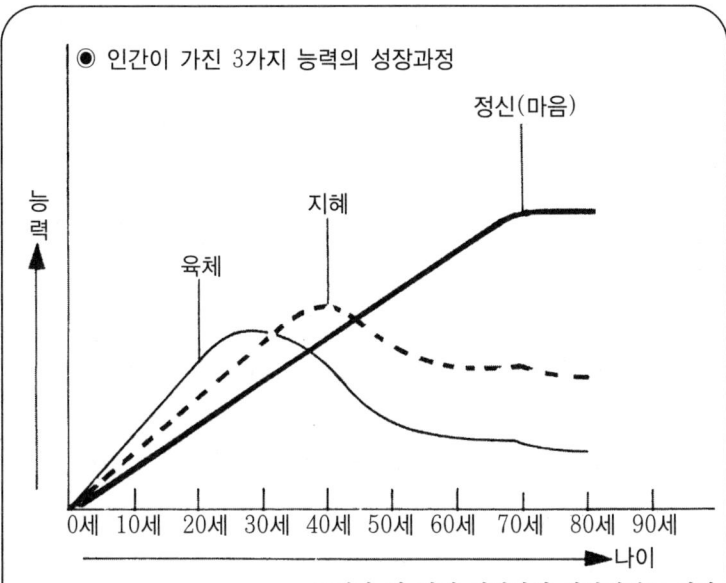

- 고령자 및 영매 체질자의 정신세계는 이미 영계를 느끼고 동경하는 마음이 있으므로 이것의 실현 수단으로 자살하게 된다.

위의 표시한 바와 같이 인간의 3가지 요소
- 육체를 100% 활용하고 있는 운동선수들은 20~30세 정도까지
- 지혜를 100% 활용하고 있는 과학자나 발명가들은 40세 정도까지
- 대정치가, 대기업 경영자 등은 50세가 지난뒤 부터 육체적·지혜적·활동력이 쇠퇴되면서 처음부터 억압되어 있던 정신[마음]의 세계가 개방된다.

육체와 지혜의 활용 및 과시나 지나치면 정신[마음]세계의 개발과 향상을 방해한다.

또, 지나친 정신 의식은 육체와 지혜의 활동을 억제한다.

인간 생활의 일생은 위에 나타나 있는 3가지 능력의 성장 과정을 파악하면서 생활하는 것이 중요하다.

다음으로 두뇌〔지혜〕는 어떤가 하면, 이쪽의 활동은 30세부터 40세에 이르는 때가 피이크로서 그 이후는 쇠퇴의 길을 걷게 된다.

이 점에 관해서는 의학자나 화학자 등 많은 과학자들이 자주 언급하고 있다. 즉 모든 과학상의 대발견, 대발명이라 일컬어지는 것은 그 대부분이 40세 이전의 과학자들에 의해 이루어졌다는 점이다.

의학·화학·공학 등 두뇌 노동의 분야에 있어 세계적 대발견, 대발명 따위를 하자면 38세부터 40세가 한계의 라인이라고 한다.

또한 과학자 뿐 아니라 일반인에게 있어도 40세를 지나면 좀처럼 기상천외의 아이디어 따위는 떠오르지 않는 법이다.

그러면 최후로 인간의 정신에 관해서는 어떠할까? 그림에 제시된 인간의 정신 성장 곡선에 주목해 주기 바란다.

육체의 성장 곡선이 20세대를 피이크로 하고, 두뇌의 성장 곡선이 30세부터 40세에 걸친 시기를 피이크로 하여 산 모양을 그리고 있는데 비해 정신의 그것은 70세까지 상승의 일도를 달리고 있다.

이렇듯 대부분의 인간 정신세계의 향상, 발전은 육체나 두뇌의 능력이 쇠퇴하고서도 대충 70세까지 내내 계속되는 셈이다.

그리하여 여기서 주목을 해줄 것은 젊은 시대에는 육체나 두뇌의 성장 곡선보다 하위에 있었던 정신의 성장 곡선이 중년기 이후, 급속한 속도로 그것들을 능가하고, 또한 육체나 두뇌의 활동은 감퇴의 길을 걷는다는 데서 그 차이가 더욱 더 뚜렷해 진다는 점이다.

여기서 우리들 인간이 뚜렷하게는 깨닫지 못하는 동안 생활의 지혜로써 자연히 체득한 재미있는 실례들을 소개하겠다.

예를 들어 씨름·복싱·야구, 그밖에 갖가지 스포츠 선수에 관해 우리들은 곧잘 이런 표현을 쓴다.

"30세라는 고령인데도 잘 버티고 있다."

"저 씨름선수는 이미 30세다, 앞으로 몇 년이나 씨름을 할 수 있을까."

"저 럭비선수는 31세라는데 젊은이들과 섞여 굉장한 활약을 하고 있다. 저런 근성을 배워야지."

등등, 우리들은 이렇듯 스포츠를 비롯하여 육체를 구사하는 바의 온갖 활동에 대해 그 한계가 30세라는 것을 무의식중에 알고 있다.

이 점은 두뇌 노동에 관해서도 똑같은 것을 말할 수 있다. 기발한 아이디어나 과학적 대발견이 40세 이후의 인간에 의해 이루어지는 일이 거의 없다는 것은 앞에서도 썼던 대로이지만, 그런 유니크한 발상뿐 아니라 일반의 면학, 예를 들어 어학 등을 시작한다 해도 40세를 지나고서라면 조금 힘들다는 느낌이 든다.

40세를 지난 의학자, 과학자, 공학자 등의 경우 그때까지의 체험과 실전에 의해 관리자적 존재가 되는 게 보통인 것 같다.

그런데 이것에 비해 마음의 세계, 정신의 세계의 문제가 되면 사정이 달라진다.

　예를 들어 30세의 씨름 선수를 보고서 '저런 나이이건만 용케도 버티고 있다'라고 말하는 그 같은 인간이 30세의 회사 경영자를 볼 때에는,

"저런 애송이로서 회사를 꾸려나갈 수 있을까?"
라고 하게 된다. 요컨대 30대의 사장으로선 아직도 애송이로서 도저히 믿음직 하지 못하다는 것이다.

　일반적으로는 40대의 사장이라 하여도 아직 애송이의 부류 취급인 것 같다. 그리하여 50대에 들어가서야 겨우 사회적으로 인정을 받게 된다.

"저 사장은 아직도 50세다. 꽤나 수완가이므로 앞으로 그 회사는 발전할 것일세."

　하는 식이다.

　다시 이와 같은 경향은 정치의 세계에 이르면 더욱 더 현저해진다. 국회의원 등 40대로선 아직도 어린이 취급, 50대로서 겨우 제대로인 한몫, 총리에 이르면 55세 이상 70세 안팎이라는 게 상식인 것처럼 되고 있다.

　많은 사람들을 통솔, 지도하고 그 위에 다수인의 살림을 꾸려간다는 것이 되면 육체나 두뇌의 힘 이상으로 정신세계의 힘이 요구되는 것이다. 그리하여 이런 점에 관하여 평소 마음의 세계에 관해서 조금도 생각한 일이 없는 사람이라 해도 본능적으로 알고 있는 것이다.

　즉, 인간이 참된 의미로서 원숙해지는 것은 육체나 두뇌가 쇠퇴하기 시작하는 중년기 이후라는 것을 우리들은 생활의 지

혜로써 알고 있는 것이다. 이렇듯 우리들 인류가 인간의 육체·두뇌·정신의 구도를 무의식 중에도 파악하고 있었던 증거로 우리들은 긴 역사를 통해 일단 유사시에는 년장자의 의견에 좇는 일이 많았다.

그런데 인간의 육체·두뇌·정신에 얽힌 사회적 문제는 둘째로 하고서 인간의 육체나 두뇌의 힘이 쇠약하고 그것에 반하여 마음이나 정신의 힘이 향상하게 되면 어떻게 될까? 그리하여 그것이 자살과는 어떠한 관련을 갖고 있을까?

먼저 50세대가 지나고 강인한 육체, 유물적(唯物的)인 두뇌활동이 감퇴함으로써 겨우 내 차례가 왔노라고 그 인간의 마음세계〔정신세계〕, 영혼 세계가 표면에 뛰어나오게 된다.

그때까지는 활발한 육체나 두뇌의 힘이 마음의 세계에 대해 두터운 벽이 되어 있었던 셈이다. 이렇게 되면 당연히 자기 영혼의 활동이 왕성해지므로 일반 사회문제에 대해서도 직감력이 활동하게 되고, 후배에 대해서는 바른 어드바이스 등도 할 수 있게 된다.

그와 동시에 60~70세의 고령이 되어 갈수록 자기의 내부에 풍부한 정신세계가 넓어지고 영계의 파동에 대해 아주 예민해지는 법이다. 이것이 노년자의 영계 지향이다.

인간은 나이를 먹으면 먹을수록 영적 감각이 발달하고 영적 지향이 강해진다.

따라서 영계 지향이 강한 노년자에게 있어선 어느 날 갑자기 '반쯤 잠자는 상태'일때 영계의 아름다운 풍경이 보이든가 영묘한 음악 소리가 들려오든가 하는 것이다. 그것은 이 인간계에서 보지도 듣지도 못한 미의 세계이다.

―그것에 비해 이세상은 얼마나 무참하고 더러운 것일까.

이리하여 영적 감각이 발달한 노년자는 차츰 현계에 싫증이 나고 흥미가 없어져 간다. 게다가 현실의 생활에 되돌아오면 현대의 노년자는 자칫 방해자로 취급되고 가족마저 제대로 상대를 해주지 않는다. 노년자가 문득 새벽녘에 본 저 아름다운 세계〔영계〕에 가려고 생각하는 이런 현실도 있다.

이리하여 영적 감각이 강한 노년자는 스스로 그 육체 인간으로서의 생활에 종지부를 찍고 만다. 이것이 노년자의 영계 지향에 의한 자살이다.

다음으로 영매 체질자의 영계 지향에 의한 자살이라는 것에 관해 생각해 본다.

영매 체질이란 영이 달라붙기 쉬운 체질 곧 영계의 파동에 대해 매우 민감한 체질을 말한다. 영매 체질자의 대부분은 줄곧 병이 나든가 사고를 당하든가 한다. 그런 까닭이라 하는 것도 인간계에 개입해 오는 영의 대부분이 미정화된 저급령이기 때문이다. 그리하여 영적으로 민감한 영매 체질자는 그러한 저급령의 파동에 일일이 감응되므로 큰 일이다.

몸의 이쪽이 아프든가 저쪽이 아프든가 그 위에 으스스한 기분 나쁜 영의 모습이 보이든가 목소리가 들려오든가 하는 것이다.

물론 그것과 함께 예지현상(豫知現象) 등 갖가지의 영적 현상이 자연 발생적으로 심신에 솟아오른다.

이러한 불행스런 영매 체질자들은 확실히 영계라 하는 2차원 세계와 교류를 갖고 있는 셈이다. 일반의 사람들로선 모르는 놀랄 일을 알 수 있고, 그것이 때로는 이익이 되는 수도 있다.

통상 인간의 오감이나 지각으로 포착할 수 있는 현상계의 일이란 극히 한정된 범위내의 것이다.

이를테면 주파수가 아주 높은 초음파를 내는 '개피리'는 개에겐 잘 들리지만 인간에겐 전혀 들리지 않는다.

또 어떤 류의 동물들은 지진에 동반하는 희미한 땅울림을 민감하게 감지하든가 갖가지의 재해를 예지함으로써 안전한 서식처로 이동한다.

우리들 인간들이 모르는 것은 이러한 동물들에 의해 보여지고 있는 현상뿐이 아니다. 렌트겐선이나 방사선만 하더라도 눈에는 보이지 않는다.

평소 우리들이 무심코 쓰고 있는 금속류, 예를 들어 라이터나 가위나 반지만 해도 거기에 분자가 있고 원자핵이 있으며 전자가 윙윙 날고 있는데, 우리들의 눈에는 단단한 금속의 덩어리로 밖에 보이지 않는다. 이것만을 예로 보아도 인간의 오감이나 지각으로 파악할 수 있는 세계가 얼마나 좁은 것인지 알 것이다.

그리하여 여기서 이해할 것은 어떤 류의 영매체질자에 있어서는 보통의 사람들로선 전혀 느껴지지 않는 세계의 일을 그 초감각으로 해서 인식할 수 있다는 사실이다.

또한 이렇듯 한마디로 영매 체질이라 해도 '고급 영매체질'과 '저급 영매체질'이 있다는 것에 관해서도 여기서 알아주었으면

한다.

　따라서 같은 영매체질이라도 고급 영매체질과 저급 영매체질이 있고, 이 양자는 영의 파동을 심신에 받기 쉽다는 점에선 흡사하지만 그 알맹이에 있어선 하늘과 땅의 차이가 있다는 점이다. 이것이 중요한 포인트이다.

　고급 영매체질은 고급령과 파장이 맞기 쉽고, 저급 영매체질은 저급령과 파장이 맞기 쉬운 체질인 것이다.

　그러므로 저급 영매체질자가 통털어 영계의 어두운, 싫은 면만을 감지하는데 비해 고급 영매체질자는 대체로 밝고 아름다운 면만을 감지한다. 전자가 대체로 불행한데 비해, 후자는 대체로 행복하다.

　어떤 사람이 모 백화점에 전시되고 있던 옛날 승려의 미이라 앞을 지나친 그 날부터 갑자기 이상한 식욕에 사로잡혀 보통인의 4~5배의 식사를 하게 되었다는 이야기를 들은 일이 있다.

　이 승려의 미이라는 인간이 산채로 부처가 된다 하는 '즉신성불'을 소원하여 스스로 곡기를 끊고 죽은 승려의 그 뒤 모습이다. 하지만 즉신성불이라고는 하지만, 일본에 남아있는 이런 승려의 미이라 실태는 격렬한 굶주림의 고통에 버둥거리면서 죽어 갔다고 하는 게 진실로서, 부처의 심경과는 거리가 먼 것이다.

　이리하여 죽어 저급령으로 바뀐 승려는 오랜 세월 자기와 파장이 맞는 현계인이 나타나는 것을 오로지 상념의 세계에서 고대하고 있었던 것이다. 그리하여 그 상념이 성취된 때에는 달라붙은 인간의 육체를 사용하여 마음껏 마시고 또한 먹게 된다.

빙의된 인간 쪽이야말로 재난일 테지만, 이런 사람은 애당초 저급 영매체질이었던 셈이다.
　현재의 나는 고급 영매체질이 되고 고급 영계의 아름다운 파동은 언제라도 느낄 수가 있지만, 일찍이 저급 영매체질이었던 무렵의 나처럼 자연 발생적으로 저급 영계의 모습이 영시(靈視)에 비쳐 오는 듯한 일은 결코 없다.
　그럼 여기서 영매체질자의 영계 지향에 의한 자살이라는 것에 관해 이야기를 한걸음 더 전진시킴에 있어 다음 페이지의 그림을 보아주기 바란다.
　이것은 보통 현계 측에서는 영계를 감지할 수 없고, 또한 영계 측에서는 현세에 함부로 개입하는 일이 용서되지 않는다 하는 대영계의 법칙을 설명한 것이다.〔지금 풀이하고 있는 영계 지향에 의한 자살 문제로부터 좀 벗어난 것이 되지만, 영계 측으로부터 현계에 마구 개입해 오는 케이스라 하는 것은 미정화된 저급령에서 흔히 볼 수 있는 것으로서, 이는 영계인으로서의 옳은 자세에 어긋난 사도의 행위이다.〕
　세상 대다수의 사람들은 영적 존재에 관해 뚜렷이 감지할 수가 없는 것이지만, 그것은 대영계의 법칙에 의해 이 세상과 저 세상이 미리 다른 차원의 존재로써 만들어져 있기 때문이다. 영계와 현계로선 파장, 진동수가 다르므로 현계의 파장밖에 갖지 못한 통상의 인간으로선 영계의 파장이 보여지 않는 것이다. 그러므로 영계의 일은 아무것도 보이지 않는다, 들리지 않는다, 모른다는 것이 되는 것이다.
　그런 의미로서 일반적으로 영능자라고 일컬어지는 사람들은

인류보존을 위한 대영계법칙

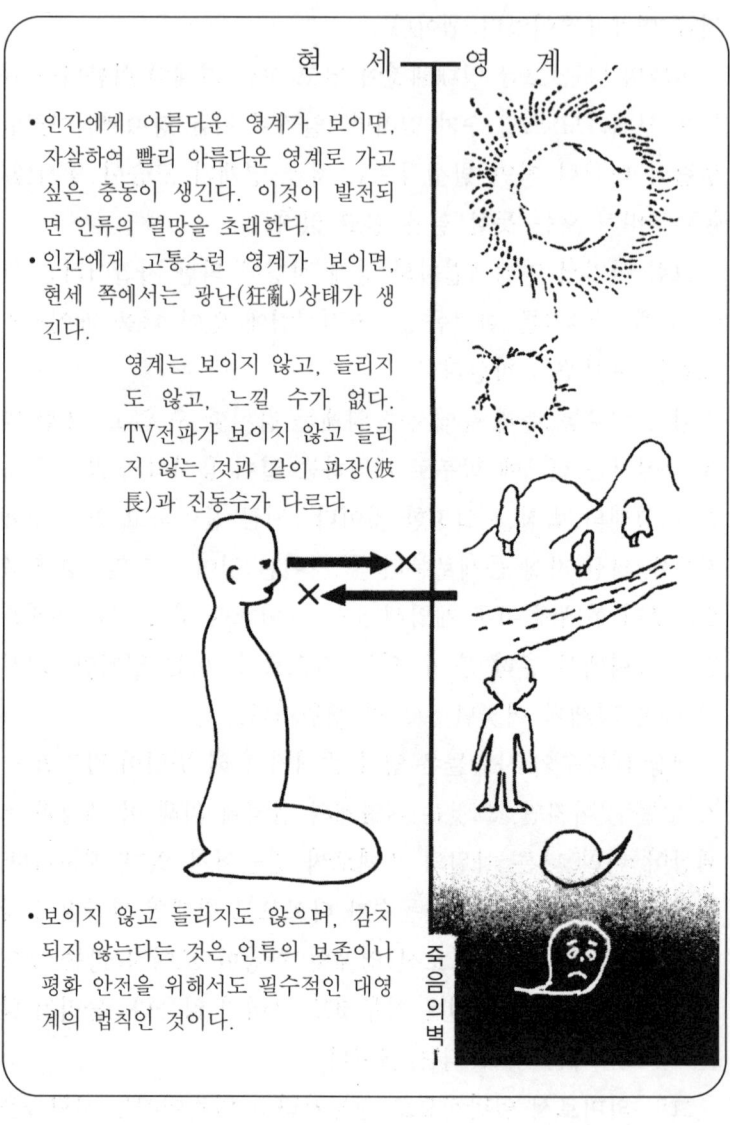

현계인이면서 동시에 영계인의 파장도 갖고 있는 이를테면 대영계의 법칙으로부터 벗어난 이단자라고 하겠다.

그렇지만 대영계에는 대체 그와 같은 법칙이 어째서 있는가?

이미 알았으리라. 만일 모든 사람의 눈이나 귀에 영계의 광경이 뚜렷하게 보이든가 들리든가 하면 틀림없이 이세상은 대혼란에 빠지고 말 것이다.

우선 사람들은 너무나도 많은 영의 수에 깜짝 놀랄 것이고 사람에 따라선 저급령들의 무참한 광경에 공포를 느껴 노이로제가 되든가 발광하고 말든가 할지도 모른다.

또 사람에 따라선 거꾸로 너무나 아름다운 영계의 모습에 이끌려 자살을 하고 말지도 모른다. 어느 쪽이든 집단 노이로제나 집단 자살이라는 현상이 발생하게 된다.

요컨대 일반의 현계인에게 있어 영계의 광경이 보이지 않는다, 들리지 않는다, 감지되지 않는다 하는 곳에 인류 보전(保全)의 진상이 있는 것이다.

그런데 앞에서부터 말하고 있듯이 이떤 류의 영매체질자에 있어서는 영계의 광경이 심신에 느껴지는 것이다. 고급 영매체질자로선 고급 영계의 광경이, 저급 영매체질자에겐 저급 영계의 모습이 느껴지는 것이다.

여기서 영계 지향에 의한 자살이라는 것만을 생각했을 경우 저급 영매체질자로선 그런 위험이 별로 없다. 왜냐하면 저급 영매 체질자는 평소 영계의 어둡고 싫은 면만을 보고 있으므로 영계라 하는 것에 대해 공포감이나 기피감밖에 갖고 있지 않는

게 보통이다.
　이것에 비해 고급 영매체질자가 되면 작은 계기로 자살에 이르는 위험성도 나타나게 된다. 그들 고급 영매체질자들은 아무리 해도 현계에선 발견할 수가 없는 미의 세계가 영계에 있음을 알고 있는 것이다. 그러므로 그들은 영계에 대해 공포감을 갖기는 커녕 일종의 뭐라 말할 수 없는 동경의 상념을 강하게 갖고 있어, 경우에 따라선 영계에의 문에 스스로 손을 가져가는 짓을 하게 되는 것이다.
　그렇지만 예컨대 나처럼 저급 영매체질이었던 자가 인생의 도중에서부터 고급 영매체질로 바뀌었다 할 경우에는 영계의 좋은 면과 나쁜 면의 상응법(相應法)을 알고 있으므로 영계에 빨리 가고 싶다하는 기분은 그리 일어나지 않는다.
　위험한 것은 저급 영계의 지각 체험없이 어느 날 갑자기, 고급 영계의 지각을 얻은 사람이라든가 고령자가 되어 그 파장이 자연스레 고급 영계에 맞게 되고 그 지각자가 된 사람들의 경우이다.
　이런 사람들에게 있어서는 영계란 빛으로 넘친 오로지 찬란하고 아름다울 뿐인 세계이다. 그러한 고급 영계의 아름다움만을 감지한 사람에게 있어서는 이 현계는 확실히 조잡하고 더러운 무미건조한 것인지도 모른다.
　그런 까닭에 저급 영계의 추한 꼴을 모르는 고급 영매체질자에게 있어서는 그런 영계 지향이 높아져 마침내는 스스로의 손으로 영계행을 달성하고 마는 일도 있다. 이것이 영매체질자의 영계 지향에 의한 자살이다.

영계 지향에 의한 자살 — 의문의 저승길 진상

그러면 여기서 나는 스스로 의문의 저승길을 감행한 일본의 위대한 문학자〔예를 들어 노벨상수상자 가와바다 야스나리〕에 관해 언급하지 않을 수 없다. 그것은 극히 뛰어난 감성(感性)이 감지할 수 있는 아름다운 영계의 풍경에 이끌려 스스로 2차원의 세계로 길을 떠난 미의 순교자라고나 할 위대한 문학자의 얘기이다.

나는 자살이라 하는 것을 결코 긍정하는 셈은 아니지만, 거기에는 자살이라고 부르기엔 너무나도 아름다운 세계가 펼쳐져 있었다.

벌써 10년쯤 전의 일이 될까. 나가사끼 도장에 있었던 나는 어느날 갑자기 유족 방문을 받았다.

서정적 애감과 일본의 전통미를 그 작품에 위탁한 일본이 세계에 자랑하는 문학자의 유족이라 해서 나도 조금쯤 긴장하며 그 용건을 들었던 것이다.

내 물음에 대답하여 그 유족은 다음과 같이 용건을 말했다.

"…… 고인은 아시다시피 의문의 타계를 하셨습니다. 생전에 일에 전념하고 아주 조용한 나무랄 데 없는 분이었습니다. 정말로 가족부터 보더라도 인간계에 있으면서 신과 같은 사람이라고 생각되는 그런 분이었지요.

그렇지만 대체 무슨 까닭이 있어 그와 같은 의문의 길을 택한 것일까요? 남겨진 가족으로써 그것을 알 수 있으면 하고 오늘 이렇게 찾아온 것입니다. 부디 잘 부탁합니다."

이와 같이 의뢰된 나는 곧 트랜스 상태〔입신상태〕에 들어갔고, 넓은 영계 속에서 고인의 모습을 찾았다.

그러자 돌연 영계를 모색중인 나의 마음 세계에 불타듯이 밝은 황금색의 세계가 전개되었다. 그것은 투명한 금색으로 아롱거리는 신비와 미의 파동세계였다. 나는 깊은 트랜스 상태에 있으면서 계속 영안(靈眼)을 보았다.

있었다! 이 눈부시게 빛나는 황금색인 신비세계에 고인이 계셨던 것이다.

깊이, 더욱 깊이 트랜스 상태에 들어간 나는 그대로 고인이 사는 황금색의 영계에로 나아갔다. 그리하여 고인과 대면한 나는 '영계어'로 조용히 물었다.

"당신은 왜 그와 같은 의문의 영계행 방법을 택하셨습니까?"

고인의 상념의 파동은 말했다.

"나는 인간계에서 있는 동안 온갖 방도를 다하여 미의 탐구에 힘썼습니다. 나의 일생은 그야말로 미의 탐구에 바쳐졌습니다. 그러나 미의 세계에 깊이 들어가면 들어갈수록 그 속은 깊고 이윽고 아무리 하여도 뚫고나갈 수 없는 두꺼운 벽에 부딪치고 말았던 겁니다. 그러나 나에게는 뚜렷하게 느껴지는 하나의 것이 있었습니다. 그것은 그 두꺼운 벽만 뚫을 수가 있다면 그 저쪽에는 내가 구하여 마지않는 찬란하게 아름다운 세계가 반드시 열려 있다고 하는 것이었지요. 나는 그것을 확신에 가까운 감각으로 포착하고 있었습니다.

그래서 어떻게 하면 그 두꺼운 벽을 뚫을 수가 있는가, 어떻게 하면 이런 인간계에 있으면서 더욱 깊은 미를 포착할 수가 있는가, 하고 생각했습니다.
　나는 나의 일생을 두고서 미를 추구하고 그것을 표현해야만 되었습니다. 그것이 나의 인생이었던 겁니다. 나의 미에 대한 깊은 동경이 나를 그와 같이 충동케 하고 있었던 거지요〔가와바다씨는 한국에도 왔었고, 인사동 골동품 거리의 큰 항아리 속에 들어가 미의 세계를 탐구하기도 했었다〕.
　그렇지만 나로선 차츰 알게 되었던 겁니다……. 그러니까 우리들이 살고 있는 인간계에는 내가 찾는 지상(至上)의 미의 세계는 없는 게 아닐까 하는 일이. 그것을 나는 어느 때인가 마음 속 훨씬 깊은 곳에서 뚜렷이 느낄 수가 있었습니다.
　두꺼운, 커다란 벽 저편에 펼쳐져 있는 저 아름다운 세계. 그것은 나의 마음의 금선(琴線)을 일찍이 없었을 만큼 울리게 만드는 매혹의 세계입니다. 그리하여 그런 세계란 이 인간계를 떠남으로서만 도달할 수 있는 세계였습니다.
　이 인간계에는 없는 미지의 세계에서 확실히 내가 구하여 마지 않았던 장대(將大)한 미의 세계가 펼쳐져 있다.— 그렇듯 분명히 감지할 수 있었던 나는 깊이 생각한 끝에 그와 같은 의문의 여행을 했던 셈입니다."
　눈도 부실만큼 찬란한 황금색의 빛이 물결치는 사이에서 만족한 듯이 떠있는 고인—. 나는 이미 그 이상 아무것도 물을 필요가 없음을 알았다. 그러나 나는 다짐삼아 더욱 깊은 상념의 영계어로 고인에게 물어 보았다.
　"어떠했습니까? 당신이 구했던 인간계에는 있을 수 없었던 미의 세계에 도달할 수가 있었습니까?"

그랬더니 빛나듯이 영체 가득 지복(至福)의 상념을 넘치게 한 고인은 즉각 기쁨의 파동을 보내 왔다.

"보시다시피입니다. 이 세계야말로, 이 광채야말로 내가 인간계에서 구해 마지 않았던 최고의 미의 세계입니다. 이리하여 극한인 미의 세계 탐구자로서의 목적을 달성할 수가 있었던 나는 지금 상념으로 넘쳐 있습니다."

위대한 미의 탐구자였던 고인이 도달할 수 있었던 그 장엄한 미의 세계에서 자기 자신의 상념세계를 내맡기고 있던 나는 인간계에선 헤아릴 수가 없는 대영계의 신비로운 광경에 깊이 감동될 뿐이었다.

이토록 찬란하게 빛나는 미의 경지, 그것은 영광의 세계라 할 밖에 없는 광채 넘치는 세계였다.

인간의 삶과 죽음이란 대체 무엇일까? 그리하여 이 아름답고 신비로운 신들이 사는 영계에 대해서 대조적인 또 하나의 영계 존재를 어떻게 포착하면 좋은 것일까? 신과 마계— 너무나도 숭고한 빛만의 세계에 있으면서 심령능력자로서의 내 머릿속에 그런 말이 스쳤다.

이리하여 무한의 대영계가 얼룩 달룩하는 신비로운 양상에 생각을 달리면서도 나는 자기만 잠길 수가 없었던 고인의 파동 세계와, 그리하여 내 자신의 파동 세계에 대해 지복의 상념을 품어가면서 정신이 들었다.

이동안 5분 쯤이었을까? 나는 이때 이미 유족인 분에게 내가 고인의 상념세계에 몰입(沒入)하고 고인과 나눈 대화 전부를 영언[영을 자기의 몸에 불러들이고 그 영의 상념을 음성으로 하여 입 밖에 내는 일]으로써 말로 하고 있었다. 그리하여 다시 인간계로 돌아온 나는 고인의 찬란하게 빛나는 지복의 경지인 광경에 대해, 인간계의 말을 이것저것 모색하면서 말하고 전했다.

그런 자초지종을 보고 듣고 있었던 유족의 분에 넘치는 눈물을 닦으려고도 하지 않고, 깊이, 깊이 고개 숙일 뿐이었다.

"……고맙습니다. 정말로 고맙습니다. 실은 선생님의 방금의 영언에 있었던 대로인 고인의 상념세계를 감성적으로 느끼고 있었습니다. 하지만 영계의 일은 아무것도 감지 못하는 터라서 그저 아쉽고 쓸쓸하고 불만인 듯 싶은 것을 언제나 느끼고 있었지요. 하지만 지금 제 생각이 잘못이 아니었다는 것을 확실하게 알았습니다. 역시 고인은 훌륭한 분이었다는 확신을 가진 지금, 저는 고인을 축복하고 그 명복을 빌고 빌 뿐입니다. 나가사끼까지 온 덕분에 저의 마음 한 구석에 있던 공백 하나가 기쁨으로 채워졌습니다. 깊이, 깊이 감사드리겠습니다."

만면에 깊은 안도감과 평안의 빛을 띠우고서 깊숙하니 머리를 숙이더니 유족은 돌아갔다.

나도 그런 뒤에도 잠시 고인의 찬란한 지복의 상념세계 여운에 잠기면서 인간의 삶과 죽음의 문제에 관하여 간단히 결론지울 수 없는 복잡한 생각에 사로잡혀 있었다.

영계 지향에 의한 죽음 — 숙부로 부터의 영계 통신

영매체질자의 영계 지향이라는 것에 관해 여기서 또 하나의 실례를 한가지 이야기 하겠다. 이쪽은 내 자신의 숙부 죽음에 관한 것으로서 의문의 죽음은 아니었지만, 그 죽음은 역시 본인의 혼이 아름다운 영계를 지향하고 있었던 까닭인 영계행이었다고 생각된다.

방금 얘기한 문학자의 영계 지향에 의한 길 떠남의 이야기와 합해서 죽음의 세계에 대한 인식을 새로이 할 것이라고 생각한다.

지금부터 25년 쯤 전의 일이다. 마침 감기가 들어 기분이 나쁘다면서 4~5일 자리에 누웠던 숙부가 돌연 열이 높아지더니 허무하게 타계하고 말았다.

장례식 날 가족, 친척들은 차례대로 관 속에 누워 있는 숙부에게 마지막 작별을 했다. 그것은 작은 나무 잎사귀에 적신 물을 사자의 입술에 적신다는 의식이었다.

타계한 지 이틀째 되던 날 숙부의 얼굴은 죽음의 상(相)그대로였다. 나는 그런 숙부의 얼굴을 보면서 물에 적신 나뭇잎을 숙부의 입가에 가져 갔다. 그러자 그때 숙부의 입가에 가져 간 나의 오른손 언저리에 휙 한가닥의 바람이 서늘하게 불고 주위의 공기를 희미하게 진동시킨 것처럼 느껴졌다.

그것은 어렸을 적부터 자주 나를 찾아오는 어떤 불가사의한 감각의 세계이기도 했다. 순간 섬칫한 나는 그대로 조용히 영적 감각의 세계에 들어갔고, 그 위에 나 자신의 우측으로 영시

감각의 세계를 전개시켰다.

그랬더니 나의 바로 눈앞에 생각지도 못한 광경이 전개되었다.

거기에는 방금 나 자신이 작별의 의식을 하고 있는 그 완전한 죽음의 모습을 나타내고 있는 숙부와는 전혀 엉뚱하게 발랄한 숙부가 쑥 나타나는 게 아닌가? 그 얼굴빛은 마치 소녀의 살결처럼 엷은 분홍색으로서 속살이 들여다 보이듯이 깨끗했다.

그리하여 그 젊고 발랄한 숙부는 자못 명랑하게 말을 하는 것이었다.

"아끼라, 아끼라, 이제 그런 송장은 버려 두어라. 이미, 그런 허물에는 갖가지의 것을 할 필요도 없다. 아무리 자기의 생전의 육체라고는 하지만 허물벗은 껍질은 깨끗하지가 못하다. 봐라, 아끼라! 나를 보아라. 이쪽은 이렇게도 아름답고 훌륭한 모습을 하고 있지 않니. 게다가 기분도 아주 좋다. 기뻐서, 기뻐서 웬지 둥둥 떠오를 것만 같다. 몸도 무지무지하게 가볍구나.

아아, 나는 죽어 영계에 와서 정말로 좋다. 생각해 보니 나는 줄곧 이날을 고대하고 있었던 것이다. 이제는 어떤 일이 있어도 두 번 다시 낡은 몸뚱이로 돌아가 인간에서 생활하려고는 생각지 않는다. 아끼라! 이제는 버려 두어라. 버려 두어라. 이렇게 마음도 몸도 가벼워져 행복하니까……. 아끼라! 그럼 가겠다."

그 말이 끝나자마자 숙부는 싱긋 웃고는 천천히 손과 발을

춤추어 가며 하늘 높이 올라가기 시작했다.

이윽고 나는 숙부가 은색으로 빛나는 화살과 같이 되어 드높은 대영계의 하늘을 향해 어디까지나, 어디까지나 올라가는 광경을 보았다.

그렇기는 하지만 숙부는 얼마나 명랑하고 더없이 즐거워 보인 것일까.

솔직하게 말해서 나는 숙부가 생전에 그렇듯 기뻐하고 즐거워하는 모습을 본 일이 없었다. 숙부는 조용한 성격의 사람이었다.

이 장례식이 끝나고서 3일쯤 있다가 나는 어머니에게 다음과 같이 말했다.

"어머니, 숙부는 속살이 들여다보이듯 아주 깨끗한 얼굴이 되어 영계의 높은 곳을 향해 연기가 피어 오르듯이 올라갔어요. 마음도 몸도 아주 가벼워져 둥둥 떠오른다나요. 무지무지하게 행복하고 이제 두 번 다시 인간계에는 돌아오고 싶지 않다고 했어요."

이런 나의 말에 숙부의 죽음으로 완전히 슬퍼하고 있던 어머니도 기쁜 듯이 웃으면서 말했다.

"아끼라는 영계의 일은 뭐든지 보이든가 들리든가 하여 아는 것이로구나. 정말로 다행이다. 삼촌이 그렇듯 행복해 보였다니 나도 안심이다.

그 삼촌은 너의 외숙부이지만 정말로 훌륭한 사람이었지. 마음이 깨끗하고 친절한 사람이었다. 그런 삼촌이 화내든가 소리 지르든가 하는 것을 본 일은 한번도 없었지. 언제나 누구에 대해서건 조용하고 싱글벙글하고 싫은 소리란 절대로 하지 않는 사람이었으니까. 정말로 부처님 같은 사람이었다고 생각한다. 그러니까 영계에서도 가장 높은 곳에 틀림없이 갔을 게다……."

곰곰이 말하는 어머니의 표정은 점차 환해졌고 그리고서 얼마동안 돌아간 숙부의 착한 인품을 추억하며 이것저것 말하는 것이었다.

그런데 이 이야기는 내가 25세 쯤의 일이다. 당시 나는 이미 갖가지의 심령 능력을 갖고 있었다고는 하나 지금와서 생각하면 영계에 대해 아직도 천박한 이해밖에 하지 못했고, 하물며 인간 영혼의 존재 따위는 생각도 못했던 것 같다.

그 무렵의 나는 돌아간 숙부가 영계에 감으로써 행복해졌다 하는 일만으로서 완전히 안심하고, 그것 이상 깊이 생각하려 하지는 않았다. 그러나 지금 와서 생각하면 숙부의 혼은 생전부터 줄곧 아름다운 영계를 지향하고 있었던 거라고 생각된다.

숙부는 혼의 영계 지향에 의해 큰 괴로움 없이 젊어서 그 육체를 벗어버렸던 것이다.

마약 중독에 의한 자살 ①

마약 상용에 의한 의식 혼탁 상태에서 영의 빙의가 덧붙여졌을 경우의 자살이란, 최종적으로는 강도(強度)의 영매체질이 되고 광란 상태에 빠져 이루어지는 경우가 많다. 왜냐하면 마약이라는 것이 강도의 영매체질을 인위적으로 만드는 작용을 가진 약제이기 때문이다.

어떤 류의 마약을 상용함으로써 인위적으로 트랜스상태〔입신상태〕에 들어가든가 영언현상, 영시현상, 영청현상을 야기시킬 수 있다 하는 것은 의학적 실험에 의해서도 증명되고 있다.

말하자면 마약을 상용함으로써 인간의 오감·지각의 이상(異常)으로 증폭되고, 정상의 상태로선 갖지 못하는 제6감, 7감, 8감……으로 그런 감각이 넓혀져 가는 것이다.

이렇게 되면 인간이 어떻게 되는가?

예를 들어 앞에서도 영매 체질의 설명에서 잠깐 말한 '개피리'인데, 개에게만 들리는 개피리와도 같은 터무니없이 높은 소리가 인간의 귀에 왱왱 들려오면 어떻게 될까? 동물밖에 모르는 희미한 땅울림이 윙윙하고 들려와서 몸에 울린다면 어떻게 될까?

또한 태양의 빛을 프리즘에 통과시키면 일곱가지 색깔로 분해되어 보이지만, 이 태양의 빛인 7색이 그대로 인간의 눈에 감지되면 어떻게 될까?

아마도 이와같은 상태가 되면, 오늘날 우리들이 이 인간계에서 느끼고 있는 소리의 세계는 전혀 양상을 달리할 것이고, 풍경의 색채만 하더라도 전혀 달라지리라.

그리하여 마약 상용에 의한 영매체질자에겐 이상과 같은 초상 현상계(超常現像界)의 지각에 더하여 다시 정상인 인간의 오감·지각으로선 느낄 수가 없는 영계의 모습이 시계의 광경에 오우버 랩하여 보이든가 들리든가 하는 셈이다.

이런 것을 한마디로 줄여서 말하면, 요컨대 오감·지각이 증폭됨으로서 그런 마약 상용자에게는 의식의 일대 혼란 현상이 일어난다는 것이다.

마약 상용자의 내면세계에 있어서는 현재 의식대·잠재 의식대·초의식대도 대혼란을 일으키고, 오감·지각의 모두가 패닉〔공황〕 상태에 빠지고 마는 것이다. 그것은 의식의 붕괴이고 이성의 상실, 생자(生者)로서의 감각 상실이라 해도 좋다.

따라서 이와 같은 상태의 인간에게 있어서는 영의 빙의가 극히 간단하게 행해지고 거의 빙의령이 뜻대로 꼬드려지는 것이 된다.

그 결과 느닷없는 살인 행위라든가 갑작스런 자살과 같은 광란 상태가 나타나는 것이다.

마약중독에 의한 자살 ②

앞에서 영장에 의한 자살 ⑤항목에서 혼의 독립성이라는 것을 얘기했지만, 여기서 다시 한번 그 일을 생각해 주기 바란다. — 그렇다, 우리들 인간의 혼이라는 것은 인간의 상념과도 다른 독립된 존재이다. 그러므로 마약 상용자의 상념세계가 아무리 미치광이 비슷한 상태에 빠지든, 오감·지각이 붕괴 직전이 되더라도 혼만은 본인의 내면세계의 훨씬 안쪽에서 독립하고 있으며, 그러한 자기 자신의 모습을 지그시 지켜보고 있는 것이다.

그리하여 영혼은 거칠고 더러워진 자기의 상념세계를 용서치 않는다. 그러므로 심신에 가해지는 갖가지의 마약 중독의 증상에 대해 본인 자신의 혼이 그것을 싫어하고 균형이 깨진 의식대, 상념계를 기피하기 시작했다면 혼은 스스로의 힘에 의해 그 더러운 상념계 및 육체로부터 이탈해 가리라.

그런 때 영혼은 본인의 자살이라는 수단을 갖고서 스스로의 자유와 독립을 성취시키는 일이 있다.

이것 또한 마약 중독에 의한 자살의 하나이다.

자살자들의 사후세계

죽은 동생으로 부터의 메시지

"악! 이, 이게 뭐야……?"

잠깐 졸다가 깨어난 미야모또 아카리양(17세 가명)은 놀라서 소리쳤다. 아카리양이 쓰다만 보고서 용지에, 자기의 글씨와는 전혀 다른 글씨가 가득 적혀 있는 것이었다.

"앗, 이건…… 리카의…… 어머니!"

아카리양은 비명에 가까운 소리를 지르며 어머니를 불렀다.

"왜 그러느냐. 이런 밤중에?"

"어머니. 이것 봐요. 이거 리카의 글씨죠?"

"무슨 소릴 하는 거냐? 리카는 죽었고, 내일이 백일째잖니? 그런데……앗!"

보고서 용지를 들여다 본 어머니도 놀란 나머지 소리를 질렀다. 아카리양이 가리킨 보고서 용지에 적혀 있는 글씨는 틀림없이 죽은 리카의 글씨였던 것이다. 리카는 특징이 있는 글씨를 쓰고 있었으므로, 곧 알아볼 수 있었다.

"하지만 어째서 리카의 글씨가……"
"모르겠어요, 난, 어쩐지 갑자기 졸려서 깜빡 잠이 들었나봐요. 그러다 잠에서 깨고 보니까. 바로 이 보고서 용지 두장에 리카의 글씨가 적혀 있는 거예요."
"하지만……그 애는 죽었고……"
하지만 씌여진 글씨를 읽어내려 가면서 두 사람의 얼굴은 사색이 되었다.
"아버지!"
어머니와 딸은 자고 있는 미야모또 히카리씨(가명)를 깨웠다.
"뭐라고! 리카가……"
미야모또씨도 그것을 읽고는 숨이 막히는 것 같았다. 보고서 용지에는 다음과 같은 내용의 글이 씌여 있었던 것이다.

검은 꽃과 자갈이 물어뜯는 적막한 계곡

〈언니 미안해! 놀라게 해서. 이건 리카가 보내는 편지예요. 리카는 지금 죽는 게 아니었다고 후회하고 있어요. 내가 지금 있는 곳은 너무 너무 쓸쓸하고 무서워요. 난, 죽으면 아주 아주 아름답고, 즐거운 곳에 갈 수 있는 걸로 믿고 있었어요. 언젠가 언니도 말했었지? 사후의 세계란 아주 아름답고 즐거운 곳인 모양이라고.
허지만 언니! 여긴 너무 너무 쓸쓸한 곳이야. 깊은 계곡같은 곳이예요. 그러나 나무는 한 그루도 없지요. 개울에는 물도 없어요. 여기저기 자갈만 있는 곳에 나는 외톨이로 있어요. 그런 곳을 혼자서 걷고 있는 거예요.

 걸음을 멈추면, 발밑의 자갈이 나를 물어뜯어요. 걸어가면 시커먼 시든 꽃을 봅니다. 그 꽃을 만졌더니 물리고 말았어요. 자갈이니 꽃이 나를 물어뜯는 거예요. 무서워서 무서워서 어떻게 할 수도 없어요.

 언니한테 도움을 청하고 싶어도 여기서는 도움을 받을 처지가 못 됩니다. 내가 나쁜 짓을 했으니까 하는 수 없지요.

 앞으로 어떻게 되는 건지 모르겠어요. 걸어가노라면 어덴가에 도착하겠죠……. 죽는 게 아니었어……언니……〉

 한 장의 보고서 용지에는 이렇게 적혀 있었다. 아카리양도 어머니도 소리내어 울었다.

 "불쌍한 리카……"

 미야모또씨도 눈물이 왈칵 솟아올랐다. 두장째의 글을 읽는 게 무서워졌다.

〈아버지, 어머니 리카를 용서해 주세요. 죄송합니다. 리카가 어째서 자살 같은 걸 했는지 자신도 모르겠어요.

 너무나도 따분해서 학교에도 가고 싶지 않았고, 집에서도 아무 하고도 만나고 싶지 않았던 것 뿐이예요. 어째서 그렇게 됐는지 나 스스로도 알 수 없어요.

 어머니가 생일날 선물하신 곰인형, 너무 너무 기뻤었어요. 허지만 기쁘다는 말을 할 수 없어서, 그런 모진 말을 하고 말았던 거예요. 죄송합니다.

리카는 나쁜 애예요. 용서해 주세요. 그렇지만 가능하다면 다시 태어나고 싶어요. 아버지와 어머니의 자식으로……허지만 불가능하겠죠.

그렇지만 만약에 애기가 생기면, 리카의 환생이라고 생각하고 귀여워 해 주세요. 부탁합니다. 아버지 어머니 안녕히 계십시오.……〉

미야모또씨도 부인도 말을 할 수 없었다. 눈물이 앞을 가렸다.

"내일은 모두 리카의 산소에 가자."

미야모또씨는 두 사람을 격려하듯 말했다.

세 사람의 가슴에는 무슨 까닭인지도 모른채 근처 맨션에서 뛰어내려 자살한 리카의 일이 새롭게 머리에 떠올랐다.

1984년 11월 13일 오오사까(大?)시에서 일어난 일이다.

"이것은 자동서기(自動書記)라는 현상이며, 리카양의 영이 언니인 아카리양의 몸을 이용해 쓴 편지입니다."

필자의 사무실에 상담을 온 미야모또씨에게 필자는 그렇게 설명을 했다.

국회의원 나까가와 이찌로오씨가 전하는 사후의 고통

"사람은 아무도 믿을 수 없다. 인간에 대한 불신이다. 인간은 모두가 악랄하다. 누구를 믿고 살아야 할지 알 수 없게 되었다. 사람을 믿을 수 없는 정치가, 나는 그렇게는 되고 싶지 않았다. 그러나 정치가에게는 배신(背信)은 의례 있게 마련이라고들 한다. 하지만 나는 그게 싫었다. 그렇게 되고 싶지 않은 것이다. 그렇게 되면 자신이 너무 비참한게 아닌가. 믿을 수 있는 세계에 와 보았으나……

 여기도 또한 무서운 곳이다. 자살자에게는 있을 자리가 없다고 무슨 책에서 읽은 일이 있었으나 정말로 그대로이다. 내게는 자리가 없다. 주워지지 않는다.

 나는 지금 불탄 허허벌판 같은 잿더미 속에 있다. 주위에는 망령(亡靈)인지 망자(亡者)인지가 가득하다. 가까운 곳에 죽은 시체가 있다. 그곳은 몹시 아름답고 깨끗한 곳이다. 하지만 나는 그곳에 갈 수가 없다. 보내 주지를 않는 것이다.

 내 몸은 불탄 허허벌판의 잿더미 속에 파묻혀 있어서 운신을 할 수 없는 형편이다. 움직이고 싶다. 빠져나오고 싶다. 하지만 그것이 불가능하다. 말로 표현할 수 없는 고통이다.

 이곳에서는 죽을 수도 없다. 앞으로 계속 이 무서운 잿더미 속에 몸을 파묻고 있지 않으면 안되는 걸까…….

 사람을 믿을 수 없어서 스스로 목숨을 끊었다. 그리고 이 세계는 앉을 자리조차 받을 수 없는 비참한 곳이었다…….

 나는 앞으로 영원히 언제고 영계로 갈 수 있을 때를 바라며, 이곳에 있지 않으면 안되는 것이다.〉

 이것은 전대미문(前代未聞)의 사건이라고 세상을 떠들썩하게 만든 국회의원까지 지낸 나까가와 이찌로오씨로 부터의 영계통신이다.
 이 자동서기에 의한 영계통신도 아주 우연한 일로, 어떤 영능력자에 의해 씌여진 것이다. 누구에게 보내는 것도 아니고, 뚜렷하게 누구에게 전한다는 형식으로 나타난 것도 아니다.
 영능력자가 다른 사람의 초령(招靈)을 끝낸 다음 갑자기 그 손이 움직이기 시작하여 여기에 소개한 영계통신을 쓴 것이다.
 수수께끼가 수수께끼를 부른 국회의원의 자살—.
 전대미문(前代未聞)이라고 일컬어졌던 그의 죽음은, 1983년 1월 9일 혹까이도의 삿뽀르 파아크호텔 10층 자기 방에서 목을 매어 자살을 한 것이었다.
 그는 그 전 해에도 한번 자살미수를 일으킨 일이 있었다고 한다.
 이 나까가와 이찌로오씨의 죽음에 대해서는, 처음에는 심근경색(心筋梗塞)으로 인한 죽음이라고 발표되었다. 가족들과 때마침 나까가와씨를 방문한 국회의원들에 의해 그렇게 발표되었다. 하지만 이틀 뒤 그것이 은폐 공작을 위한 거짓 발표였고 사실은 자살이었음이 밝혀지고 말았다.
 욕실의 유리문에 달려 있는 후크에 잠옷의 허리띠로 고리를 만들고 그것으로 목을 매어 자살을 했다는 것이다.
 나까가와씨의 시체를 운반한 사람의 말에 의하면, 흔히 목을 맨 자살자의 시체에는 치아노오제 반응이 나타나거나 침을 흘린다거나, 그러한 특유한 변화가 나타나는데, 동공(瞳孔)이 열려 있고, 맥박, 호흡 기능이 정지되어 있는 외에는 특별히 경직도 시작되어 있지 않았고 체온도 있었고 얼굴에도 특별한 변화는 없었다고 말했다.
 목을 매어 자살한 것에 있어서는 '침을 흘린다'는 것으로 가장 지저분한 죽음이라고들 한다. 하지만 나까가와씨의 시체에는 그와 같은 지저분한 부분이 전혀 없었다는 것이다.
 전대미문이라고 일컬어진 자살이 왜 이루어졌는가? 유서도 없었다. 따라서 죽음의 원인이 분명치 않다. 정치가로서 또한 총재 자리까지 노리는 정치가의 정치활동에서 가장 중요한 정치 자금의 루트를 방해받고 있었다는 소문이 나돌고 있었다. 또한 동지의 배신이 있었다는 말도 들렸다.
 자살이라는 최악의 수단을 택한 나까가와씨에 대하여 그 수수께끼를 해명하는 가운데 갖가지 소문이 나돌고 있었다.
 유서가 없는 이상, 이런 일들은 추측할 수 밖에 없는 셈이지만, 그 추측의 폭을 넓힌 점은 검시(檢屍)가 매우 빨랐다는 점, 그리고 화장하는 조치도 너무 빨랐다는 점에서 비롯된 것이다.
 거물급인 정치가가 어째서 목을 매어 자살하지 않으면 안 되었나?
 총재 선거에 출마한 탓으로 십수억 엔(円)의 빚을 졌다.
 총재선거에서 낙선된 것은 동지의 배신 때문이다. 혹은 다나까 가꾸에이로부터 오징어를 만들어 버리겠다는 협박을 받았다. 그 말에 덧붙여, 친소파 국회의원인 나까가와씨가 공안 관계자로부터 감시를 받아 왔다……이런 따위의 갖가지 소문이 나돌았다.
 때를 같이 하여 그가 신뢰하고 있던 비서와의 문제, 가족과의 문제인데, 갖가지 억측이 나돌고 있으나 이것은 영원한 수수께끼로서 남겨질 것이다.

　나름대로의 이유가 깔린 억측은 있다. 허지만 그렇다고는 하더라도, 그것은 단순한 억측일뿐 그 이상의 아무 것도 아니다.

　하지만 그 이전에 자살미수 사건조차 일으키고 있는 나까가와씨가 최종적으로 그 생명을 끊어야만 했었던 정신적인 고통, 고뇌가 이 영계통신에 분명히 나타나고 있다.

　우리 일반 사람에게는 이해할 수 없는 정치가인 탓으로 겪는 괴로움이라는 것이 자살이라는 비상수단에 호소를 하게 했다고 할 수 있다.

　영계통신으로 죽음의 아름다움을 부정하는 작가 미시마 유끼오(三島由紀夫)— 1982년 12월 초, 고오베에 사는 모회사 전무 부부가 필자를 찾아 왔다.

　어느 여성주간지 편집장의 소개였다. 전무 부부는 필자의 얼굴을 보자마자 느닷없이 질문을 퍼붓는 것이었다.

　"선생님이 쓰신 책을 보면 자동서기라는 것이 있다는 걸 알겠습니다만, 실제로 정말 그것이 있는 것입니까?……아니 있다고 생각하고 싶습니다. 암, 생각하고 말고요. 실은 집사람이 유끼오로부터의 자동서기로 영계통신을 받은 겁니다. 이런 일을 남에게는 말할 수 없고, 과연 그런 현상이 어떤 의미가 있는 건지 의논을 하고 싶어서 찾아 뵌 겁니다. 다만 이 일은 부디 비밀에 부쳐 주셨으면 합니다. 저도 직장 관계로, 또 집사람도 여러 가지 일을 하고 있으므로 비밀로 하시고 이름만은 밝히지 말아 주십시오."
 이렇게 말하고, 전무 부부는 가득 글씨가 씌여진 노오트를 내밀었다.
 꽤 큰 글씨지만 달필(達筆)이었다.
 "다짐을 드립니다만, 이쪽이 집사람의 필적입니다. 자동서기로 씌여진 글씨와 다르다는 걸 이것으로 확인해 주시기 바랍니다."
 전무는 그렇게 말하고 부인이 쓴 편지의 글씨를 보여 주었다. 분명히 부인의 육필(肉筆)과 자동서기로 된 미시마 유끼오의 영계통신의 글씨와는 다르다.
 영계통신에는 다음과 같이 씌여져 있었다.

 〈죽음은 아름다운 것이 아니다, 잔인하고 참혹한 것이다. 나의 죽음은 헛일이었던가? 아니, 그렇지는 않아. 그렇지 않기를 바란다. 알아주는 사람이 있을 것이다.
 나의 죽음은 단순한 죽음의 미화(美化)는 아니다. 보다 큰 뜻이 있었던 것이다. 절망했기 때문에 택한 죽음은 아니다. 나의 죽음을 헛되지 않게 해주기 바란다.
 일본인에게는 세계 어느 나라 사람보다도 아름답고 강한 마음이 있다. 나는 그 마음에 새삼스럽게 호소하고 싶다. 나의 마음을 알아주기를 바라는 바이다.
 인간이 스스로 생명을 끊는다는 것의 의미는 일본인만이 알 수 있을 것이다. 일본인이면 반드시 안다.
 나는 지금도 일본인의 미래를 심각하게 생각하고 있다. 일본

이여, 일본인이여, 그 때의 중대함을 알지 않으면 안된다.〉

이것이 미시마 유끼오의 영계통신의 전문(全文)이다.

자위대 동부 방면(東部方面)총감부에서 할복 자살

미시마 유끼오의 할복 자살에 대해 아마 독자 여러분도 잘 알고 있으리라고 생각되지만, 다시 한번 약간만 소개하기로 한다.

1970년 11월 25일 미시마 유끼오는 할복 자살을 하고 있다. 도꾜 이찌게야에 있는 자위대로 쳐들어간 미시마 유끼오와 다떼회의 회원 모리따 힛쇼오(森田必勝)는 자위대 동부방면 총감부로 침입, 총감을 인질로 잡았다.

이윽고 발코니에서 격문(檄文)이 뿌려지고, 이어서 현수막을 내 걸었다.

〈다떼회의 회장 미시마 유끼오, 동부방면 총감을 구속하고 총감실을 점거하다!〉

〈전 자위대원을 집합시키라!〉

〈두 시간 동안은 공격을 가하지 말라!〉

하는 따위의 다섯 가지 요구가 적혀 있었다.

미시마 유끼오는 〈칠생보국(七世報國)〉이라고 쓴 머리띠를 두르고 있었다. 이것은 미시마 유끼오가 윤회전생이라는 것을 원한 나머지 그렇게 썼다고 생각된다.

그가 죽는 것으로서 몇 십년이 지난 다음 세대의 일본인의 마음에 윤회전생하는 것을 바랐던 것이리라고 생각된다.

이윽고 미시마 유끼오는 발코니에 모습을 나타내고, 그곳에서 연설을 하기 시작했다.

그곳에 모인 자위대원은 1천명 가까이 되었다고 한다.

미시마 유끼오는 연설을 마친 다음 '천황폐하 만세!'를 세 번 부르고 발코니에서 모습을 감췄다.

10분 뒤에 미시마 유끼오와 다떼회의 회원인 모리따 힛쇼오가 자결했다는 것이 전해졌다.

조숙(早熟)한 천재작가

미시마 유끼오는 본명을 히라오까 기미다께(平岡公滅)라고 하며, 1924년 1월 14일 도쿄 요다니(四谷)에서 태어났다. 태어났을 때 2.4kg밖에 안되는 작은 아기였다고 한다.

태어나자 할아버지인 히라오까 죠오따로오[전 가라후토청 장관]가 이름을 지었다.

다섯살 되던 설날 아침, 붉은 커피 같은 것을 토했다. 주치의가 와서 '가망이 없다'고 말했다고 한다.

캄플과 포도당 주사를 놓았지만 사람들은 그의 얼굴에서 죽음의 그림자를 분명히 보았다고 했다. 하지만 그는 구사일생으로 살아났다.

여섯살 때에는 이미 읽고 쓰기를 할 수 있었다고 한다. 그는 닥치는 대로 동화책을 읽었다.

그는 동화책을 읽으면서 이야기에 나오는 공주들을 사랑하지 않고, 왕자만을 사랑했다. 살해당하는 왕자들, 죽을 운명에 놓여 있는 왕자들을 더욱 사랑했다고 한다.

이윽고 그는 학습원(學習院) 초등과(初等科)에 들어갔다.

생후 49일째부터 학습원 중등과로 진학할 때까지, 그는 할머니 곁에서 자랐다.

열 세살때, 최초의 습작(習作) 《스캄보》가 학습원 잡지에 게재되었다.

열 여섯살의 가을, 소설 《백화 만발한 숲》을 국문학(國文學) 잡지에 발표했다. 그때 비로소 그는 미시마 유끼오(三島由紀夫)라는 필명(筆名)을 쓰기 시작했다. 학습원 중등과의 은사(恩師)가 붙여준 이름이었다.

마침내 1944년 늦은 가을에 《백화 만발한 숲》이 첫 단편집으로 처녀 출판되었으며, 그 무렵 그는 학습원 고등과를 수석으로 졸업하고 10월에 도꾜제국대학 법과에 입학했다.

1945년 봄, 그에게 소집영장이 나왔으나 그 날 그는 기관지염에 걸려서 고열이 났었으므로, 그것을 늑막염으로 오진받아 그날로 귀가하게 되었다.

이 일은 그의 생애에서 어두운 그림자로 남았다고 한다.

마침내 종전(終戰)이 되었다. 전쟁 중 소수의 집단 속에서 천재로 이름을 날린 소년도, 전후가 되자 아무에게서도 작가로 인정받지 못하는 힘없는 한낱 학생에 지나지 않았다.

하지만 그는 소설가가 되겠다는 꿈을 버리지 않았다. 그러나 붓 한 자루로 세상을 살아 갈 자신도 없었다.

누구나 생각하듯이 이중생활(二重生活)을 향하여 학업과 창

작의 양다리 걸치기를 하고 있었다.

그런데 다행히도 가와바다 야스나리(川端康成)가 미시마(三島)의 《중세(中世)》라는 작품을 읽고 누군가에게 칭찬을 했던 모양이다.

그 사실을 알고 그는 용기를 얻어, 가와바다 야스나리를 찾아 갔다. 가와바다 야스나리는 그때 가마꾸라 문고의 중역이었으므로 그의 작품은 이윽고 잡지 《인간(人間)》에 발표되게 되었다.

진정 행운의 재출발이었다. 이렇듯 그의 작품은 차례로 여러 잡지에 실리기 시작한 것이다.

그의 그 후의 문학적인 활동은 순풍에 돛을 단 격이었다.

장편소설 《가면의 고백》으로 일약 문단에 지위를 확보한 그는 《사랑의 목마름》 《금색(禁色)》 이렇듯 차례로 우수한 장편소설을 발표했다. 또한 《화택(火宅)》 《녹명관(鹿鳴館)》 같은 희곡(戱曲)도 발표하고 공연도 되었다. 해외여행도 했다.

귀국 후 《조소(潮騷)》로 신조사(新潮社)문학상, 《흰 나비의 둥지》로 기시다 고꾸시(岑田國土)연극상, 《금각사(金閣寺)》로 요미우리(讀賣)문학상을 받았다.

헌데 이 《금각사(金閣寺)》를 집필할 시기부터 그의 마음속에는 '죽음의 아름다움'에 대한 바램이 강렬히 용솟음 치고 있었다고 말하는 사람이 많다. 대인관계도 좋지 않고, 사람을 피하게 되었다. 항상 어딘가에 정신을 팔고 있는 일이 있었다고 한다.

왜 할복자살을 해야만 했을까?

미시마 유끼오에 대해 나다이나다씨는 주간 요미우리에 다음과 같은 글을 썼다.

〈그는 할복하는 죽음에 대하여 전부터 도취감을 느끼고 있었다. 허구의 세계에서 그는 그의 분신에게 몇번 그 일을 꾸미게 했는지도 모르고, 영화 속에서 스스로 연기를 한 일도 있다. 허구의 세계에서는 그것을 미시마문학(三島文學)이라고 인정한 사람도, 그것이 현실적인 것이 되자 오직 놀라고, 그리고 얼굴을 돌렸다.

그는 인간으로서 자기의 내면에 있는 그 자살에 대한 도취감을 충동적으로 느끼고 있었을 것이다.

또한 총명한 그는 그것을 허구의 세계에서 미학적(美學的)인 것을 창조하는 것으로 누르려고 애써 왔으리라고 생각하지 않을 수도 없다. 하지만 최후의 작품을 완성하는 것으로, 이제 더 이상은 도저히 쓸 수 없다는 생각에서 그의 예술은 빗장으로서의 힘을 잃었다고도 생각할 수 있다.

그는 자주 자신의 있을 수 있는 죽음의 형태에 대해 이야기했고, 책에도 썼다.

그에 의하면 자신의 허구(虛構)속에서 만든 상황이 자기 주위에 현실의 것으로서 존재하게 될 것이 필요했다.〉

이 나다이나다씨의 사고방식에는 미시마 유끼오의 '광기(狂氣)'의 소행이라고 평가된, 저 자위대에서의 할복자살의 원인에 엇비슷이 다가선 것이 있다.

당시의 사또오 수상은 '천재(天才)와 광인(狂人)은 종이 한 장의 차이, 정신이 돌았다고 밖에 생각할 수 없다'고 말했다고 한다.

대부분의 언론은 미시마 유끼오의 행동을 '광기(狂氣)'라고 쓰고 '광인(狂人)이라고는 생각할 수 없는 면밀한 것이 있다. 물론 보통의 광인과는 다른 것을 지닌 천재였는지도 모를 일이다.

허지만, 미시마 유끼오가 스스로의 목숨을 끊음으로서 호소한 〈격문〉의 내용을 얼마만한 사람이 이해했을 것인가?

부처의 큰 발에 짓밟히고 있는 듯한 사후세계

자동서기에 의한 영계통신에서도 알 수 있듯이, 그 자신, 자기의 죽음을 헛되지 않게 하기 위해, 저승에 가서도 간절히 원하고 있다.

또한 자기 자신의 죽음이라는 것이 단순한 죽음의 미화(美化)가 아니라는 것도 말하고 있다.

이 경우, 영능력자는 아니나, 이와 같은 영적인 작용, 자동서기를 할 수 있는 능력이 강하게 작용하는 사람이라고 말할 수 있다.

필자의 질문에 대해 자동서기에 의한 미시마 유끼오의 대답을 몇가지 소개하기로 한다.

―지금 어떤 곳에 있습니까?
―부처님 곁이다. 하지만 나는 그 부처님의 큰 발에 짓밟히

고 있는 듯한 느낌이다. 잘 보이지 않는다. 보고 싶어도 볼 수 없는 것이다. 그러니까 느끼는 것 밖에 말할 수 없다.
 —무슨 하고 싶은 말이 있습니까?
 —하고 싶은 말, 많이 있다. 하지만, 내가 자살에 임해서 말한 것, 작품 속에 써서 남긴 것, 또한 마지막으로 발표한 《격문》을 얼마만한 사람들이 이해해 주었을 것인가?
 지금 나는 전혀 다른 세계에 오고 말았다. 이 세계에서 또 같은 말을 하여도, 누가 믿어줄 것인가? 믿어줄 사람은 없다. 내가 말하고 싶은 것, 그것은 마음의 문제이다. 내가 말하고 싶은 것, 그것은 나의 죽음을 헛되게 하지 말아달라는 것이다. 그것은 작품 속에도, 《격문》에도 분명히 써넣었다. 단순히 죽음을 미화시키느라고 나는 그와 같은 자살을 한 것은 아니다.
 일본, 일본인을 진정으로 생각하고, 앞으로의 일본인을, 일본을 생각했기 때문에 그와 같은 행동을 한 것이다.

 그 뒤에는 무슨 말을 물어도 대답은 돌아오지 않았다.
 할복자살이라는 보통 사람으로서는 도저히 할 수 없는 형태로 생명을 끊은 미시마 유끼오의 강함은 어데서 온 것일까?
 물론 알 까닭은 없다.
 허지만 필자는 그와 같은 형태의 자살의 길을 택하지 않고 생명을 다하는 방향으로 그 강함을 돌려주었기를 바라는 바였다.
 미시마 유끼오에게는 보다 더 강력한 하늘의 힘이 있었다고 믿고 있다.

마리릴린 먼로에게서 온 영계통신

〈지금 나는 천국에 있습니다. 이곳이 정말 천국인지 어쩐지 모르겠으나 천국이라고 생각합니다. 내가 죽음을 생각했을 때 그렸던 천국과는 꽤 다르지만, 천국일 겝니다. 천국이라고 믿고 있습니다. 천국에서 하나님 곁에 있다고 믿고 있습니다.

하지만 알고 있습니다. 하나님이 나를 용서하시지 않는다는 것을. 나는 커다란 죄를 범한 겁니다. 스스로 그 목숨을 끊는 일은 좋지 않은 일입니다.

나의 주위는 연기가 가득하듯 부옇고 분명하게 보이는 건 아무 것도 없습니다. 하지만 뭔가 나의 주위에 있는, 아니 있다고 하는 편이 났겠지요. 뭔가 있습니다만, 그것이 무엇인지 모르겠습니다.

너무나 숨이 답답하게 될 때가 있습니다. 하지만 아무리 괴롭고, 외로워도 내가 이곳에서 움직이는 것을 하나님은 용서하지 않으십니다.

나는 하나님의 가르침에 어긋날 생각은 없었습니다. 그 때 나는 여느 때와 마찬가지로 약을 마셨습니다. 나는 약 때문에 죽으리라고는 생각하지 않았습니다.

아니 거짓말입니다. 여러 가지 충격이 겹쳐 있었으므로, 마음 한구석에서 죽을 것을 생각하고 있었습니다. 하지만 그것은 그때까지도 몇 번씩이나 있었던 일입니다. 잠에서 깨어나지 않기를 바라고 약을 먹어도 항상 잠이 깨었습니다. 그런데 그 때는 잠에서 깨어나지 못했습니다.

괴로워 했습니다. 나는 자신의 육체가 늙고 시들어 가는게 너무도 무서웠던 겁니다. 좋은 친구들에겐 여러 모로 격려를 받아 왔습니다만, 아무리 좋은 친구들일지라도 내가 늙는 걸 막아주지는 못합니다. 그것은 불가능한 일입니다. 나는 그런 것이 너무도 무서웠던 겁니다.〉

 이것은 3년 전, 영국의 영능력자가 자동서기로 쓴 마랄린 먼로에게서 온 영계통신이다.
 3년 전, 런던에 취재하러 갔을 때 영국에서는 마랄린 먼로의 영계통신을 자동서기로 나타낸 사람이 있다는 말을 듣고 그 사람을 찾아 갔다. 그리고는 여기에 소개한 자동서기의 내용을 보게 된 것이었다.
 필자는 매우 이상하게 생각했다. 까닭인즉, 필자는 내용이 거의 이것과 비슷한 마랄린 먼로의 영계통신을, 이 영국의 영능력자에게서 보기 1년 전쯤, 일본인의 영능력자에게 가서 본 일이 있었기 때문이다.
 고오베에 사는 그 영능력자는, 영어를 말하기는 고사하고 읽기조차도 전혀 못하는 사람이다. 헌데 어느날 밤 느닷없이 그 사람은 유창한 영어를 쓰기 시작했다. 이윽고 다 쓰고 난 것이 마랄린 먼로에게서 온 영계통신이었다는 것이다.
 엄밀히 말한다면, 필적 감정을 하여 그것이 정말로 마랄린 먼로의 것인가를 확인할 필요는 있을 것이리라. 하지만, 자살을 한 사람에게서 온 영계통신을, 자질구레한 일로 눈에 쌍심지를 돋구기 보다는 솔직히 죽은 이에게서 온 영계통신으로서 받아들이고 싶다고 생각한다.

　그와 같은 생각이었으므로, 일본인 영능력자가 마릴린 먼로에게서 온 영계통신을 자동서기로 나타냈을 때, 곧 그것을 공표하려고 하지는 않았다.

　또한 그 영능력자에게는 그 자동서기로 나타낸 것을 소중히 보관하도록 일렀다. 그 사람은 지금도 그것을 소중히 보관하고 있다고 한다.

　이 영국의 영능력자의 자동서기를 발표한 것은, 그들이 영국에서 이같은 심령 관계의 신문 같은 곳에 이미 발표한 바가 있으므로, 필자는 감히 이것을 소개한 것에 지나지 않는다.

아직도 해명되지 않은 자살 원인

　마릴린 먼로는 1962년 8월 5일에 자살했다. 이 자살의 원인에 대해서는 많은 수수께끼가 남겨져 있고, 지금도 먼로의 유서가 적힌 노오트라든가, 혹은 그녀가 은밀히 보냈던 편지가 발견됐다든가 하는 말이 있다.

　이런 먼로의 죽음의 원인이 무엇인지, 물론 지금껏 알 수 없다. 먼로는 고(故)케네디 대통령, 또는 그 대통령의 동생과도 친밀한 사이였다고 한다.

　또한 이러한 관계가 어쩌면 먼로가 자살한 게 아니고, 누군가에게 살해당한 게 아닌가 하는 설에 까지 연관되고 있다.

　그녀가 비밀경찰에 의해 살해되었다는 것 같은 억측도 나돌고 있고, 그 죽음에 대하여 많은 추측이 나돌고 있다. 하지만 그 어느 것도 뚜렷한 원인은 아니며, 억측의 테두리를 벗어 나지 못하고 있다.

헌데, 먼로 전설에서 가장 유명한 것은 '샤넬의 5번이예요'라는 말일 것이다.

어느 기자가 먼로에게 '잠잘 때 무슨 옷을 입습니까?'하는 질문을 한 것에 대하여 '샤넬의 5번이예요' 이렇게 농담 삼아 말했다는 것이다.

먼로는 건강 그 자체인 것인양 말들을 하고 있었다. 또한 성적인 매력이 강한 육체로 미루어 보아도 지극히 건강한 여성으로 생각하기 마련이다.

육체적으로는 건강했는지도 모를 일이다. 그녀의 신체를 검사한 일이 있는 의사의 말에 의하면 서른여섯 살 가량의 젊은 육체였다고 한다. 나이보다도 육체적으로는 젊었다고 말했다.

먼로는 항상 수면제를 복용하고 있었다. 이것은 공공연한 비밀이며, 허리우드에서도 먼로가 약이 원인이 되어 지각하고, 결근한다는 것으로 늘 문제를 일으키고 있었다고 한다.

그녀가 수면제를 상습적으로 복용하는 것은 누구나 다 알고 있는 사실이었다.

이런 정신적인 불안정과 수면제 복용은 점점 심해져 가고, 그 때문에 눈에 띄게 육체적인 매력이 시들어 가는 게 나타나기 시작했다.

그와 같은 육체적인 시들어감에 대하여, 먼로는 '내가 늙다니, 그런 걸 생각하는 것만으로도 참을 수 없어' 이런 말을 신경질적으로 외쳤다고 한다.

먼로는 자기가 추한 몰골이 되어 가는 것을 가장 두려워하고 있었던 것이다.

먼로가 군중으로부터 박수갈채를 받은 것은 1962년 5월 19일. 다시 말해서 케네디대통령의 생일 축하 파티에서 '해피 버스데이'를 불렀을 때가 마지막이었다고 한다.

정신적인 불안, 그리고 육체적인 쇠퇴(衰退), 거기에 덧붙여 갖가지 정신적인 고통이 겹쳐져, 촬영소에는 무단지각, 무단결근이 계속되는 바람에 1962년 6월, 다시 말해서 자살하기 2개월 전에 20세기 폭스사로부터 계약 파기, 이른바 파면을 통보 받았다.

자살을 꾀한 날 밤인 8월 4일에서 5일에 걸쳐 그녀는 여러 아는 사람들에게 전화를 걸었다. 그 전화를 받은 사람들은 기운이 있는 것 같았다고도, 풀이 죽어 있었다고도 말했다. 전화를 받은 쪽에서 받은 인상으로 말한다면, 그녀의 정신상태는 명암(明暗)의 양극단을 왕복하고 있었음에 틀림없다고 말했다.

또한 그녀는 친구 중의 한 사람에게 건 전화 내용에,
"파트리샤에게 안녕이라고 말해줘. 그리고 대통령에게도……"
이렇게 말하고, 이윽고 목소리가 끊기고 수화기가 떨어지는 소리가 들렸다고 증언하고 있다.

먼로는 누구에게 또한, 무슨 일로 전화를 계속 건 것이었을까? 죽음을 두려워하고, 죽음의 공포와 싸우며, 그녀는 친구에게 전화를 계속 걸었다.

물론 자살의 원인을 알 수 없는 것과 마찬가지로, 그 때의 그녀의 심리 상태도 알 수 없다.

자동서기에 의해 그녀가 영계에서 보내온 통신에도 그런 것에 대해서는 일체 취급하고 있지 않다.

스스로 생명을 끊는 일이 나쁘다는 것을 알면서도 그것을 택하지 않으면 안되었다는 이유, 원인은 영원한 수수께끼로서 닫혀진 채로 있을 것이다.

살아서도 지옥, 죽어서도 지옥뿐인가?

도박에 미친 남편에게 고통받는 나날

"선생님 저의 운세를 좋게 하는 방법을 가르쳐 주십시오. 저처럼 운이 나쁜 인간은 없다고 생각합니다. 살려 주시는 셈치고, 뭔가 좋은 방법을 가르쳐 주시지 않겠습니까?"

니시미야시(西宮市)에 살고 있는 오오마찌 에이꼬(大町榮子·32세) 여사는 생활고에 지친 얼굴에 눈물을 글썽이며 머리를 숙였다.

"어떤 정도로 운이 나쁜가?"

필자는 그녀의 이야기를 듣지 않고는 뭐라고 말할 수 없었으므로 물어보았다.

"선생님, 이거 제가 반년 전에 쓴 유서입니다. 이것을 읽어보시면 아시리라고 생각됩니다."

오오마찌 여사는 편지지 15~6장에 가득 쓴 유서라는 것을 필자에게 건네 주었다.

"그럼 이것은 나중에 자세히 읽기로 합시다. 그런 다음에 상담합시다."

"그럼 늦습니다. 오늘이라도 그 방법을 가르쳐 주시지 않으면 살아갈 수 없습니다."

"그렇더라도……"

"말씀드리겠습니다. 모두 말씀들일 테니 들어주십시오. 부탁합니다."

필자는 오오마찌 여사의 이야기를 듣게 되었다.

"저는 십년 전에 결혼을 했습니다. 연애 결혼이었습니다. 부모도 마음에 들어 해서, 분에 넘치는 결혼식까지 올려 주었습니다. 헌데 남편은 가면을 쓰고 있었던 겁니다. 좋은 남자이기는 커녕 대단한 악인(惡因)이었습니다. 악당(惡黨)이라고 하는 편이 나을 겁니다. 신혼여행에서 돌아온 날 밤부터 매일밤 노름이었습니다. 언제나 새벽에 돌아왔습니다. 마작, 화투, 포커, 하여튼 노름이라고 이름이 붙은 것은 무엇이든지 하는 겁니다. 물론 경마(競馬)·경륜(競輪)·경정(競艇) 이런 식으로 안하는 것이 없습니다. 그것도 모두 돈을 걸고 하는 겁니다."

"돈을 걸다니, 생활에 영향을 끼칠 정도로 돈을 걸고 합니까?"

"그렇습니다. 결혼식에 받은 부조에 답례도 하지 않은 사이에, 그 돈을 몽땅 노름에 쓰고 말았습니다. 돈이 없어지면 자기의 물건은 물론이려니와 제 물건까지 전당을 잡히거나 팔거나 해서 노름을 하는 겁니다. 저는 몇 번이고 울면서 부탁했습니다. 하지만 남편은 건성으로 듣기만 할뿐, 그만 두려고 하지 않았습니다."

"일은 제대로 했었나요?"
"당치도 않습니다. 출근을 하는둥 마는둥 하며 세월을 보내니, 거의 벌이같은 건 없었습니다."
"생활은 어떻게 했소?"
"제가 일을 했습니다. 모자라서 생활하기 힘들 때는 부모에게 도움을 받았습니다."
"그런 식으로 하면, 그런 노름꾼은 제 버릇 못고치네."
"하지만 그렇게 하지 않으면 먹고 살 수 없었습니다. 굶어죽고 맙니다."
"그래 싸지, 노름에 미쳐서 일하지 않으니까, 굶어 죽어도 자업자득이지."
"……"

아내의 몸을 담보로 고리대금업자에게 3백만엔이나 ……

오오마찌 여사는 필자의 말에 한순간 화가 난듯 잠자코 있었다.
"그렇게 하는 방법이야말로, 운을 자기에게서 떠나게 하는 방법이라는 거지. 최악이군. 그렇다면, 그리고 어떻게 되었나?"
오오마찌 여사는 잠시 생각하더니 다시 이야기를 시작했다.
"저는 생활비와 남편의 노름할 돈을 버느라고 몸이 가루가 되게 일했습니다. 저는 차라리 헤어지려고도 생각했습니다. 하지만 그때 임신하고 있었습니다.

부모에게 의논했습니다만, 부모도 헤어지는 것엔 반대였습니다. 지금 악몽을 꾸고 있는 거다. 틀림없이 곧 정신을 차릴 테니까 참아라 하고 말하는 겁니다. 저는 정신차리지 못할 거라고 생각했습니다만, 부모가 말하는 체면치레도 있어서 참고 있었습니다.

옷과 악세사리 종류는 거의 전당포에 들어가 있었습니다. 저는 아침 일찍부터 밤 늦도록 세 군데에서 일을 했습니다. 남편은 그렇게 번 돈을 모두 노름에 쏟아 붓고 있었습니다. '아기가 생겼으니까……'하고 말하니까 '유산시키면 되잖아' 하는 것입니다. 처음 중절수술을 했을 때에는 그 비용을 어머니께 빌리는 형편이었습니다.

남편은 마침내 고리대금에 손을 대고 말았습니다. 갚을 능력도 없는 빚을 차례로 얻어 나갔습니다. 수금하는 사람이 와도 남편은 없습니다. 저는 돈 받으러 온 사람에게 몹쓸 꼴을 당하곤 하였습니다. 저의 단 한 벌뿐인 갈아입을 옷까지 가져가는 형편입니다. 저는 분해서 울고 지샜습니다.

며칠후 남편의 친구라는 사람이 제가 아르바이트 하는 곳으로 찾아왔습니다. 남편이 병이 났다는 것입니다. 저는 모른체 할 수도 없어서, 그 사람에게 끌려 남편이 숨어 있는 곳으로 갔습니다. 깡패 같은 사람이 몇 사람이나 있었습니다."

"이것은 우리가 호의에서 당신에게 하는 말이지만, 당신 남편이 당신의 몸을 담보로 해서 돈을 빌려달라고 하는데, 당신 생각은 어떤가? 동의할 텐가?"

"저는 그만 제 귀를 의심했습니다. 설마 하고 생각했습니다.

대단한 충격이었습니다. 말도 나오지 않았습니다."

"그래서 뭐라고 대답했지?"

"동의할 수 없다고 말했습니다."

"그랬더니, 그들은 어떻게 했나?"

"제 부모에게 편지를 쓰라고 말했습니다. 그렇지 않으면 남편은 무사히 돌아갈 수 없다고 말했습니다. 하는 수 없이 저는 부모에게 편지를 썼습니다. 3백만엔, 제게는 갚을 능력 따윈 전혀 없었습니다. 부모는 여기 저기서 빚을 얻어, 그 돈을 마련해 주었습니다.

아버지는 처음으로 남편에게 따끔한 말을 했습니다. 남편은 오직 '죄송합니다'고 말하고 머리를 숙일 따름이었습니다."

"당신은 부모님께 남편이 당신 몸을 담보로 빚을 얻으려고 했다는 걸 말했습니까?"

"아아뇨, 그건 너무나 끔찍한 일이었으므로 도저히 말할 수 없었습니다."

"말을 했어야 할 걸 그랬네. 그 시점에서 깨끗이 남편과의 사이를 청산했어야지."

"지금 생각하니, 그렇게 할걸 그랬다는 생각이 듭니다."

"그걸 못했기 때문에 당신은 더 고생을 하지 않으면 안되게 되었고, 남편을 구하는 계기도 잃고 말았네."

살 희망도 기력도 없어져서……

"예, 그렇습니다. 남편은 점점 더 걷잡을 수 없게 되었습니다. 남편은 장거리 트럭 운전기사가 되었으나, 가는 곳마다 빚을 지고 노름을 하게 된 것입니다. 빚을 갚으라는 독촉장이 일본 전국에서 왔습니다.

그러는 사이에 어머니가 암으로 갑자기 돌아가셨습니다. 어머니의 죽음은 제게는 큰 충격이었습니다. 마음의 지주(支柱)를 잃고, 저는 어찌해야 좋을지 갈피를 잡을 수 없게 되었습니다.

나쁜 일은 겹치는 법입니다. 저도 암의 가능성이 있다고 합니다. 남편의 행방은 묘연합니다. 오직 오는 건 빚의 독촉장뿐입니다. 제게는 살아갈 희망도 사라지고 말았습니다.

"살아있어도 별수없어."

이렇게 생각하게 되었습니다. 그것 밖에 제게는 길이 없다고 생각했습니다. 결혼생활 4년으로 완전한 파국(破局)이 오고만 것입니다.

〈아버지 용서하여 주십시오. 제게는 이제 살 희망도 기력도 없어졌습니다. 한걸음 먼저 어머니 곁으로 갑니다.〉

온통 폐만 끼친 아버지에게 보내는 유서를 썼습니다. 그 유서를 들고 교오또(京都)의 셋집을 내놓고 자살할 장소를 찾아 다녔습니다. 동심방(東尋坊)에도 니시끼게우라에도 가보았습니다. 이윽고 마지막으로 와까야마껭(和歌山縣)의 단벽(三段壁)을 죽을 곳으로 정했습니다.

그곳에 세워진 자살자에게 알리는 주의사항을 적은 푯말도 눈에 들어오지 않았습니다. 바위에 앉아서 바다를 물끄러미 바라다보고 있었습니다. 이제 이것으로 죽는다고 결심을 하고나니, 머리 속에 아무것도 떠오르지 않았습니다. 죽음의 공포 같은 것도 전혀 없었습니다."
"생각을 바꿀 마음도 없었나?"
"없었습니다. 산 지옥에서 고생하느니 보다는 저승에 가서 어머니와 즐겁게 지내려고만 생각하고 있었습니다. 그러니까 뛰어들 때도 전혀 무섭지 않았습니다. 죽는 일만을 생각하고 있으면, 아무렇지도 않은가 보죠."
"죽으려고 했는데 죽을 수 없었다."
"그렇습니다. 살아나고 만 겁니다. 낚시를 하고 있던 사람들 때문에……"
"살았다고 생각했을 때 어떤 기분이었지?"
"우선 말할 수 없이 창피했습니다. 죽음에 실패한 인간이란 비참한 것이죠……. 대들었습니다. 막 소리쳤습니다. '쓸데없는 간섭하지 말라!'고 소리쳤습니다. 생명의 은인이라는 것도 생각하지 않고 실례되는 말을 하고 말았습니다."

죽은 어머니와 즐겁게 지내려고 생각했던 저승이……

"당신은 저승에서 어머니와 즐겁게 지내려고 생각하고 있었던 거죠? 적어도 몇시간 동안은 가사상태(假死狀態)에 있었던 셈일텐데, 즐거운 저승이었었나?"
"당치도 않습니다. 무서운, 끔찍한 곳이었습니다. 괴로운 생각을 했습니다. 처음에 보인 것은 높은 산 위에 있는 저 자신이었습니다. 나무도 풀도 모두 말라비틀어진 것 같았고, 왠지

한적한 곳이었습니다. 새하얀 나비와 새가 날고 있었습니다.
　제가 어찌할 바를 모르고 서있으려니까, 새하얀 옷을 입은 백골이 저에게 다가 왔습니다. 저는 무서워져서 도망치려고 했습니다. 하지만 발이 움직이지를 않았습니다.
　자세히 보니까, 어린 아기의 손이 내 발을 꼭 잡고 있는 겁니다. 어떻게든 그 손을 풀어젖히려고 했습니다. 그랬더니 흙 속에서 아이의 시체가 나온 겁니다. 아이의 몸에는 구더기가 우글거리고 있었습니다. 저는 끔찍스러워서 눈을 뜰 수가 없었습니다. 흙 속에서 나온 아이가 갑자기 저에게 매달려 왔습니다.
　으악! 저는 비명을 지르고 도망치기 시작했습니다. 저의 두 발에는 아이의 손이 들어붙은채 떨어지지 않았습니다. 그래도 저는 도망치려는듯 달렸습니다.
　달리는 동안에 커다란 구멍에 떨어지고 말았습니다. 떨어진 곳은 돌과 돌 사이였습니다. 돗자리 크기만한 큰 돌이 주위를 에워싸고 있는 가운데에 저는 서 있었습니다.
　무서운 소리를 내며 주위의 돌들이 저를 마치 협공이라도 할 듯이 움직이며 오고 있습니다. 저는 어떻게든 그곳에서 도망치려고 했습니다만, 도망을 칠 수 없었습니다. 마침내 저는 큰 돌 사이에 끼고 말았습니다.
　우드득 우드득 뼈가 부숴지는 소리가 나고, 저는 돌에 눌려 부숴지고 말았습니다. 이상하게도 짓눌리면서, 제 눈에는 밖의 모습이 뚜렷이 보였습니다. 어머니가 슬픈듯한 표정을 짓고 물끄러미 저를 보고 있는 모습이 보였습니다."

"그곳에서 살아난 겁니까?"

"그렇습니다. 무서웠어요. 살아 있어도 지옥, 죽어서도 지옥밖에 없는 걸까하는 것이 저의 기분이었습니다."

"그래서 지금, 당신은 자살한 것을 어떻게 생각하고 있는 겁니까?"

"죽을 수 있었으면 좋았을걸······하고 생각하고 있습니다. 후회는 하고 있지 않습니다."

"그렇습니까, 당신이 말하는 죽어서도 지옥이라는 건, 자살한 사람이 반드시 가는 곳입니다."

"자살이 아닐 경우라면?"

"그렇지요. 자살이 아닐 경우라면 꼭 지옥 같은 곳에 가지 않아도 좋을 것 같습니다. 당신은 자살을 하고 싶어질 만큼 괴로운 산지옥을 체험하였고, 자살하고 사후의 지옥도 체험한 셈이니까, 앞으로는 그런 체험을 살리면, 어떤 힘든 일에도 견딜 수 있을 게고, 좋은 운이 따를 것입니다."

필자는 오오마찌 여사에게 자기 스스로가 운을 좋게 하는 방법에 대하여 충고를 했다. 1984년 10월의 일이었다.

지금 오오마찌 여사는 니시마야 시내에서 일하고 있고, 올해 안으로 작은 분식점을 개업한다는 것이다. 남편과는 정리를 하고 가까운 장래에 재혼을 한다는 말도 있다고 한다.

〈4권에서 계속〉

저자약력

충남 홍성에서 출생. 법호는 靈山, 滋鏡이며 본명은 지세웅이다. 21세가 되던 해에 불교에 귀의하여 인도, 태국, 대만, 티벳트, 일본 등지에서 불교 수행하였다. 일반불교학, 철학, 도학, 주법, 심리학 등 연구 수학. 종교의 실천과 조사를 계속하였다, 동시에 국내 및 아시아의 다종교 세계를 더듬어 종교의 근원을 집중탐구하였다. 금강법계원 법주, 캐나다 토론토 법계원 법주.
저서: 「인간의 질서」 「눈빛 한소리」

개정판 | 2021년 5월 15일

발행처 | 서음미디어
등록 | 제7-0851호
서울시 동대문구 난계로 28길 69-4

지은이 | 지자경
기획·편집 | 이광희
발행인 | 이관희
교 정 | 이정례

표지일러스트 | Juya기획
본문편집 | 은종기획

Tel | 02) 2253 - 5292
Fax | 02) 2253 - 5295

이 책은 저작권법에 의해 보호를 받으므로
무단복제, 전제를 금합니다
ⓒ seoeum
값 20,000원